新时代
投资
新趋势

保 险
这么买就对了

投保、核保、理赔全攻略

谢誉豪 著

清华大学出版社
北京

图书在版编目（CIP）数据

保险这么买就对了：投保、核保、理赔全攻略 / 谢誉豪著. —北京：清华大学出版社，
2021.11（2025.1 重印）

（新时代·投资新趋势）

ISBN 978-7-302-57823-9

Ⅰ.①保…　Ⅱ.①谢…　Ⅲ.①保险－基本知识－中国　Ⅳ.①F842

中国版本图书馆CIP数据核字(2021)第056237号

责任编辑：刘　洋
封面设计：徐　超
版式设计：方加青
责任校对：王荣静
责任印制：宋　林

出版发行：清华大学出版社

网　　　址：https://www.tup.com.cn, https://www.wqxuetang.com

地　　　址：北京清华大学学研大厦A座　　　　邮　　编：100084

社 总 机：010-83470000　　　　邮　　购：010-62786544

投稿与读者服务：010-62776969，c-service@tup.tsinghua.edu.cn

质 量 反 馈：010-62772015，zhiliang@tup.tsinghua.edu.cn

印 装 者：涿州市般润文化传播有限公司

经　　销：全国新华书店

开　　本：170mm×240mm　　印　　张：15.5　　字　　数：252千字

版　　次：2021 年 12 月第 1 版　　印　　次：2025 年 1 月第 2 次印刷

定　　价：79.00元

产品编号：088863-01

导　读

⊙ 写作起因

我 2013 年进入保险行业，本是一名普通的保险从业者，每天循规蹈矩地完成工作，努力做好一颗螺丝钉，清楚自己的定位，了解自己的社会角色。但我认为，即便是一颗螺丝钉，也应该努力发出自己的光芒，力所能及地帮助更多的人。

因此，2017 年后我开始利用本职工作以外的时间，写一些关于保险类的科普文章，发布在公众号、知乎、微博等平台。在知乎上，我每天坚持回答三个保险类的提问，给数以万计读者提供了有价值的答案，部分文章和回答得到了不少读者的认可与赞同，开始有了一点知名度。

2020 年，有出版社看到我的文章与回帖后，邀请我以保险为主题写一本书，我立即答应了。原因有三个：写书能帮助更多消费者更好地了解保险、正确地认识保险，这是其一；写书能让我重新归纳整理业务框架，与时俱进，这是其二；这是我的第一本书，在精力充沛的年龄，能让我把这些年来对保险的所思、所念、所悟毫无保留地分享出来，哪怕只能带给广大读者一点帮助与启发，都应该努力争取，这是其三。

⊙ 从业体会

金融系统有三驾马车，分别是证券、银行和保险，保险行业的公众形象一直比较差，虽然很多人说职业不分贵贱，但身处保险行业久了，我深知保险从业者社会地位较低，这是事实，是社会现象而不是个体现象。我以为造成这种现象的原因有两个：一方面是由于保险从业者大部分是保险销售员，这个岗位从业门槛很低，夸张一点儿说，只要是个人，就能卖保险；另一方面由于保险销售的推销性质很强，人都是天生反感推销的；再加上一些销售误导、理赔纠纷案件会被放大报道，久而久之，公众对保险行业的偏见自然形成。

上一辈人都在为五斗米奔波，自然不会考虑保险之事；而如今，全面建成小康社会，老百姓生活水平日益提高，中产群体迅速扩大，越来越多的人逐渐意识到保险原来是必需品，对保险的关注度也越来越高。

可是，买保险这件事，很多人嘴上说不要不要，暗地里都用脚投票，一方面反感卖保险的人，一方面又离不开保险。目前关于保险的书籍主要分为两类：一类是教科书，主要写给保险专业的学生看，让他们打基础或更好地进行学术研究；另一类是保险销售书，主要写给保险销售员看，让他们更好地掌握销售心理、技巧，卖好保险。而站在消费者立场，以专业角度帮助消费者去解决投保、核保、理赔问题的书籍很少，很多人以为保险还处在"卖"的阶段，实际上保险已经处在"买"的阶段，买保险已经从过去"买不买"的问题变成现在"买什么更好"的问题。

⊙　本书特色

目前市场上有很多关于理财规划类书籍，但缺少保险规划类书籍，这是为什么呢？

因为理财工具较多，作者能够站在一个比较公允的角度帮助消费者分析情况，推荐工具。而保险由于体制问题，其销售者以保险代理人为主，保险代理人通常只能销售一家保险公司的产品，他们更多是推销员的角色而不是顾问的角色。由于立场限制，他们很难给消费者提供足够公允的建议和工具，因此教人如何卖保险的书籍多，教人如何买保险的书籍少。

随着保险中介的兴起和互联网保险的崛起，保险销售者立场不再单一，保险产品变得足够丰富，在这种情况下，保险规划的立场才变得相对中立、客观，从而切实为消费者提供公允的建议。

⊙ 本书内容

如今，互联网让信息越来越透明，极大地方便了消费者，但与此同时，也给消费者带来不少困惑，因为信息量过大，公众获取有效信息的难度也加大，这时候如果没有一套系统的内功心法作为指导，很容易走火入魔。本书将站在消费者立场，以专业视角，用通俗易懂的语言讲解保险规划、核保理赔、保险原理等消费者高度关注的问题，消除他们的认知误区，为他们提供贴心、有用、全面、详细的保险指南，帮助他们用合理的保险规划来保障自己的一生。

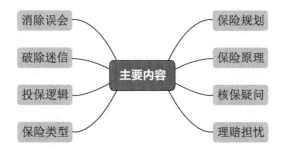

⊙ 作者介绍

谢誉豪，网名"墨菲先生"，资深保险顾问，CHFP（理财规划师），知名答主，作品累计被阅读超 500 万人次，有文章被收录进《知乎 2018 年度 300 问 | 经济：偶尔也爱钱》，创立微信公众号"聪明保保"。

⊙ 读者对象

- 保险小白
- 家庭经济支柱
- 保险从业者
- 对资产配置有疑问的人员
- 想要自行设计保险方案的人员
- 保险、金融专业大中专院校学生
- 其他对理财规划有兴趣爱好的人员

目　录

第4章　中产家庭的"守护四宝"　/　67

第7章　投保时需要留心的事 / 150

第8章　核保、理赔、投诉　/　176

第 9 章　其他常见疑问　/　199

第 1 章

消除误会，了解保险

　　误会的产生往往源自双方认知不对等，"客户是上帝"这种观念本身没有错，因为大部分商品都是为了满足消费者需求而诞生的，但如果上帝不清楚自己的需求，又或者其认知本身存在错误，该如何是好？错误的认知，势必导致错误的购买行为。而现实情况是，大部分消费者对保险的认知不是"0"，而是负数，消费者对保险最初的认知往往始于亲戚、朋友烦人的推销，或者关于保险理赔的负面消息。这种认知就会导致偏见，偏见则会产生误会。本章我将从实际案例出发，把自己从业多年经历过的事件分享出来，帮助大家放下偏见，客观地了解真实的保险。

1.1
投保容易理赔难，事实或偏见？

大部分人对商业保险的不信任感源于对理赔的担心。投保的时候轻轻松松，理赔的时候拖拖拉拉，很多人一谈起商业保险就会不假思索地批评说"这也不赔，那也不赔，买它有啥用"。

每次看到或者听到这类观点，作者便会不由自主地替保险公司感到委屈，难道保险公司从成立开始，就把刁难理赔者作为公司的发展愿景？事实上，绝大部分商业行为都是双赢的，交易的背后意味着双方各取所需，商业行为并不意味着道德沦丧，相反很多商业行为存好心、说好话、做好事，例如华为、阿里巴巴、腾讯的商业行为就推动了社会的进步，改变了我们的生活。保险本是一个善意的工具，这个工具的产生是自下而上的，奈何负面情绪比正面情绪更容易广为传播，以至于负面的拒赔远比正面的理赔影响深远。

那么，事实真的像很多"键盘侠"说的，投保容易理赔难？本节将从理赔数据、拒赔动力、拒赔理由、保险标准四方面帮大家展开分析。

🎯 1.1.1　实际理赔情况

每年年初，大部分保险公司都会发布上年度的理赔年报，其中有些保险公司是老百姓耳熟能详的"大公司"，有些是老百姓没听过的"小公司"，但不管是大公司还是小公司，理赔年报，都会披露保险公司的理赔金额、理赔率。2019年部分保险公司理财额与理赔率如表1.1所示。

表 1.1　2019 年部分保险公司理赔额与理赔率

保 险 公 司	理赔总额（亿元）	理赔率（%）
中国人寿	470.00	99.40
华夏人寿	38.90	97.71
富德生命人寿	23.67	98.55
天安人寿	15.30	99.00
前海人寿	5.50	97.00
阳光人寿	24.01	98.97
招商信诺人寿	10.10	99.00
民生人寿	7.20	99.00
中英人寿	8.47	99.04
同方全球人寿	2.88	98.84

数据来源：保险公司公布的理赔年报。

受篇幅所限，这里只罗列部分保险公司 2019 年的理赔额与理赔率，表格中 10 家保险公司的理赔数据显示，2019 年理赔额超过 610 亿元人民币，平均每天需要赔付 1.67 亿元，平均理赔率在 97% 以上，而且上述理赔额与理赔率只占整个保险市场的冰山一角。

从保险公司的理赔年报可以看出，绝大部分保险理赔案件都是顺利、成功的，但为何有些朋友依旧对保险理赔心存偏见呢？原因在于，"好事不出门，坏事传千里"，举个例子，如果张三投保，之后不幸出险，最终顺利获得理赔，张三并不会发朋友圈宣布自己获得了几十万理赔款，他只会闷声拿钱；但反过来，如果张三遇到理赔纠纷或者最终被拒赔，那他势必会到处宣传自己的悲惨经历，声讨保险公司，质疑保险行业，并且不断投诉甚至提起诉讼。

所以，3% 拒赔的负面影响便有可能会盖过 97% 顺利理赔的正面影响。如果保险行业的拒赔率超过 20%，意味着投保大概率会被拒赔，如此一来还会有老百姓购买保险吗？显然不会。

那为何理赔率不是 100%？主要有两个原因：一是投保者没有如实告知被保险人或其他被保对象的真实情况，对核保结果产生重大影响；二是理赔原因涉及免责条款而被拒赔。

⊚ 1.1.2　保险公司没有恶意拒赔的动机

行动源于动机，如果抛开理赔数据，用最基本的作案动机思考，保险公司有恶意拒赔的动机吗？

或许，有人会说："保险公司怎么没有恶意拒赔的动机？拒赔可以产生利润，拒赔越多，利润越大。"针对这一认知，我们需要先了解一下保险公司的利润来源，如图1.1所示。

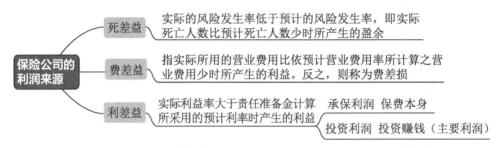

图 1.1　保险公司的利润来源

保险公司主要的利润来自于"三差"，其中最重要的是"利差"，利差中最主要靠投资利润，即客户购买保险后，保险公司将保费拿去投资后所获得的回报，这是保险公司收入的主要来源，保险资金投资渠道主要包括大额银行存款、国债、基础设施建设等大型的，而且回报周期长、门槛高、普通老百姓不能投资的项目。

实际上，保险公司没有必要恶意拒赔，因为由拒赔带来的收益，不及其投资的1%。

退一万步讲，保险公司故意少赔100个案件，还不如将投资收益提高0.01%，而且拒赔会面临被上访、投诉、拉横幅、殴打、上新闻等负面影响。

一旦产生负面影响，后期需要经过艰辛的公关努力，且需要足够长的时间，才能将负面影响淡去，如此吃力不讨好，杀敌一千自损八百的方法，就为了节省一些无关痛痒的支出，假如易地而处，诸位愿意吗？

⊚ 1.1.3　赔与不赔，一切按条款走

保险合同是由白纸黑字写在合同书上的条款构成的，什么情况能够理赔，

理赔金额是多少，一切都已经在合同中约定好，这本身是一件没有争议的事情。

拒赔绝不是一种随性、任性的行为，保险公司拒赔需要有明确的证据和理由，那么，一般保险公司拒赔的理由包括哪些呢？

1. 未尽"健康告知"义务

什么是健康告知？

投保时，投保人会看到几条甚至十几条晦涩难懂的健康询问，这就是健康告知，用于告诉保险公司被保险人基本的健康体况和过往病史，让保险公司根据告知内容评估投保被保险人的风险，然后才能给出核保结论。

有些不专业、不靠谱的保险销售员，迫于业绩压力，往往会淡化健康告知，甚至在不询问客户基本健康信息的情况下，直接推销保险产品，在客户填写投保单时又引导其在健康告知栏填"否"。出险时，保险公司发现客户隐瞒身体状况，当然拒绝赔付。

最终导致的结果是，消费者得不到理赔款，背后的家庭很可能陷入经济窘境；保险公司发现客户隐瞒投保，不仅续期保费发生损失，也可能会因为媒体报道拒赔的消息，引起社会广泛讨论甚至被消费者声讨，损失保费、声誉受损，哑巴吃黄连的感觉同样不好受。最大的得益者可能是那个已经离开保险行业的保险推销员。

事实上，产生拒赔最常见的原因是投保时没有履行如实告知义务，保险推销员更多关心的是自身业绩，而不是消费者利益，因此消费者以后是否会发生风险，是否获得理赔，理赔是否顺利，并非他们最关心的。即使发生拒赔，保险推销员也无须负连带责任。而普通消费者由于对保险基础知识认识不足，并不了解健康告知的重要性，很容易被某些保险推销员误导。

因此，如果能在投保前做好健康告知，就能避免绝大部分理赔纠纷。

2. 属于责任免除情况

保险合同里最重要的两款内容：

A.保险责任（何种情况能够获得赔偿）；

B.责任免除（何种情况不能获得赔偿）。

有些消费者会抱怨保险合同内容多，条款不易理解，但上面两款内容需要诸位仔细阅读。

不同险种的责任免除内容会有差异。例如，从宽到严的排名一般是，寿险＞重疾险＞意外险＞医疗险。寿险的责任免除范围最少，除了几类严重的犯罪行为，比如投保人对被保险人的故意杀害、两年内自杀、抗拒依法采取的刑事强制措施，皆可获得理赔；重疾险的责任免除要多一些，包括醉驾、吸毒、军事冲突、先天遗传疾病等；意外险的责任免除主要是明确非"意外"性质的事件，以及极限运动；医疗险的责任免除最严格，常见的是既往症、职业病、生育、康复性器具等。

其中，很多拒赔案例属于医疗险的责任免除范围：一方面由于医疗险出险概率相对较高；另一方面目前大部分消费者投保的医疗险为"百万医疗险"，这类医疗险保费低，保额高，往往几百元保费便可拥有几百万保额，因此市场占有率很高，加上部分专业素质不高的保险业务员在销售产品过程中，容易夸大产品保障，或者避重就轻只谈保障，不谈责任免除内容。

因此，在消费者认知不足的情况下，很容易把"百万医疗险"理解为发生住院即可获得理赔，直至发生出险情况才发现属于责任免除情形，以至于最终被拒赔，从而对保险行业、保险公司产生强烈的负面情绪。

实际上，不管是纸质合同还是电子合同，消费者拿到合同后，只要能把责任免除内容认真阅读一遍，即可避免一些不必要的误会。

3. 其他情况

未履行如实告知义务与属于责任免除范围，是最常见的拒赔原因，除此外还有两种相对常见的拒赔原因。

（1）不在保险责任范围

有些很可爱的消费者，当初购买的是意外险，但他发生疾病住院时，却向保险公司申请理赔，因为按照他们的主观理解，患病也属于意外，人生处处有意外，这实际上是强词夺理。

各位记住，不同险种的保障内容泾渭分明、定义明确，普通消费者在投保前务必了解一些最基本的保险常识，如果保险事故不属于保障范围，拒绝赔付是合理的。

（2）不在保障期范围内

最常见的情况是忘记缴纳续期保费，导致保单失效，直至罹患重疾才发现自己曾经投保过重疾险，奈何保单已失效。至于短期（比如一年期）的产品，更容易遗忘保障日期，保障到期后保单即失效，同样不能理赔。

对于长期险，消费者需要注意续期缴费时间，及时缴费，防止保单失效；对于短期险，消费者要注意保障到期日，尽早安排打算，有条件的可以委托保险顾问每年帮自己进行一次保单整理，或者自行制表整理。

1.1.4　保险标准并非保险公司一言堂

网络上有些质疑保险标准的声音，例如：保险合同的条款设置不合理，疾病的定义不合理，理赔的程序不合理，保费定价不合理……这些问题谈论的是"保险标准"问题。下面笔者从理性角度分析一下保险标准是否合理，以及保险标准是否保险公司一言堂。

标准分为"绝对标准"与"相对标准"。

1. 什么是绝对标准？

例如考试的及格线为 60 分，59 分属于不及格，即便 59.9 分也属于不及格，因此，绝对标准是唯一的、没有争议的。

2. 什么是相对标准？

举个例子，张三吃一碗饭就能够产生饱腹感，李四需要吃两碗饭才能产生饱腹感，这便是相对标准。相对标准根据不同主体，不同感受，标准不同。

问题来了，诸位认为保险要实行绝对标准还是相对标准？毫无争议应该是绝对标准。如果用相对标准，可能就会出问题。例如，某一天，大乔第一个走进理赔网点申请理赔，原因是晚上睡觉时扭到脖子，如今脖子有痛感，需要得到理赔；接着小乔走进理赔网点申请理赔，原因是外出行走时扭伤了腿，脚部红肿，痛感明显，也需要得到理赔；然后周瑜走进理赔网点申请理赔，原因是情绪过度愤怒，导致咳嗽吐血，更需要获得理赔；最后黄盖走进理赔网点申请理赔，原因是被人殴打导致腿部伤残……上面三位此时皆沉默不语。

疼痛程度有多深，受伤程度是否严重，都是相对的感受，但保险必须要有明确的标准，有标准才有公平。

当然，保险标准并非随便制定的。理赔标准太高，很难达到赔付条件，这个标准就失去了意义；理赔标准太低，太容易满足理赔条件，年缴保费必然比较昂贵才能保证保险公司具有一定的利润空间。

其实，理赔标准背后要做很多平衡，考虑的因素很多，绝对不是普通消费者想得那么简单。理赔标准的制定需综合考虑医学、精算、法学、道德伦理、监管部门意见、消费者需求等因素，保险标准是否合理，并非保险公司一言堂，也不能因为消费者的一家之言便随意修改。

笔者认为，目前的保险标准已然是经过多方博弈，满足各方利益诉求之下合适的存在。个体谈人情，群体谈规矩，而规矩必须得到遵守。

🌏 1.1.5　小结

有些消费者总是担心保险公司在理赔过程中会故意刁难，这属于过度担忧。保险公司并非为了拒赔而存在，反而因为需要理赔而诞生，理赔是保险公司最主要的工作，倘若保险公司拒赔，需要有充分证据和理由。

实际上，寻找一个顺利理赔的案件比寻找一个理赔纠纷的案件容易得多，因为顺利理赔的案件实在太多，而拒赔案件相对稀缺。所以，我们看到的关于保险的报道一般是偏向负面的，因为稀缺性的事件有更高的新闻价值。

还是那句话，"好事不出门，坏事传千里"，如果消费者被保险公司拒赔，必然会以弱势群体身份站在道德制高点，博取舆论同情，以便通过事件发酵迫使保险公司理赔；如果消费者顺利理赔，通常会低调行事，闷声拿钱。

投保是否很容易？显然不是。目前随着常规体检的普及，越来越多的老百姓会定期去体检。据上海最近公布的白领体检报告显示，样本体检正常率低于3%，保险并非想投就能投，如若身体健康，选择权在消费者手上；如若身体有异常，选择权则在保险公司手上。

理赔是否很艰难？当然不是。消费者手握四个有效的保险维权工具，表面上是弱势群体，舆论上是强势群体，各项政策与监管都偏向保护消费者，但凡消费者遇到不公，最终结局几乎都是法人认错道歉，因此有个段子如此描述法人与人的关系："保险公司是法人，法人不是人，不配谈人权。"

总而言之，投保没那么容易，理赔也没那么难。

1.2

买保险不划算，几十年后不值钱？

在知乎上有很多这类问题，"购买保险不划算，现在购买 100 万元保额，几十年后可能相当于现在的 10 万元，购买保险是否要考虑通货膨胀？"有些消费者在投保规划时，便会考虑所谓保单缩水的问题，按照这种思路，保险产品理应需要抵御通胀，如果保险不能抵御通胀则不值得投保。这种以投资角度看待保险的思维是否恰当？保险是否跑不赢通货膨胀？本节针对通货膨胀与风险规划两个中心，谈谈笔者的看法。

◉ 1.2.1　莫名的情侣档，通货膨胀与保险规划

在笔者的记忆中，首次大规模关注"通货膨胀"是在 2008 年金融海啸之后，当时为了防止经济衰退的风险，迅速出台了 4 万亿元的投资拉动计划。从那时起，房价高涨不止，"蒜你狠""姜你军""飞天猪"等各种商品价格上涨信息扰动人心，笔者作为"90 后"首次深切感受到通货膨胀带来的货币贬值。

之后，经常有人把"通货膨胀"挂在嘴边，包括笔者，即使不太了解，也得讨论讨论，否则有一种跟不上潮流，显得自己很愚昧的感觉。

不少消费者在投保咨询时，会下意识拿出通货膨胀来否定保险规划，而当笔者追问他们是否真的了解什么是通胀、目前通胀率是多少、有什么工具可以有效抵御通胀时，他们又表示不了解、不清楚，对金融学、经济学几乎零认知。那么，购买保险要不要考虑通胀？

1. 只有保险受到通胀影响？

按照经济学理论，通货膨胀是一种货币贬值的正常现象，只要不是恶性通胀，适度的通胀预示着国家经济的正面发展，如果一个国家没有通胀，则意味着社会经济发展进入到滞涨或者通缩的情况，这时社会便会陷入经济萧条，例如 1929 年的全球经济大危机，具体表现为通货紧缩，某种程度来讲，通货紧缩比通货膨胀更可怕。

诸位回忆一下，我们这些年来是否一直存在通胀现象？在通胀情况下，人

民生活水平是越来越好还是越来越差？ 2008 年，笔者清晰记得一代"机皇"诺基亚 N95 水货价格为 4 000 多元人民币，行货价格为 8 000 多元人民币，彼时 4 000 元是很多工薪族 2 个月的薪资，购买手机需要勒紧裤腰带；2020 年，2 000 元人民币的手机功能齐全，甚至性能过剩，手机已经成为最常规的通信工具，几乎每个老百姓都能买得起。

因此，不必对通胀有过多的担忧。不管是购买保险，还是购买车、购买手机、购买衣服、购买基金、购买股票等，都会受到通胀的影响。

那么，诸位会因为通胀的影响而不使用手机、不穿衣服吗？

显然不会。因为购买工具的目的是解决问题，而购买保险的目的是转嫁风险，保险是风险管理的工具。

2. 保险解决通胀是伪命题

首先，一般的理财渠道包括股票、基金、债券、保险等，其中股票、基金属于进攻型资产，保险属于防御型资产，有些消费者却把抵御通胀、保值增值的重任全压在保险上面，这显然不合适。所以，用保险来解决通胀是一个伪命题，因为通胀根本不是靠保险来解决的。

其次，资产增值应该是一揽子理财计划，保险应该是理财方案中的一环，事实上，就算是专业理财规划师量身定做的理财方案，也有可能跑不过通胀，例如很多消费者投资股票、基金的年化收益是负的，笔者身边就有不少永远在解套路上的朋友。所以，解决通胀看似简单，实际复杂，更不能指望一份简单的保险做到资产增值，购买保险的目的不是抵御通胀，而是转嫁风险、未雨绸缪。

3. 没有保险规划也不能抵御通胀

古人早就告诉过我们要居安思危、防患于未然，这种思想就是保险的本质。因此，保险管理是一种睿智的准备，即使不投保也不能抵御通胀。如若当下不主动做好保险规划，或许未来只能被动接受结果。如今，很多年轻人不愿意吃学习上的苦，却愿意吃生活上的苦，因为学习上的苦需要主动自律、厚积薄发，而生活上的苦，躺在床上便自然而来。

同理，风险规划需要主动付出时间与成本，当下必然痛苦，但天气晴朗时修房顶，才能在黑云压城时遮风雨。如果当下不做风险管理，未来只能做危机处理，逃避问题并不能解决痛点。

4. 如何投保能降低通胀影响？

既然通货膨胀不可避免，我们只能将重点放在"如何降低通胀影响"上，方法有两个。

A. 初次投保即规划高保额

通货膨胀直接影响将来赔付保额的货币价值，因此可以在首次投保时制定高保额来应对。例如：张三目前的重疾险缺口是 50 万元，但他担忧以后的通胀影响，所以投保规划时，便制定 100 万元保额的重疾险。

B. 以后逐渐增加保额

大多数情况下，保险规划不是一蹴而就、一步登天的，它需要贯穿我们的一生，随着人生阶段的变化，保险规划也需要做出相对应的调整。例如，刚步入社会工作的毕业生与成家立业的家庭支柱相比，投保需求不同、背景不同，投保的险种、保额自然也大不相同。因此，如果在通胀的影响之下，原有保额已经不能覆盖现阶段的风险缺口，可以追加投保。

但需要注意，追加投保时如果健康状况发生变化，需要如实告知，因为投保人的健康状况可能会影响投保结果。身体健康时，是你选择保险；身体异常时，是保险选择你。

通胀慢悠悠，可以从长计议，风险可能突然降临，让我们多年累积的财富付之东流，与其担心通胀，不如尽早投保。

🎯 1.2.2　以投资思维看保险，是大智若愚还是大愚若智？

随着生活节奏越来越快，情绪焦虑的人越来越多，从前有句话叫"慢工出细活"，每天可能努力做好一件事即可，现在都变成"再不出海就晚了"，恨不得一天做十件事，把日程表排得满满的。在这种焦虑环境之下，消费者更看重短期效益而不是长期效益，因此会以投资的角度来理解保险，分析保险，投保很亏、投保贬值、投保愚蠢……诸如此类的问题其实是以投资的角度看保险。那么，如果以投资角度来看保险，到底是真聪明，还是真糊涂？

1. 什么是投资？

按照金融学与经济学的说法，投资指特定主体为了在一段时间内获得收益或者资金增值，向特定领域投放一定资金的行为，又细分为实物投资、资本投资、证券投资，前者是以货币投入企业，通过生产经营获得利润；后者是以货币形式购买股票、债券，间接参与企业利润分配。

目前，投资一般指间接投资，主要指通过购买股票、公司债券获得收益的行为。

简而言之，保险是理财，是资产，但不属于投资。

既然投资主要是指股票与债券投资，说明证券与保险在理财目的上有本质区别，很多消费者投资股票的目的是追求更高的收益，像猛士一样进攻；而很多消费者购买年金险、增额终身寿险的目的是追求资产的稳健增值，锁定利率，避免损失，像老树一样缓慢而坚定地生长。因此，用投资的思维来看保险，实际上是拿证券的思维看保险，这显然是糊涂的。

2. 三个账户

笔者经常反复告诉身边的朋友，特别是那些喜欢投资、擅长投资且盈利能力特别强的朋友，我们往往都有两个账户——证券账户和银行账户。

我们的资金往往在证券账户与银行账户之间来回流动，但是，这两个账户里边的钱，有可能在一夜之间消失而不再属于自己，例如在意外与大病面前。所以，为了防止"辛辛苦苦几十年，一夜回到解放前"的情况发生，请再增加一个账户，保险账户，变成三个账户，如图1.2所示。

图1.2　三个账户

3. 购买保险一定是亏损的

从理财的角度看，保险是成熟交易者的必修课。

如果证券是进攻之剑，保险则是防守之盾；

如果证券为了盈利，保险就是为了止损。

香港著名的地标建筑中银大厦与汇丰大厦都是有故事的，中银大厦像一把利剑，汇丰大厦像一面盾牌，坊间传言这是一个风水局，可帮助香港金融能攻能守，攻守兼备。

所以，几乎每一个成熟的交易系统，都必须有盈利模式和止损策略，有些股票有退市风险，相当于股票有消失的风险，就如人固有一死，死亡风险不能被消灭；而有些股票有跌停风险，例如连续跌停，资金缩水 50%，相当于人生路途上免不了跌宕起伏，甚至伤病缠身、罹患大病等；止损策略是风险积累到一定程度时，让我们及时从风险的影响中脱离出来。

因此，从理财角度讲，购买保险一定是亏损的，但为何保险从诞生至今几百年时间一直存在呢？

所谓存在就是合理。举个例子，如果我们投保重疾险，只会发生两种情况：理赔与没理赔。如果没理赔，从货币时间价值的角度看，保险理财不如别的理财渠道收益高，经济上发生亏损，但身体健康等于获利；如果理赔，罹患大病，收入中断、康复期间需要照料、康复后重新工作，经济上获利，而健康发生亏损。

笔者认为，身体健康是最大的财富，留得青山在，哪怕没柴烧？

身体健康时，有工作自然有收入，只要勤勤恳恳、按部就班，实现既定的人生目标并不难，起码能够保证衣食无忧。就算投保是亏损的，也不影响人生的大格局。

身体不健康时，面临没工作、没收入的窘境，实现人生目标有心无力，此时保险能帮助我们从财务上止损，在不幸之中缓一口气，获得重新出发的机会。

因此，保险的预期从一开始就是亏损的，但不会让我们被风险直接消灭，使多年的积累毁于一旦。

1.2.3　保险真的跑不赢通胀？

有些读者读到这里可能会心存疑问，即便通货膨胀不是保险能解决的问题，但通胀是真实存在的，保险的年化收益能否跑赢通胀？

很多消费者日思夜想要跑赢通胀，但他们对真实通胀率并不了解。根据统计局的官方数据，我国在 2000—2020 年的 20 年间，通胀率最高的是 2008 年，超过 8%，2009 年则是通货紧缩，之后的时间里，通胀水平大多在 2%～4%，这便是真实的通胀率。

这里肯定会有不少读者提出质疑，觉得统计数据不可信，有水分，这种质疑最常见的依据是房价。例如，2008 年广州的平均房价为每平方米 7 000 多元人民币，2018 年广州的平均房价为每平方米 31 000 多元人民币，按照房价的涨幅，通胀不可能为 2% ～ 4%，因此判定数据造假。

难道真的是统计有误？经过笔者的思考与分析，数据相当可靠。

首先，我国居民消费价格指数（CPI）统计内容涵盖八大类，即食品、烟酒及用品、衣着、家庭设备用品及维修服务、医疗保健及个人用品、交通和通信、娱乐教育文化用品及服务、居住。

居住类 CPI 统计的是房租，并非房价，房租涨幅远低于房价涨幅。为什么不统计房价？因为，如今的房子是自带理财属性的投资工具，房价早已脱离基本的供求关系，尤其一线城市的房子，普通老百姓很难购买得起，因为房价体现一个城市的综合竞争力。

其次，假如不谈数据谈感受，同样能够反映真实通胀率。下面笔者列举几件亲身经历的故事给诸位参考。

A. 十年前，笔者刚进入大学，入学前母亲给笔者买了人生第一部三星滑盖手机，800 万像素，价格为 2 800 元人民币；现在，笔者用的是小米手机，1 亿像素，2 599 元人民币。十年了，手机是否有涨价？没有。

B. 十年前，笔者从广州火车站乘坐公交到白云区，收费 2 元人民币；现在，收费标准依旧是 2 元人民币。十年了，出行交通费有涨价吗？没有。

C. 十年前，笔者用的是动感地带套餐外加 300M 流量包，58 元 / 月；现在，用的是 4G 套餐 3GB 流量，68 元 / 月。十年了，你的电话费涨价了吗？也没有。

很多商品十年来不仅没有涨价，而且功能越来越完善，性价比越来越高。例如冰箱、电视、洗衣机、烟酒、地铁、宽带等，这些与我们生活息息相关的支出并没有涨价或只有小幅度涨价。

但为何我们对通货膨胀的感受如此明显？主要是食品、教育、医疗的通胀贡献大。

这里笔者不是想谈论宏观经济，扪心自问也不够谈论宏观经济的水平，只是想通过以上故事帮助大家破除一个偏见，统计机构公布的数据是合理的，毕竟统计通胀的因子有涨有跌。笔者认为，如果不是发生大范围的原材料价格上涨或经济危机，未来通货膨胀大概率应该在 2% ～ 4% 之间波动。

换言之，如果诸位的理财年化收益率长期大于 4%，就能大概率跑赢通胀。

2019 年优秀的年金险长期年化收益就可以接近 4%，如果诸位购买保险的目的是抗御通胀，年金险的确可以达到目的。

☺ 1.2.4 小结

（1）不管投保与否，通货膨胀是不能避免的。

（2）通货膨胀不是保险能解决的问题，也不是保险要解决的问题。

（3）不要用投资思维看保险，这是不恰当的。

（4）购买保险一定是亏损的，不是财务亏损就是健康亏损。

（5）特定的保险产品年化收益大概率可以跑赢通胀。

（6）通胀虽然一直存在，但人民收入也会逐步提升，生活水平也会越来越高。

1.3
有了社保，还需要商业保险吗？

有些消费者对保险认知存在偏差，他们认为只需要购买国家社保，有了国家社保就能解决所有保障问题，商业保险可有可无。

先说结论，曾经听到一个关于社保和商业保险有趣的比喻，把社保比作秋衣秋裤，把商业保险比作棉衣棉裤，秋衣秋裤平时穿着合适，感觉良好，可一旦寒冬来临，秋衣秋裤显然不足以御寒，需要穿更暖和的棉衣棉裤。国家社保解决"温饱"问题，商业保险解决"御寒"问题。

因此，拥有社保后依然需要拥有一定的商业保险，但很多消费者并不清楚社保与商业保险的具体差异，本节笔者将把社保与商业保险的区别详细罗列出来。

☺ 1.3.1 什么是社保？

社保是广大人民群众的基本福利，具有非营利性、强制性、广覆盖的特点，缺点是保障水平较低，主要解决最基本的保障。

我国的社保主要由 5 个部分组成，即养老保险、医疗保险、生育保险、失业保险、工伤保险，俗称"五险"。

（1）养老保险：一般最少要缴满 15 年，达到法定退休年龄后可以每月领取退休金，多交多领。

（2）医疗保险：门诊、住院医疗费报销，退休时累计缴费年限达标的，可免费终身享受医保待遇。

（3）生育保险：报销生育期间的部分医疗费和给予生育津贴。

（4）失业保险：缴费满一年，非主动离职的，可暂时每月领取一笔保险金作为过渡。

（5）工伤保险：因工作受伤或患职业病，申请工伤鉴定后，可领取对应的工伤保险金。

◉ 1.3.2 什么是商业保险？

简而言之，商业保险由保险公司经营，是以盈利为目的的保险形式，通过个人自愿与保险公司签订合同，按时缴纳保险费，保险公司提供相应的保障内容，具有自主、灵活的特点。

商业保险的类别繁多，但可以分为两大类：财产保险和人身保险。

A.财产保险：以财产和利益为保险标的的各类保险，主要分为车险和非车险。

B.人身保险：以人的寿命或者身体作为保险标的保险，例如重疾险、医疗险、意外险、寿险。

消费者对比社保的商业保险通常指人身保险。

◉ 1.3.3 社保与商业保险的区别

对于纠结已经拥有社保，是否还需要购买商业保险的消费者，归根到底是不了解社保和商保的区别。这里根据"五险"的保障功能，笔者归纳、总结了社保和商业保险的 8 个主要区别，如表 1.2 所示。

表 1.2　社保与商业保险的 8 个主要区别

项　目	社 会 保 险	商 业 保 险
性质	国家举办、基本福利、强制缴纳	企业经营、以盈利为目的、自愿的商业行为
养老保障	有最低缴费期，法定退休年龄开始领取，保障基本生活费	缴费期灵活，领取年龄自选，提高养老生活质量
医疗保障	就医范围、用药范围、起付线、封顶线、报销比例都有限制，属报销性质	可拓展就医范围，突破自费药限制，除了报销性质还有给付性质
意外保障	主要是工伤保险范围，需要因公受伤和符合工伤鉴定，非工作导致的意外伤害不能理赔	意外身故/伤残/医疗，不限因公受伤，符合赔付条件就可理赔
生育保障	报销生育必要医疗费，给予生育津贴	针对高端生育需求，例如国外生子、昂贵医疗机构就医、全额赔付等
失业保障	根据累计缴费年限给予一定时间的失业津贴	无
身故保障	退还个人缴纳部分，丧葬费限额报销，中途身故不划算	多数带有身故保障，即使缴费期间身故也按保额赔付
变现功能	交满并且达到领取年龄后才能领取，领取的时间、金额是被动的	除了领取灵活，还有保单贷款功能，可作为应急资金变现

1. 性质不同

社保和商业保险最明显的区别是，一个属于国家举办的基本福利，一个是保险公司以盈利为目的的商业行为。有些比较偏激的观点认为，既然商业保险以盈利为目的，意味着投保不划算，不应该投保商业保险，事实并非如此。笔者认为，几乎所有商业行为都是双赢甚至多赢的，各取所需才能形成交易，为了促进交易，需要做更好的产品，有了更好的产品才能有更多的交易，更多的交易又产生更多的盈利，如此形成良性循环。

两者的性质决定了，社保解决"温饱"问题，商业保险则能让生活"更好"。

2. 养老保障不同

社保的养老保障有缴费限制、领取限制，例如 2019 年大部分地区男性退休年龄是 60 岁，女性是 55 岁，必须活到这个年龄才能开始领取，且按照目前的趋势，以后大概率会延迟退休年龄，如果退休年龄延后，养老金领取年龄必然延迟。而且，养老金领取金额较低，通常只能维持基本生活开支。

这里以广州社保为例，帮助诸位计算退休后每个月能领取多少养老金。据公开资料显示，2018年广东省职工月平均工资为6 338元，养老金计算公式如下。

基本养老金 = 基础养老金 + 个人账户养老金；

基础养老金 =（全省上年度在岗职工月平均工资 + 本人指数化月平均缴费工资）÷ 2 × 缴费年限（含视同缴费年限）× 1%；

个人账户养老金 = 个人账户储存额 ÷ 个人账户养老金计发月数（60 岁退休为 139）；

指数化月平均缴费工资 = 全省上年度在岗职工月平均工资 × 本人平均缴费工资指数（介于 60% ～ 300% 之间）。

例如，张三 60 岁退休，刚好缴满社保 15 年，退休前月平均工资为 6 338 元，平均缴费工资指数为 100%。

个人账户储蓄额 = 6 338 × 8% × 12 × 15 = 91 267.2 元；

基础养老金 =（6 338 + 6 338 × 1）÷ 2 × 15 × 1% = 950.7 元；

个人账户养老金 = 91 267.2 ÷ 139 = 656.6 元；

最终，基本养老金 = 950.7 + 656.6 = 1 607.3 元。

所以，在这种理想假设下，张三退休后每个月能领取 1 607.3 元的退休金，但是，公式里存在许多变量，如全省上年度在岗职工月平均工资、指数化月平均缴费工资、养老金计发月数，因此就算有公式，我们也无法准确计算退休时能领取多少退休金。

唯一可以确定的是，退休后的收入会大幅缩水，就像例子中的张三从退休前 6 338 元 / 月缩水到退休后的 1 607.3 元 / 月，单靠社保显然只能解决温饱问题，这时候就需要商业养老保险作为补充。

商业保险的养老保障主要以养老年金险、增额终身寿险为代表，灵活自主，缴费期、领取时间、领取金额由消费者说了算，商业养老险能够保证养老生活的现金流，提前锁定利率，实现财务目标。

3. 医疗保障不同

社保的医疗保障主要指医保功能。医保虽好，但报销限制较多，起付线以下需要自费，封顶线以上需要自费，实际报销只占整体医疗费用的一部分。医保实际报销如图 1.3 所示。

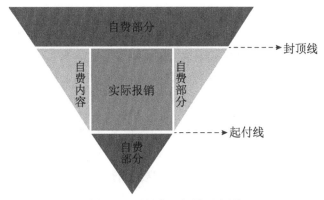

图 1.3 医保实际报销示意图

医保实际报销比例从 80% ～ 95%，根据就医医院等级来规定，医院等级越高报销比例越低，所以有需要自费的部分，这里我以 2020 年广州职工医保共付段基金支付比例为例，如表 1.3 所示。

表 1.3 2020 年广州职工医保共付段基金支付比例

人员类别	一级医院		二级医院		三级医院
	规定标准	实施基药制度且零差率销售的药品	规定标准	实施基药制度且零差率销售的药品	
在职职工	90.0%	95.0%	85.0%	93.5%	80.0%
退休人员	93.0%	95.0%	89.5%	95.0%	88.0%

一级医院与二级医院虽然报销比例较高，但如果罹患重疾，绝大部分人都会选择到医疗条件更好的三级医院就医，而三级医院报销比例并不高，在职职工报销比例为 80%，对于上有老下有小的家庭主力来讲，万一发生大额医疗支出，需要自付的比例不低，会有较大的经济压力。

除此之外，许多自费内容医保并不能报销，例如自费药，甲类药是全额报销，乙类药是部分报销，丙类药是完全自费。甲类药、乙类药、丙类药的特点与报销比例，如表 1.4 所示。

表 1.4 甲类药、乙类药、丙类药的特点与报销比例

项 目	特 点	各地医保支付比例
甲类药	属于医保全报销的药品，是临床必需的、使用广泛的、疗效较好，比同类价格较低的药品	100%

续表

项 目	特 点	各地医保支付比例
乙类药	可供临床治疗使用，疗效好、使用更广泛，比甲类药同类药品价格高、安全性更高、副作用更小	70% ～ 90%
丙类药	保健药、高档药或新药，医保不能报销，属于全自费药品	0

甲类药属于医保全报销的项目，缺点是药品种类最少；乙类药种类比甲类药多，缺点是医保只能部分报销，剩下需要自行承担；丙类药种类最多，缺点是属于全自费项目，医保不能报销。

而商业保险的医疗保障可选择性大，通常以医疗险、重疾险为代表。其中，商业医疗险可拓展就医范围，突破用药限制，除了能在公立医院普通部就医，还可以拓展到公立医院特需部国际部、私立医院甚至昂贵的医疗机构、海外就医等。商业保险除了医疗险的报销功能之外，还有重疾险的给付功能作为投保者患病期间的收入补偿，而社保只有报销功能，不能获得额外经济补偿。

4. 意外保障不同

社保的意外保障主要由工伤保险承担，工伤保险需要因公受伤且符合工伤鉴定，覆盖范围较小，理赔标准较高。

商业保险的意外保障一般包括意外身故、意外伤残、意外医疗三方面责任，可选责任丰富，理赔标准低，可覆盖门诊意外医疗，不限于因公受伤。

5. 生育保障不同

社保的生育保障可报销生育期间必要的医疗费，给予生育补贴。

商业保险的生育保障主要针对高端生育需求，例如国外生子、昂贵医疗机构就医、全额赔付、妊娠特定疾病等，适用人群较少，价格较高。

6. 失业保障不同

社保的失业保障是指，对于缴纳社保满一年，非主动离职的，可以每月领取一笔失业保险金作为过渡，让失业的人有更充裕的时间找到新工作。

至于商业保险，本就以盈利为目的，自然没有专门的失业保险，如若失业，应该尽快寻找工作。

7. 身故保障不同

社保的身故保障几乎没有，身故只能退还个人缴纳社保部分，外加必要的丧葬费限额报销，公司缴纳部分不予退还，对于中途身故或者寿命较短的人，非常不划算。没有身故功能意味着家人不能获得额外经济补偿，没有经济生命延续。

商业保险的身故保障做得比较到位，目前很多险种都具有身故功能，即使缴费期间身故，也能按照保额来赔付，让家人有所继承，延续经济生命，履行家庭未尽责任，留爱不留债。

8. 变现功能不同

社保需要交满并达到退休年龄后，方可开始领取，中途不能变现，领取金额、领取时间也是被动的，一切由政策说了算。

商业保险的变现功能比较强大，除了领取灵活，还有保单贷款功能，保单贷款又分为保险公司贷款和第三方贷款机构的保单贷，可作为后备手段应对各种资金周转问题，甚至成为生意失败后东山再起的资金后盾。

🎯 1.3.4　小结

我们的社保很好，但社保属于基础福利，只能解决从无到有的问题，不能解决从有到强的问题。社保加商业保险，会让我们在面对风险时拥有更多的选择。

1.4
保险公司是否会倒闭？

在笔者日常的展业经历中，不少消费者会提问："你推荐的产品保障很优秀，但都是一些我没有听过的保险公司，万一这些保险公司倒闭，我的保单该何去何从？"是的，很多消费者千辛万苦对比产品后，终于找到一些价格实惠、保障全面的产品，准备投保却又担心保险公司的安全性。那么，保险公司是否足够安全靠谱？其倒闭风险如何？监管部门对保险公司有哪些安全机制？万一保险公司经营不善，消费者的保单利益是否会受到影响？本节将帮助大家一一拆解。

🎯 1.4.1　保险公司的安全性不需要老百姓考虑

撇开成立保险公司如何严格、拿到保险牌照多么艰难、监管手段多么严谨等硬性指标，笔者先谈一个底层逻辑：我国的基本国情要求国家必须采取措施维稳。

然后，诸位稍微冷静思考一下，老百姓购买保险的资金是准备用来解决什么问题的？当然是用来救死扶伤的。换言之，购买保险的资金是"救命钱"，按照这个逻辑，如果保险公司能够轻易倒闭，意味着数以万计的"救命钱"会毁于一旦，甚至引发群体性事件，这是我们的国情所不允许的。

事实上，保险公司的安全性问题并不需要老百姓考虑，这是监管部门的职责。"在其位谋其政，任其职尽其责"，监管部门比老百姓更关注保险公司的经营情况，这是普通消费者最容易忽视的底层逻辑。

🎯 1.4.2　保险公司的四大安全机制

除了国情因素，保证保险公司安全、稳健运行的机制有四个，本节将帮助各位读者罗列这四大安全机制，相信在了解四大安全机制后，诸位便能理解为何我们的保险监管体系是全世界最安全的体系之一。保险公司四大安全机制如图 1.4 所示。

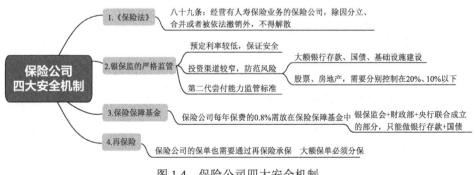

图 1.4　保险公司四大安全机制

第一层保障：《保险法》。

《保险法》第八十九条规定，经营有人寿保险业务的保险公司，除因分立、合并或者被依法撤销外，不得解散。据笔者所知，企业被提升到动用法律武器来保障其安全性，如此高度目前只有保险行业，这意味着国家对保险行业的安全运行高度重视，《保险法》则是保险行业的定海神针。法制社会需要信法、遵法、守法，相信大家对此没有异议。

第二层保障：银保监的严格监管。

银保监全称"银行保险监督管理委员会"，是国务院直属单位，主要职责是监督、管理、维护银行业和保险业安全稳健运行，防范、化解金融风险，保护消费者合法权益，维稳。银保监对保险公司严格监管主要体现在以下三方面。

（1）限制预定利率保证安全

什么是预定利率？预定利率是指在计算人身保险产品保费时，预测收益率后所采用的产品定价利率，本质是保险公司使用了客户的资金，而承诺需要给予客户的回报。通俗来讲是保险机构提供给客户的回报率。

对保单持有人来讲，预定利率可理解为产品未来收益率；

对保险公司来讲，预定利率可理解为产品贴现率，是负债成本。

目前，中国内地（与中国香港相对而言，下同）普通型人身保险预定利率上限为3.5%，至于预定利率如何影响产品定价，笔者会在第2章详细讲述，这里只需要知道，内地保险行业的安全很大程度是依靠保守的利率决定的。

（2）限制投资渠道防范风险

除了有预定利率的限制，监管对保险资金的运用都有严格规定，内地的保险公司投资渠道范围较窄，只能投资安全性较高的资产，例如大额银行存款、银行理财产品、债券、基础设施和公共服务项目、证券投资基金等；其中保险资金投资股票、不动产、未上市股权的上限分别为20%、10%、5%，且规定保险资金不能直接从事房地产开发建设。

由于限制了投资渠道，保险资金最主要的投资方向在大额银行存款、国债、基础设施和公共服务项目，像高速公路、水电站、铁路等投资额大、回报周期长的基建项目背后都是保险资金投资的。

（3）偿二代监管

内地从2016年1月开始正式实施第二代偿付能力监管体系，简称"偿二代"，目前国际上有三个比较有代表性的监管体系，一个是欧盟保险公司偿付资本监管（Solvency Ⅱ），一个是中国的"偿二代"，一个是美国的风险资本制度（Risk Based Capital，RBC），当然，普通消费者只需要知道"偿二代"是目前全世界最严格的监管体系之一就够了，至于具体执行与监管，放心交给监管部门。

第三层保障：保险保障基金。

什么是保险保障基金？保险保障基金是由保险公司从当年保费收入中提取一定比例依法缴纳形成，在保险公司被撤销、被宣告破产等情境下，用于向保单持有人或者保单受让公司等提供救济的法定基金。简而言之，监管部门会强制要求保险公司每年提取一笔钱放在保险保障基金，以防止将来某一家保险公司发生风险时，拥有充足的资金进行救助。

保险保障基金安不安全？首先，保险保障基金有限公司由银保监、财政部、央行、国家税务总局、国务院法制办联合成立，属于国有独资公司、非营利性企业法人；其次，保险保障基金的资金使用仅限于银行存款和各类国家债券。无论从基金背景，还是资金运用，都是国家级的安全。目前，保险保障基金已达上千亿规模，安全性高、资金雄厚。

第四层保障：再保险。

再保险也叫"分保"，指保险人在原保险合同的基础上，通过签订分保合同，将其所承保的部分风险和责任向其他保险人进行保险的行为。举个例子，张三在"墨菲保险"投保了一份1 000万元的寿险，"墨菲保险"觉得风险太大，需要找其他保险人一起分担，所以"墨菲保险"向"聪明再保险"分保了500万元，后来张三罹患重疾身故，则"墨菲保险"与"聪明再保险"两家公司需要分别承担500万元赔偿。当然，"聪明再保险"不可能白白承担赔偿义务，因此，分保需要支付相应的再保险费用。

另外，《保险法》第一百零三条规定，保险公司对每一危险单位，即对一次保险事故可能造成的最大损失范围所承担的责任，不得超过其实有资本金加公积金总和的百分之十；超过的部分应当办理再保险。也就是说，为了防范保险公司的风险，法律也强制大额保单必须分保。

1.4.3 万一保险公司经营不善怎么办?

四大安全机制决定了保险行业有安全的土壤环境，但如果发生一些不可预料的风险，导致保险公司经营不善，又该如何处理呢？保险公司经营不善的三种应对手段如图 1.5 所示。

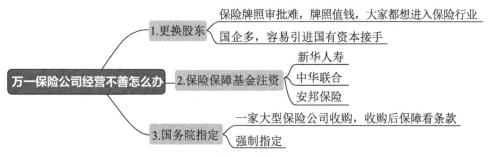

图 1.5 保险公司经营不善的三种应对手段

1. 更换股东

首先，目前我国的保险密度、保险深度与发达国家相比均存在明显差距，保险行业潜力巨大，很多资本都有进入保险市场的欲望，可我国保险牌照审批额度每年只有 3～4 家，保险牌照明显供不应求，属于稀缺资源。例如，2018 年万达集团 27 亿元出售百年人寿股权，香港绿地集团接手，彼时，万达要变现，绿地要牌照，各取所需，也证明了保险牌照确实价值不菲。

其次，如果民营企业不感兴趣，结合我国国有企业众多的情况，很容易引进国有资本接手，投资人都明白保险公司的资金长期、安全、稳定，十分有利于资金运作、长期投资项目。

因此，更换股东是双赢甚至多赢的手段，也是解决保险公司经营不善时最常见的手段。

2. 保险保障基金注资

截止到 2019 年，我国历史上曾经有三家保险公司被接管过，分别是新华人寿、中华联合、安邦保险，下面顺便帮诸位回顾一下这几家公司当年不堪回首的历史。

新华人寿，2006 年因高管犯罪被原保监会调查；2007 年原保监会首次动用保险保障基金接管新华人寿，成为第一大股东；2009 年保险保障基金把股权出让给中央汇金，盈利约 12 亿元；2011 年新华人寿成为第一家 A+H 股同步上市的保险公司，从此鱼跃龙门，截至 2019 年国内 A 股上市的保险公司仅有 5 家。

中华联合保险，多年来因作风激进、高速扩张，导致巨额亏损；2011 年保险保障基金正式介入控股中华联合；2012 年中华联合引进优质股东注资，保险保障基金退居第二大股东；2016 年保险保障基金功成身退，将股权转让给多家公司后，盈利约 80 亿元；现在的中华联合保险已从一家单纯财险公司摇身一变，成为中华联合保险集团，包含中华联合财险保险、中华联合人寿保险等多家公司。

安邦保险，被接管的原因与新华人寿类似，是因为高管犯罪；2018 年安邦保险正式被保险保障基金接管，股东从原来复杂的 39 家精简为 3 家且保险保障基金为第一大股东；2019 年安邦更名为大家保险集团，第一大股东为保险保障基金，占股比例为 98%，另外两个股东为上汽集团、中国石化，都是耳熟能详的特大型国有企业，保险保障基金功成身退之日，又是大获盈利之时。

对于曾经被接管的保险公司，它们在接管后无一例外都变得越来越好，历史早已证明保单持有人的保单利益并没有受到任何影响，因为保险保障基金不仅有钱，而且能动用社会关系引进优质股东完成资产重组，拥有让保险公司重回正道的能力。

3. 国务院指定

如果前面两个办法都不奏效，最后会由国务院强制指定一家大型保险公司收购。为什么要强制？因为国情使然。

1.4.4 小结

或许以后还会出现保险公司被接管的例子，每次发生保险公司被接管的案例，微信群、朋友圈总会有部分别有用心的保险从业者频繁转发，诋毁保险行业的人往往是业内人，这是保险行业的悲哀。

作为普通老百姓，购买保险主要看合同，即使公司不存在也有国家相关机构负责到底，保险公司的安全性有政策法律、制度保障，由监管部门思考与执行，无须消费者考虑，与其担心保险公司是否会倒闭，不如多花点精力思考自己需要什么保险。

第 2 章

走出迷信大公司的误区

　　通过第 1 章的内容，相信诸位已经有所了解，从法律、监管角度来看，各家保险公司的安全性是一致的。但对于大部分消费者来讲，购买保险很容易被以往"经验"所影响，例如购买保险要选择大公司，因为大公司的产品更可靠、更放心、更省心。实际上，保险并非一般商品，如果把购买一般商品的逻辑套用在购买保险上，很容易掉入陷阱。

　　本章笔者将从保险公司的大与小开始谈起，通过理赔时效的规定、影响理赔速度的因素及保险产品的定价原理三个方面帮助诸位破除对大公司的迷信，破除盲目崇拜大公司大品牌的惯性思维，先破后立，此后选择产品才能拥有相对公正、客观的立场。

　　日常在帮助各位委托人规划投保方案时，笔者常会面对委托人这样的疑问："墨菲，你帮我配置的产品都符合我的需求，但保险公司皆是些小保险公司，皆是我没听过的，感觉大公司更放心一些……"

　　在回答这些问题之前，笔者会反问："您觉得这家保险公司是小公司，那您判断一家保险公司大与小的标准是什么？难道您的标准是，我听过的保险公司应该是大公司，我没听过的保险公司就是小公司？"

　　大多数委托人面对我的反问，常会笑着回答："好像是的。"

2.1
如何正确判断保险公司的大与小

截至 2019 年，中国内地有超过 90 家人身保险公司，行外人没有听过某些保险公司是十分正常的，因此大部分消费者判断保险公司的大与小并不是客观理性的，而是主观感性的。应该如何判断保险公司的大与小？下面笔者给大家介绍三个简单实用的判断指标，分别是保费收入、注册资本金、股东背景，具体判断保险公司大与小的三个指标如图 2.1 所示。

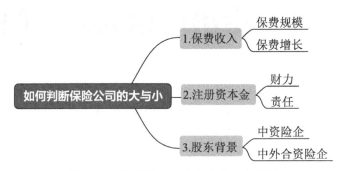

图 2.1　判断保险公司大与小的三个指标

2.1.1　保费收入

保险公司的收入主要来源于保费，因此保费收入是最能直观反映公司规模的硬核指标，而且信息查询难度低、数据可信，一般在银保监官网、保险公司官网的信息披露里都可以查到。

不过，保费规模只能代表过于与现在，无法代表将来，因为保费收入包含新单保费收入和续期保费收入，而续期保费收入跟保险公司成立时间有很大的关系，例如 2000 年以前中国内地保险市场只有几家老牌保险公司，在当时粥多僧少的历史环境下，它们先发制人沉淀了一大批原始客户，因此相比新晋保险公司，老牌保险公司的保费规模具有难以逾越的先天优势，因此，判断保险公司规模除了看目前的保费收入，保费增长也需要考虑。

如果一家保险公司尸位素餐、不思进取，不重视消费者需求，就可能会出现保费收入同比下降；相反，如果一家保险公司元气满满、积极进取，重视消费者需求，就很可能出现保费收入同比上涨甚至持续暴涨，最终超越某些老牌保险公司。

例如，华夏保险、前海人寿、工银安盛、天安人寿、信泰人寿这类后起之秀，皆是因为用心设计产品，用优秀产品打动客户而赢得市场，实现弯道超车，尤其突出的是华夏人寿，截止到 2019 年，其保费规模在中国内地 91 家人身保险公司中排名第 4，仅次于国寿、平安、太保，一举超越太平、新华、泰康、人保这些老牌公司。希望以后能有更多锐意进取的保险公司涌现出来，我们的保险市场才能避免垄断，在百花齐放的路上越走越灿烂。

这里强调一下，笔者不是诱导大家去购买上述保险公司的产品，购买保险需要根据个人情况专属定制，不存在一款适合所有人的产品，也不存在一家适合所有人的公司。

2.1.2 注册资本金

注册资本金同样是能够直观反映保险公司规模的有效指标，保险公司的注册资本金额在各保险公司官网信息披露里都能找到。

中国内地虽然从 2014 年 3 月开始由注册资本实缴制变为注册资本认缴制，但《保险法》第六十九条规定"保险公司的注册资本必须为实缴货币资本"，这意味着保险公司的注册资本必须经过验资，因此，注册资本金可以体现保险公司的实力。

那么，更高的注册资本金意味着什么呢？起码意味着以下两点：

A. 保险公司有更大的财力，有更多的融资操作手段；

B. 保险公司需要承担更大的责任，有更强的偿债能力。

当然，在我国的基本国情之下，成立保险公司门槛很高，仅仅注册资金达标并不能成立保险公司，还需要股东有相当的社会背景与关系。

🎯 2.1.3 股东背景

以上列举了判断保险公司大与小的两个指标，即保费收入与注册资金，这两项指标具体、易查，属于显而易见的类型，而第三个指标则比较隐性，普通消费者不会留意，这便是保险公司的股东背景。

如果把中国内地的保险公司按股东背景分类，可分为两类，一类是中资险企，另一类是中外合资险企。有些细心的小伙伴会发现，中资险企无论在保费收入还是注册资金方面，都比中外合资险企要好一些，这是否说明中资险企比较大，中外合资险企比较小？当然不是。

根据笔者长期以来保险从业经历，在不断与各家保险公司专员接触的过程中，对中资险企与中外合资险企的特点与风格逐渐有了自己的看法。

中资险企（例如华夏保险、天安人寿、信泰人寿、百年人寿等）的发展意愿更强，追求保费快速增长，风格比较激进，因此产品比较强势，产品性价比较高，企业规模大。中资险企相比中外合资险企缺点是股东多为民营企业，本身并没有保险管理经验，而且控股股东容易发生变化。

相反，中外合资险企（例如光大永明人寿、瑞泰人寿、同方全球人寿、工银安盛人寿等）背后的股东包括中方股东与外方股东，中方股东一般是国有企业，国企的稳定性毋庸置疑，而外方股东一般是有长久保险业历史的外国保险公司，有较为丰富、成熟的保险管理经验。不过，这种老气国企加慢热外企的属性，意味着中外合资险企不紧不慢、态度严谨、行事低调的风格，即使面对保费收入较低、同比增长较慢、市场占有率较低、知名度较低等，它们似乎并不在意，依然按部就班保持自己的节奏，所以导致中外合资险企的发展速度普遍不如中资险企。

中外合资险企鲜为人知，很多消费者甚至没有听过它们的名字，但如果把它们背后的股东名字亮出来，则众所周知。例如工银安盛人寿，背后的股东是中国工商银行与法国安盛集团。所以，中外合资险企虽然低调，但规模不小。

再次谨慎声明，这里并非帮某些保险公司打广告，纯粹是举例说明，诸位最终选择什么保险公司，投保什么产品，依然要回归需求分析，满足自身需求的产品才是好产品。

2.1.4　小结

关于如何判断保险公司大小，印象中还没有人像笔者这样用几个简单易懂的指标来说明。的确，有更多专业性的指标可以判断保险公司的规模，某些指标确实更客观、更准确也更专业，但同时也更复杂，查询难度大、阅读门槛高，不利于普通消费者理解。

因此，笔者从普通消费者立场出发，最终选择了三个易查、有效、通俗、易懂的指标，这些指标即便是一些学习能力较差的老年人，也能在百度里查询到。笔者认为，实用的方法并不一定要晦涩难懂，相反，大家都能读懂、能运用的方法才是好方法。

2.2
大公司理赔快，小公司理赔慢？

笔者在展业过程中发现，很多消费者投保时会有一些主观上的"认为"，而这种"认为"并没有依据，更多是从众心理或者自我安慰。例如："大公司虽然产品贵，但后续服务应该更好，理赔应该更快；小公司产品虽然性价比高，但服务可能没保障，理赔应该很慢。"

对于不熟悉保险行业与保险法规的人，可能存在先入为主，根据自己过往的主观经验做决策，以至于很多消费者认为大保险公司理赔有保证，小保险公司理赔看心情，理赔过程很麻烦，事实当真如此？本节将从理赔真实案件、理赔时效规定、理赔流程消除大家对于理赔时效的担忧。

2.2.1　理赔案例

理赔时效空谈理论显然是不可信的，所以我整理了新闻报道过的部分理赔案件，从真实理赔案件中看保险公司实际的理赔速度。

案件 A：黄先生是温州一名私营企业主，2017 年 8 月他在太平人寿为自己投保了太平福禄倍佑重大疾病保险附加福禄倍佑两全保险（分红型）和太平乐享无忧终身重大疾病保险，保额分别为 30 万元和 50 万元。天有不测风云，体质一向很好的他在 2018 年 3 月被确诊为肾细胞癌，同年 4 月中旬，经过一段时间治疗后，黄先生身体好转，遂联系代理人向太平人寿报案理赔，令他没想到的是，在递交资料的第二天，他便收到了赔付信息，整个理赔流程仅仅用时 32 小时。

理赔时间节点总结：黄先生 3 月被确诊，4 月递交理赔资料，4 月赔付。

案件 B：喻先生一家是普通工薪阶层，2017 年 3 月喻先生为 3 岁的孩子投保了阳光人寿金娃娃少儿两全保险 B 款（万能型），保额为 8 万元。2018 年 2 月，孩子精神状态不佳，家人将其送往定陶县人民医院检查，初步确认为严重贫血，后因治疗未见好转把孩子送往山东省立医院就诊，于 2018 年 3 月 8 日确诊为急性淋巴细胞白血病，给这个原本不富裕的家庭蒙上了一层阴影。被保险人治疗出院后，喻先生报案理赔，4 月 23 日阳光人寿菏泽中支收到客户完整理赔资料，仅用时两天，按保额 120% 赔付客户重疾保险金 12 万元。

理赔时间节点总结：喻先生孩子 3 月 8 日被确诊，4 月 23 日交齐资料，4 月 25 日赔付。

案件 C：王女士于 2013 年 5 月为自己投保了百年人寿富贵年金保险附加安康重大疾病保险，保额分别为 2.1 万元和 10 万元。同年 12 月 10 日，她在做常规检查时发现甲状腺肿物，最后被确诊为右侧甲状腺乳头状瘤，随后王女士向百年人寿报案理赔。直到 2014 年 1 月 29 日，王女士才将全部理赔资料递交完毕，1 月 30 日在春节前最后一个工作日，百年人寿给付了 10 万元重疾理赔款，让王女士感动万分。

理赔时间节点总结：王女士 12 月 10 日被确诊，次年 1 月 29 日交齐资料，1 月 30 日赔付。

　　案件 D：郑大姐家庭并不富裕，夫妻二人 50 多岁，都是环卫临时工，月均工资不到 4 000 元，家中两个孩子，其中一个还身有残疾，这样的家庭本身就负担很重。2017 年 9 月 17 日，丈夫耿先生在同村华夏保险业务员的推荐下为郑大姐投保了华夏常青树重大疾病保险（2016）附加医保通费用补偿医疗保险，保额分别为 10 万元和 500 万元，年交保费 4 477 元。2017 年 12 月 31 日，被保险人郑大姐因胸部出现肿块，前往医院就诊，后转院至沧州市中心医院，最终确诊为乳腺癌，耿先生立即向华夏保险报案理赔，郑大姐出院后递交了理赔资料，华夏保险于 2018 年 3 月 5 日结案赔付。

　　理赔时间节点总结：郑大姐 12 月 31 日被确诊，出院后递交理赔资料，次年 3 月 5 日赔付。

　　从上述理赔案例中可以发现，理赔时效有长有短，从确诊重疾到获得理赔金，速度快的需要 18 天，速度慢的需要 3 个多月。部分保险从业者在宣传理赔时，会信誓旦旦地对消费者讲："理赔速度很快，3 个工作日就能理赔。"这属于断章取义，不准确且不负责。

　　事实上，理赔速度的快慢与保险公司的大小没有关系，影响理赔速度的关键在于能否及时交齐理赔资料。

◎ 2.2.2　理赔时效的规定

　　很多消费者对理赔时效的担忧来自于对理赔流程的不了解。针对理赔问题《保险法》中都已作出了明确的规定，为方便大家阅读，笔者根据理赔案例与《保险法》第二十二、二十三、二十四、二十五条的规定，归纳了理赔流程示意图，具体如图 2.2 所示。

　　上一节笔者强调过，影响理赔时效的关键在于能否及时交齐理赔资料。有些消费者会问："保险公司负面消息这么多，万一它们以资料不足为借口，不断要求客户补交理赔资料应当如何是好？这是否为合理耍赖？"

　　针对这个问题，《保险法》第二十二条规定，保险人认为有关的证明和资料不完整的，应当及时一次性通知投保人、被保险人或者受益人补充提供。

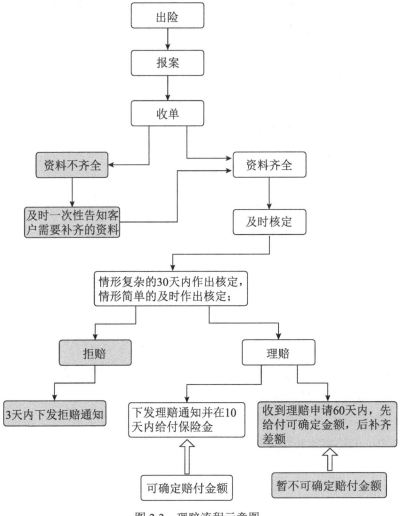

图 2.2　理赔流程示意图

　　因此，如果保险公司认为消费者递交的理赔资料不齐全，必须一次性告知消费者需要补充的理赔资料，否则属于保险公司的责任。

　　那么，在已经交齐资料的情况下，理赔时效如何规定？各家保险公司的理赔时效有否不同？如果超过规定的理赔时效怎么办？

　　1. 法律如何限定理赔时效?

　　《保险法》第二十三条规定，保险人收到被保险人或者受益人的赔偿或者给付保险金的请求后，应当及时作出核定；情形复杂的，应当在三十日内作出核定。

　　注意，《保险法司法解释二》第十五条也解释了，30 天是从保险公司第一次收到理赔资料开始计算，如果中途有补充资料的时间，不计算在 30 天内。这个补充说明非常必要与合理。

2. 保险公司对理赔时效的规定

《保险法》第二十三条规定"情形复杂的案件理赔时效需要 30 日"这一点没有争议，问题在于情形简单的案件需要"及时作出核定"，"及时"是指多长时间？这就需要看各家保险公司如何定义了。下面列举部分保险产品关于理赔时效的表述，供大家参考。

平安人寿平安福：我们收到保险金给付申请书及上述有关证明和资料后，将在 5 日内作出核定；情形复杂的，在 30 日内作出核定。

华夏保险华夏福：我们收到保险金给付申请书及上述有关证明和资料后，将在 5 日内作出核定；情形复杂的，在 30 日内作出核定。

新华人寿多倍保：我们收到保险金给付申请书及上述有关证明和资料后，将在 5 日内作出核定；情形复杂的，在 30 日内作出核定。

天安人寿健康源：我们收到保险金给付申请书及上述有关证明和资料后，将在 5 日内作出核定；情形复杂的，在 30 日内作出核定。

光大永明人寿嘉多保：我们收到保险金给付申请书及上述有关证明和资料后，将在 3 日内作出核定；情形复杂的，在 30 日内作出核定。

从以上几家保险公司的条款中可以看出，大部分公司对于简单案件的"及时"，都是指 5 日内，个别产品是 3 日内，这是白纸黑字写进合同的，具有法律效力，因此当保险公司收到齐全的理赔资料后，5 日内必须作出核定，如果属于情形复杂的案件，也需要告诉客户"这个案件很复杂，需要 30 日之内才能给出核定"，总而言之，保险公司收到完整的理赔资料后，5 个工作日内必须要有初步回复。

3. 超出理赔时效怎么办？

规定是规定，执行是执行，万一保险公司耍赖，超过理赔时效没履行赔付义务，把理赔款拖延一年半载，几十万的理赔款是存在时间价值，此时又该如何处理？

消费者要相信规则，相信监管，相信法律，相信正义，《保险法》第二十三条对此情况有明确表述："保险人未及时履行前款规定义务的，除支付保险金外，应当赔偿被保险人或者受益人因此受到的损失。"这里的"损失"，不同保险公司对其的定义又有不同，下面我给大家列举些比较有特点的。

平安人寿：按照公示利率单利计算，并保证不低于中国人民银行公布的同期金融机构人民币活期存款基准利率。

天安人寿：根据中国人民银行公布的同时期人民币活期存款基准利率计算利息损失。

华夏保险、新华人寿、光大永明人寿等大部分保险公司的条款表述与保险法一致。

综上所述，无论是从《保险法》层面，还是从保险合同层面，对保险公司的理赔时效都有明确的限制。投保时无须因为自己主观上觉得保险公司"小"，就认为其理赔速度慢，这并不恰当。

◉ 2.2.3 影响理赔速度的因素

每一件理赔都是个案，个案情况不同，理赔速度便有可能不同。

不要随便相信"我们公司大、世界500强、上市公司，理赔速度肯定快，一般3天就能理赔……"这些话诸位可当笑话听，但别信以为真。那么，影响理赔时效的因素有哪些？影响理赔速度的因素如图2.3所示。

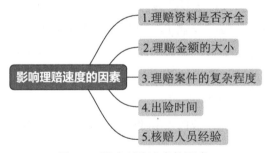

图2.3 影响理赔速度的因素

1. 理赔资料是否齐全

重要的事情再说一遍，影响理赔速度的关键在于理赔资料是否齐全。如果理赔资料不齐全，无法进入理赔审核阶段，而且需要花时间去医院补齐各种检查资料，这期间会耽误理赔时间。

举个例子，病理报告是确诊恶性肿瘤的国际标准，如果恶性肿瘤理赔有病理报告，理赔时间通常比较快；而有些特殊情况可能没有病理报告，如肝癌，因为肝脏穿刺有一定的风险，有肝表面血管瘤、出血倾向的患者，可能不适合做穿刺，不能做穿刺就没有病理报告。如果因为特殊情况导致没有病理报告，则需要与保险公司耐心沟通，通过影像学检查以及生化检查来确诊，这种情况需要耐心等待检查结果，拿到确诊资料后才能申请理赔，导致理赔速度较慢。

2. 理赔金额的大小

理赔金额大小对理赔速度影响较大。举个例子，张三购买了 10 万元保额的重疾险，李四购买了 100 万元保额的重疾险，他们两人同时被确诊恶性肿瘤，同时申请理赔，诸位认为张三还是李四能够更快拿到理赔款？正常情况下，张三的理赔速度更快，因为张三理赔金额较少。

对于大额理赔案件，保险公司必然会重点关注，需要有专人去调查与核实。甚至一些理赔金额过千万元的案例，保险公司通常需要反复核查确认案件是否属实，是否属于保险责任内，然后才能决定是否赔付。

对于小额理赔，核赔人员可能根据理赔资料便能给出理赔结论。例如现在越来越多保险公司支持 5 000 元以下小额理赔，可直接通过保险公司的官方微信申请，拍照上传理赔资料后，很快便能获得赔付。

3. 理赔案件的复杂程度

如果理赔金额较大加上案件复杂，理赔调查则需要更长的时间，理赔速度必然相对更慢。举个例子，2016 年理赔金额最高的人身险案例中，平安人寿的客户因为意外烧伤导致伤残，接到出险客户的理赔申请后，保险公司经过反复核查确认事件属实，最终作出赔付 1 410 万元的理赔决定。

这个案件并没有公布理赔时间，但根据案件中"反复核查确认"的描述，可以推断理赔时间较长，毕竟保额很大，而且案件本身貌似可疑。

反过来，如果理赔金额较小、案件简单，理赔速度一般都比较快。

4. 出险时间

如今的重疾险、寿险、医疗险，都有相对的疾病等待期，一般是 90 天或者 180 天。

举个例子，张三与李四同时投保同家公司的同款重疾险，张三等待期刚过，第 91 天被确诊为肺癌，而李四投保 5 年后被确诊为肺癌，诸位认为张三与李四哪位理赔时间更快？一般情况下是李四。

保险公司内部对出险时间有一个默认的划分标准，如果被保险人刚过等待期就出险的属于超短期出险，2 年内出险的属于短期出险，2 年后出险的属于优质被保险人。因此，保险公司会重点关注、调查两年内出险的案件。

5. 核赔人员经验

资深核赔员与新人核赔员的核赔速度不一样。如果理赔案件由经验丰富的核赔员负责，理赔速度相对更快；如果理赔案件由经验不足的新人负责，理赔时间相对会长一些，这是可以理解的，而且我们也无法知道案件是交给了资深核赔员还是新人核赔员，但理赔时效有硬性规定，投保人递交完整理赔资料后，耐心等待即可。

◉ 2.2.4　小结

本节结合实际理赔案例，详细讲解了理赔时效的规定、理赔流程和影响理赔速度的因素，最后的结论是：理赔速度的快慢与案件的复杂程度有关，与保险公司的大小没有关系，不同个案理赔速度存在较大差异，但不管如何，理赔时效都有法律与监管的硬性规定。

在笔者看来，理赔速度快 5 天或者慢 5 天都无关紧要，消费者更关注的应该是理赔结果。所以，买保险需要先看条款，再看公司，与其担心公司理赔快不快，不如担心产品选择对不对，否则在错误的路上，再努力奔跑也没用。

2.3
保险产品是一分价钱一分货吗？

部分消费者在投保一些销量好的保险产品后，才后知后觉在网上查询用户口碑，此时他们发现，有些大公司的产品并非想象中那么美好，甚至负面评价很多，以至于刚投保便产生后悔心理，这是很多消费者的真实经历。

通常情况下，产品销量好的原因在于用户体验好，然后形成良好的用户口碑，随着好口碑扩散，促使产品销量继续上涨，形成良性循环。例如，畅销书、畅销车、畅销手机、畅销电影等都是这个逻辑。销量、体验与口碑的关系如图 2.4 所示。

图 2.4　销量、体验与口碑的关系

但是，保险销量并非遵循一般逻辑，其一是因为目前消费者购买保险更多是依靠保险业务员的被动推销，而不是主动投保，简而言之，当下的保险主要靠"卖"，而不是靠"买"。其二是因为大部分长期险，客户购买之后，正常情况下不能在短期内体验到产品的保障与服务，毕竟购买保险后短期出险的人较少，自然没有所谓的体验口碑。所以，保险产品销量好≠保险产品口碑好，出现了口碑与销量相悖的情形。

为何会存在劣质产品依然有高销量的情况？事实上，某些垄断型保险公司的产品便是如此，销量很好，但口碑很差，公司品牌溢价是其中的重要原因。除此以外，还有哪些原因导致如此诡异的现象？本节将为诸位解释三个问题：为何销量好？为何口碑差？保险产品的定价原理是什么？

2.3.1　大公司产品为何热卖？

第一，大公司的产品销量之所以冠绝整个保险行业，很大一部分原因在于其拥有业内最庞大的销售队伍。截至 2019 年，中国内地有超过 90 家人身保险公司，而根据 2018 年保险代理人数量统计，保险行业销售队伍人数超过 800 万，其中平安人寿代理人队伍人数为 138.6 万，占整个行业的 17.18%。

这意味着，人多力量大。

很多保险代理人入职保险公司后，马上会帮自己投保，然后再把自己最亲近的亲戚朋友拉过来投保，所以，先不谈庞大的销售队伍能成交多少陌生客户，单单"自保件"数量已然十分惊人。

第二，大部分人对保险认知为负。在购买一般商品时，例如，大米、面粉、桶装水等，我们无须了解它们的产地、分子结构、生产过程，只要能满足自身的需求，在确认产品经过安全检验后，即便我们对其领域的专业常识一无所知，也可以放心购买。

但是，保险属于金融产品，购买金融产品如果没有一定的专业认知，就很容易踩雷，而现实情况恰恰相反。大部分人在购买保险前并没有了解过保险常识，甚至不看保险条款，仅凭片面之言，便盲目相信"人情"二字。

而"人情单"往往又是销售误导的重灾区。加之，大公司往往更不遗余力宣传，各种明星代言、遍地广告，营销手段做得十分到位，在不少老一辈人心里，形成了"大公司＝好产品"的固有印象。如今，保险几乎成了每个家庭的刚需，但大部分需要买保险的人对保险的认知不是 0，而是负，"客户是上帝"这句话没错。可怕的是，如果上帝本身就是错的，谁来指正他？

因此，让一个对保险认知为负的人去选择保险，他只能选择听得最多的保险公司或保险产品，大公司产品销量好，更多并非靠用户口碑，而是靠人情销售。

◉ 2.3.2　保障内容偷工减料

公道自在人心，产品口碑差必然有其原因，而导致产品口碑差最主要的原因是保障不足。这里以重疾险为例，对重疾险有一定基础认知的消费者都了解，中国内地重疾险的疾病定义是由行业协会统一作出的，只要消费者投保的产品属于重疾险范畴，基本都涵盖了保险行业协会统一定义的重疾。虽然，重大疾病有行业协会的统一定义，但是轻症责任、中症责任目前并没有统一的定义，因此，前几年某些保险公司钻信息不对称的空子，在轻症责任、中症责任里设计了一些普通消费者不会留意的减配。

因为大部分消费者投保时并不会细看每一种疾病，这就容易为自己的理赔埋下隐患。给大家举个真实案例：2015 年徐某为被保险人刘某投保了中国平安"平安福终身寿险"及附加重疾险，等待期后刘某因不适就医，确诊为冠心病。在医生提供的手术方案中，刘某考虑到国内搭桥术不成熟，选择了创伤较小的支架术也就是冠状动脉介入术。完成手术后，刘某向保险公司提出理赔申请却遭到拒绝，理由是平安福重大疾病保险轻症责任里，并没有冠状动脉介入手术这种高发轻症，后刘某两次申诉，依然败诉。此事曾引起业内广泛讨论。

估计这个案件的舆论影响较大，该公司在一年内两次升级该产品，2019 年后终于把原本应该保障的高发轻症、中症疾病加入，亡羊补牢，为时未晚。

不过，此升级只针对新客户，对于以往已经投保老产品的客户，抱歉，如果发生冠状动脉介入手术，依然会面临拒赔。

⊚ 2.3.3　保险产品的定价原理

如果说产品偏贵是因为品质过硬，笔者没有任何意见，因为产品偏贵不是缺点，买不起只是因为自身经济水平不够高而已。

华为、小米还没有成长起来之时，笔者经常听见某些公司代理人用苹果手机比喻自家产品，用华为、小米比喻其他公司产品，这个逻辑看起来没毛病，实际上是逻辑误导。这里诸位需要先了解保险产品的定价原理。保险产品的定价主要由两方面决定——纯保费和附加保费，具体公式如下：

保费 = 纯保费 + 附加保费

纯保费 = 预定利率 + 预定死亡率 + 预定费率

附加保费 = 成本 + 支出 + 利润

（1）纯保费

在纯保费的构成里，预定利率、预定死亡率、预定费率三个因素中，对定价影响最大的是"预定利率"。

讲故事前，我们需要了解一下预定利率。

购买保险时，我们一般提前缴纳保费，例如终身重疾一般是 20 年交完，但通常情况下，缴纳保费与赔付时间是不同的，消费者缴纳的保费会滞留在保险公司，保险公司需要给这些滞留的保费提供额外的投资收益补偿，否则不合规矩。这个额外的投资收益率，就是预定利率，预定利率是指保险公司因使用了客户的资金，而承诺以年复利的方式赋予客户的回报。需要注意，预定利率并不是实际到手收益率，而是保险公司给消费者的成本。保险公司除了要给消费者投资收益，还需要将各方面的成本扣除，所以消费者实际到手收益会比预定利率稍低。因此对消费者而言，保险产品预定利率当然是越高越好，同等保额的情况下，预定利率越高，年交保费越低。如果放在 2013 年之前，某些大品牌的产品并不存在偏贵现象，为何如此？

从 1999 年 6 月开始，国内寿险预定利率上限不能超过 2.5%，但在 2013 年原保监会放开预定利率限制后，大部分险企开始用法定评估利率 3.5% 进行产品定价，仅仅提升了 1% 的利率，使用 3.5% 定价的产品就比使用 2.5% 定价的产品便宜了 30%～50%。不同预定利率下的保费差异如表 2.1 所示。

表 2.1　不同预定利率下的保费差异

公　司	保　　额	预 定 利 率	保　　费
A	50 万元	2.5%	1.5 万元 / 年
B	50 万元	3.5%	1 万元 / 年

这也是为何 2013 年后，香港保险相比内地保险的价格优势越来越小，甚至在 2019 年，内地重疾险的价格优势已经超过香港保险，且例如中症保障、定期重疾险这类功能与产品，香港重疾险并不具备。

但是，并非所有险企都采用 3.5% 的预定利率进行产品定价，某些垄断型保险公司依旧采用 2.5% 的预定利率进行产品定价，它们不会通过降价来降低自己利润，毕竟不降价依然能保持高销量与高利润，何必自降身价减少利润呢？

（2）保费构成

保费构成除了"纯保费"，还有"附加保费"，这方面各家险企差异也比较大。保险产品的保费构成如表 2.2 所示。

表 2.2　保险产品的保费构成

公　司	保　　费	纯保费(预定利率、死亡率、费率)	附加保费(成本、广告、利润)
A	4 万元 / 年	1.5 万元 / 年	2.5 万元 / 年
B	2 万元 / 年	1 万元 / 年	1 万元 / 年

附加保费的构成非常广，简而言之是涵盖保险经营过程的一切费用开支，以及部分营业利润。例如，某些保险公司广告满天飞、高管令人瞠目结舌的年薪、各种场地租金开支等，都构成了附加保费。

曾经在知乎上遇到这样的问题："为什么这些垄断型险企不想办法降低成本，让利消费者？"

因为不可能。垄断型保险公司的附加保费肯定高，也必须高，由于它们营销员多、广告多、开支多，这种传统的依靠人力发展带动保费增长的模式，必然导致附加保费居高不下。

如此一来，产品定价高导致产品性价比低，产品性价比低只能加大宣传，用人海战术、广告投放突出品牌优势，尽量避免谈产品优势，所以垄断型保险公司的销售员在销售过程中体现的销售逻辑是，产品比不过谈服务，服务比不过谈品牌，品牌比不过谈人品，人品比不过谈增员，把对方拉进来做保险，恶性循环由此开始。

除非这些公司能够精简机构、精减人员、自降身价、减少利润……如此方有可能让利广大消费者，但这是不可能的，起码目前不可能。

近几年随着互联网保险的兴起，部分线上产品甚至比线下产品便宜一倍，这并非小恩小惠的边缘问题，而是大是大非的原则问题，节省下来的保费能用于提升投保者自身生活水平，何乐而不为？

2.3.4 小结

回到一开始笔者说的例子，某些大公司代理人用苹果比喻自家产品，用华为、小米比喻小公司产品，笔者认为这种措辞更像用苹果的价格来销售尼采（已经消亡的山寨手机品牌），明显是销售误导。正确的逻辑应该是把预定利率比喻成存款利率，例如，A 银行存款利率为 3.5%，B 银行存款利率为 2.5%，选哪个？答案不是一目了然吗？！

再次强调，一分价钱一分货的说辞不能套用在买保险这件事上，如果再有业务员跟你强调，某某保险产品贵有贵的道理，一分价钱一分货，那便是销售误导。

记住，保险产品偏贵不等于保险产品优秀，至此诸位应该能明白，为何某些销量特别好的产品会被黑得特别惨。

第 3 章

投保的正确姿势

先声明一点，本书所有投保攻略，皆针对人身保险，因为商业保险存在不同的专业方向，笔者主要擅长人身保险方向，至于财险、车险、团险等，投保思路和产品配置方法完全不同，且投保、核保、理赔规则与人身保险有很大差异，不能一概而论。

那么，在第 1 章帮助诸位消除常见的保险误会，第 2 章破除对大公司的迷信后，我们要开始解决如何购买保险、购买什么保险的问题。

在笔者过往的展业经历中，发现很多消费者习惯性地一上来就问产品，但他们保险常识认知不足，甚至不清楚投保目的，不清楚自己购买保险是为了转嫁什么风险，解决什么担忧。笔者经常对这些消费者说："买保险的重点不在于产品，而在于自己需要不需要，如果该保险产品的功能并非自己所需，哪怕多花一分钱都是浪费。"

本章将帮助诸位在投保前了解保险的本质，树立正确的保险观念，讲述投保的基本原则，分析保险需求，从而在投保前拥有比较明确的保险框架。希望诸位在阅读完本章后，能找到自己的投保方向和需求，选择更适合自己的保险产品。

3.1
购买保险的本质是什么?

　　保险不同于一般商品，一般商品是"买了就能用"，保险是"买了不一定用"，这说明保险的使用具有被动性，因为没有人希望主动患病、主动身故、主动发生不幸（除非有骗保、道德逆选择动机的人）。

　　为什么要购买保险？大部分消费者的回答是模糊的，因为普通消费者并未真正了解保险的本质，很多消费者初次投保皆是在亲戚、朋友的推销下完成，或者受到从众心理影响，看到身边的人都在购买保险，因此自己也要购买。从众心理的影响很大，例如现在很多早教班、兴趣班，我夫人看见别人的孩子报什么班，自己就想报什么班，担心孩子输在起跑线上。

　　越简单的问题，大家越容易自以为懂，自以为懂就容易犯错误。本节笔者会先帮诸位正确认识保险的本质，只有这样方能有正确的投保目的，从而有正确的投保方向。

3.1.1　买保险相当于跟保险公司对赌?

　　笔者发现有些消费者喜欢用赌博来理解保险，他们认为购买保险就相当于跟保险公司对赌，命中能够获得理赔，没有命中则不能获得理赔，甚至某些保险从业者也如此认为。那么，购买保险真的相当于赌博？表面上，保险与赌博确实有不少共同之处，例如，结果未知，以小博大，但实际上赌博与保险有着本质的区别，包括但不限于以下六方面内容。

　　1. 定义不同

　　保险，本来指稳妥可靠的保障，后延伸成一种保障机制，是用来规划人生财务的一种工具，是市场经济条件下风险管理基本手段。

简言之，保险是一个风险管理工具，因为风险不能被消灭，只能被管理。

赌博，指将有价值的东西作为注码来赌输赢的游戏，西方社会对赌博的经济定义是指"对一个事件与不确定的结果，下注钱或具物质价值的东西，其主要目的是赢得更多的金钱物质价值"。

简而言之，赌博是一种投机行为。

2. 风险属性不同

风险可划分为"投机风险"与"纯粹风险"。

赌博，主要是"投机风险"，"投机风险"是指有可能产生损失、无变化、获利三种结果的风险，例如张三与李四玩剪刀石头布，输的需要支付 100 元，赢的可以获得 100 元。在这个游戏规则之下，张三可能赢钱，也可能输钱，还可能不输不赢。

保险，主要是"纯粹风险"，"纯粹风险"是指只会产生损失而不会发生获利的风险，例如张三投保了一份医疗险，后来肾结石需要做手术，在医院进行治疗后，保险公司才会对其治疗费用进行报销，实报实销。再例如，李四投保了一份重疾险，约定罹患重疾时可以得到 50 万元理赔金，后来李四确诊罹患肺癌，保险公司按照合同履行给付 50 万元保险金。

这里可能会有人提出异议，如果李四治疗癌症只花费了 30 万元，那李四不是获利 20 万元了吗？是的，从财务层面，李四或许有一定的获利，但从保险层面，"生命"与"大病"皆是无价的，因为生命与重疾不能用财富来衡量，即使大额保险理赔金，也不能弥补患者身心遭遇的痛苦，以及其家属承受的煎熬。

所以，像身故伤残、重大疾病这类保险，虽然是给付性质的保险，表面上可能会有财务上的获利，但实际上保的都是"纯粹风险"。

除此之外，赌博的风险是主动寻找的，例如张三只要不去赌博，就不会存在风险；但保险的风险是客观存在的，例如生老病死。

总之，赌博有让人获利的机会，也有致人损失的风险，而保险只会帮人抵抗风险。

3. 出发点不同

喜欢赌博的人通常是风险偏好者，他们愿意付出确定的成本去换取获得收益的可能，也愿意承受本金丢失的结果。举个例子，张三每期双色球都投100元，他希望通过一生持续不断的投入，换得一次中大奖的机会，也愿意承受终其一生不中奖的结果。彩票虽然是公益事业，但本质上是赌博行为。

购买保险的人通常是风险厌恶者，他们愿意支出现在确定的成本去应对未来不确定的风险。举个例子，李四因为害怕以后自己罹患癌症没钱治，他希望通过每年缴纳一定的保费，转嫁自己的大病风险、收入中断风险，万一发生重疾，也能从容面对，起码无须为基本的治疗费而苦恼。

因此，赌博的动机是贪心，想要更多，但购买保险的动机是担忧生活中出现风险，两者的出发点完全不同。

根据笔者的观察，大部分喜欢赌博的人不会购买保险，大部分购买保险的人不喜欢赌博，这种现象留给大家思考。

4. 条件不同

赌博者，没有缴纳赌注的义务，也没有赌注金额的限定，赌博多少次，每次赌多少金额，全凭自己的意愿，有可能一夜暴富，也有可能倾家荡产。

投保者，有缴纳保费的义务，通常缴费金额、缴费期都是确定的，履行缴费义务后才能享受保障权益，不同险种有不同的赔付条件，需要满足赔付条件才可以申请理赔。

5. 机制不同

赌博，实际上是对个人财富的掠夺，是一种零和博弈，有人赢就必然有人输，双方收益和损失相加永远都是零，需要把自己的快乐建立在别人的痛苦基础上。

保险，从互助组织发展而来，实际上是"人人为我，我为人人"的圈子，是风险共担的群体，保险公司更像是保险资金的代管者，万一圈子里的成员发生不幸，经过保险公司审核后，可以得到一定的经济补偿。

6. 社会评价不同

国家对赌博的场地有严格限制，在我国，合法的博彩地只有澳门、投注站，其他地方都属于非法赌博，而且赌博的社会评价很低。举个例子，2020年澳门赌王去世，虽然其生前对国家有不少重要的贡献，抢救圆明园猪首、马首铜像等文物捐赠国家，向汶川大地震灾民捐赠1 000万元港币……但赌王身故后，网络上对其的评价褒贬不一，甚至有网友对他所操之业进行抨击。

保险是每个国家金融系统的三驾马车之一，是国家金融系统的重要组成部分，是评价综合国力的重要指标之一。从 1949 年起，我国的保险行业经历了"四起三落"，1979 年恢复国内保险业务是"四起"，但受到当时意识形态的影响，恢复保险行业的本意不是"分散风险"，在 1979 年批转的《中国人民银行分行行长会议纪要》决定中的表述为："为了使企业和社队发生意外损失能及时得到补偿，而又不影响财政支出，要根据为生产服务，为群众服务和自愿的原则，通过试点，逐步恢复国内保险。"重点在"不影响财政支出"。所以，就算撇开保险本身分散风险、管理风险的本质作用，保险业对国家经济发展有强大的兜底作用，如今我国大力提倡居民自行购买一定的商业保险作为社保的补充，保险本身也受到法律、监管的约束与监督，保险行业的社会地位一直低调厚实。

🛡 3.1.2 有没有必要买保险?

有时候笔者挺难理解，为何 2020 年依旧有人在网络上问"有没有必要买保险"这类几乎没有意义的问题，但后来反思，确实还有很多消费者依旧不了解保险。那么，购买保险的必要性是什么？下面帮助诸位逐一讲解。

1. 国家观点

首先，针对"要不要买保险"这个问题，国家已经给了大家明确答复，社保是强制性的国家福利，但凡是正规的工作单位，都必须帮员工购买社保，按时缴纳保险费。毫无疑问，国家认为购买保险是必要的。并且，目前国家也鼓励有条件的居民根据自身需求购买相应的商业保险，作为个人保障的补充。

2. 不买保险的原因

笔者认为，没有一件商品是非买不可的，因为诸位都有选择的权利，不存在所有人都认可的事物，哪怕在 2020 年，也有很多消费者不认可网购、不认同读书，保险说到底是转移风险的工具，说得高大上一点是经济生命的延续。

风险并不因为没有买保险而消失。因此笔者认为，到今天还问"要不要买保险"的消费者，或许并非讨厌保险本身，而是讨厌保险销售的方式或者是还不太了解保险。

很多情况下，一旦反问，问题答案便呼之欲出，与其一直由笔者正向证明购买保险的功用与意义，不如让一些不认可保险的消费者说出拒绝保险的理由;

与其搞清楚为什么要购买保险，不如先捋清为什么不买保险。

例如，常见不买保险的理由有：

保险是骗人的；

投保很快，理赔很难；

都是商业保险公司，都有精算师，投保肯定是亏钱买卖；

对比了几家产品，都没有适合我的险种；

我身体很好，不需要投保；

我很穷，没钱再去想投保的事情；

老公/老婆很反感保险；

我就不喜欢，没理由；

……

笔者的观点是，不买保险的人不一定没有爱与责任，但不买保险的人必然不懂得风险管理，那什么是风险管理？下面继续深度解析。

3.1.3　风险管理与危机处理

保险承担的风险是不能被消灭的风险，属于只能转嫁经济负担的风险，例如生老病死是每个人不能避免的，购买保险也不能消灭生老病死的风险，但购买保险可以提前把经济风险转移给保险公司，万一发生不幸，可以获得一定经济补偿，这些经济补偿能让人拥有更多的应对手段，拥有更多的选择权。

购买保险本质上叫风险管理、未雨绸缪抑或是居安思危，万一风险来临，保险公司的理赔可以承担相当部分的经济支付，使我们可以更从容面对，不至于导致家庭重大财务危机。

如果不买保险，就等于没做风险管理，需要自己承担所有风险，万一灾难降临，我们必须尽全力去做应对和处理，这就叫危机处理。

事实一再证明，危机处理的成本远远高于风险管理的成本。

换言之，我们可以不买保险，节省风险管理的费用；但如果发生大病治疗，需要自己支付所有危机处理的费用。

风险是一直存在的，也是一定需要解决的（比如大病治疗、房贷车贷、孩子教育抚养费等）。买保险，是用一年几千元的保费，通过杠杆工具应对风险；

不买保险，可能要用全部收入或者全部财产直接面对风险的冲击。相比较而言，当然是每年支付几千元保费比较轻松，以此类推：

即使我们不买重疾险，收入中断时家庭支出还是要给的；

即使我们不买医疗险，发生大病时医疗费用还是要付的；

即使我们不买身故险，生命终结后经济责任还是要担的；

即使我们不买教育险，孩子上学后教育费用还是要出的；

即使我们不买养老险，安享晚年时养老费用还是要备的。

◎ 3.1.4　选择权与幸福感

什么是幸福？这是一个哲学问题，每个人对幸福的理解不尽相同。但影响幸福感的一个重要因素是"选择权"。

幸福感是一种能够强而有力掌握自己人生的感觉，能否自己做主、能否自己选择、能否拒绝等，这些选择权也影响着人生的幸福感。

买不买保险，也是我们的选择权力，发生重疾前，我们当然可以选择购买保险或不买保险，购买与否都是自己说了算。

发生重疾时，没有保险可能真的没有选择权，可能需要被动接受一些妥协手段甚至放弃治疗，例如被迫进行轻松筹、被迫选择在一般医院治疗、被迫给家人带来经济负担，等等。

发生重疾后，这一生几乎不可能再购买重疾险、医疗险、寿险等保险，只能被动接受不能购买保险的结果。

因此，不买保险只有一次选择机会，购买保险可以有多次选择机会，相比较而言，当然是有保险会拥有更多的幸福感。

以上观点只针对大部分普通家庭或者中产家庭，因为这类家庭很容易因病致贫、因病返贫。对于极少部分高净值家庭，他们无须通过购买保险来获得更多的选择权，因为他们本身就具有丰富的选择权。如果您是这部分人群，本节内容可以忽略。

综上所述，对于大部分普通家庭或者中产家庭来讲，保险是风险管理的工具，不买保险意味着放弃选择权，购买保险能让自己更有力地掌控人生，在应对风险时有更多的手段。

3.2
产品推荐没这么简单

根据笔者的观察，无论在公众号、论坛还是各类网络平台，普通消费者问得最多的问题是：求产品推荐、哪个产品适合我、买什么保险最好……这类问题总让笔者很纠结，问题很简单，回答起来很复杂，看似很简单的问题却问出了一个世界，回答太短隔靴搔痒，回答太长则劳心劳力，经常让我不知从何谈起。学会提问很重要，提问的意义在于具体，具体的问题才能获得有针对性的回答。很多消费者提问时总希望一步到位、一蹴而就，一个问题了解全世界，但问题范围太广，反而得不到有效的答案，因此，提问一定要明确、具体、有针对性。

其实，产生上述问题的原因是消费者对保险基础认知不足，本节笔者会帮助诸位了解投保的"道"与"术"，让诸位能够将一些抽象的问题具体化。

◉ 3.2.1 不变的投保之道

道为根本，是恒久不变的真相。保险市场不断变化，产品不断更新迭代，但有些道理是亘古不变、恒久适用、永不过时的。投保前了解一些永不过时的投保逻辑是非常必要的，只要掌握这些基本逻辑，无论以后保险市场如何变化，都能见招拆招、应对自如。投保之道如图 3.1 所示。

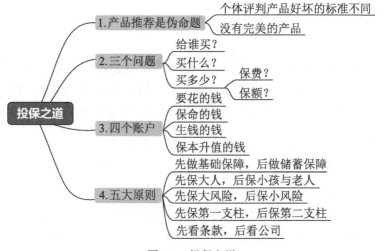

图 3.1 投保之道

1. 产品推荐是伪命题

不少消费者总希望笔者能给他推荐一款"最好"的产品。

如果某些保险从业者一开始就给消费者推荐他们认为"最好"的产品，这款"最好"的产品一定能适合消费者吗？会得到认可吗？即便认可，最终是否会购买？99%不会。

为什么？因为缺过程、缺逻辑、缺道理。

首先，好产品一定是有标准的，但每个人的情况不尽相同，而一千个人心中有一千个哈姆雷特，请问如何评判一份产品是否足够好？评判标准在哪？如果连评判的标准都不清楚，那所谓的好产品又该如何打分？

其次，没有100分的产品，更没有放之四海皆好的产品，因为每个人的家庭情况不同、经济状况不同，会导致投保需求不同，不同需求之下选择的产品理应不同，只有通过产品组合、优中选优，才能形成接近完美的保险方案。

2. 投保前应该清楚的三个问题

如果有业务员不问所以，一上来就给消费者推荐产品，那他不是"神仙"就是"神棍"。就算产品真的优秀，在不清楚投保需求的情况下，消费者投保后很容易会忘记该产品的保障内容。举个例子，不少消费者在投保一年后，便会忘记自己当初投保产品的具体保障内容，有些消费者甚至在连"保额是多少"都不清楚的情况下，便已经完成投保，他们或许只记得当初是身边的亲戚朋友推荐才购买的，别的保障内容一概不知。

然而，当初那些卖保险的亲戚、朋友从保险公司离职后，投保人才发现自己年缴保费不少，但具体能获得什么保障，什么情况下能够获得理赔，并不清楚，这种例子比比皆是。

为什么会出现这种情况？因为不少消费者投保前没思考过自己希望通过保险解决什么担忧。保险是一个风险管理工具，投保的正确逻辑是，挑选工具帮助自己解决保障问题、转移风险，不是因为焦虑而乱买工具。例如，去医院就诊，应该先看病后打针，而不是先打针后看病，本末倒置不可取，因此投保前应当先问自己三个问题。

（1）给谁买？

人身保险肯定是给家人或者自己买的，但问题是，在资金有限的情况下，需要优先给哪位家庭成员投保？

（2）买什么？

不同家庭成员因为处在人生的不同阶段，面临的主要风险有所不同，针对不同的风险，应该选择哪些险种解决问题呢？

（3）买多少？

"买多少"包括两个意思，一是保费支出占年收入多少比较合适，能够获得比较充足保障的同时，又不会降低自己生活品质；二是不同家庭成员的风险缺口是多少，需要投保多少保额才合适。有些消费者一上来便谈保费预算，这其实没有意义，因为购买保险最终看的是"保额"，当我们知道自己有多少保额缺口后，才能有方向，否则可能会出现以下情况：

第一年，某熟人业务员给张三推荐一款重疾险，说这款产品很好，张三觉得有道理，因此投了 50 万元保额；

第二年，这位熟人又给张三推荐新的重疾险，介绍新产品保障更好，张三看了资料后认为确实如此，又加保了 50 万元保额；

第三年，还是这位熟人，又来给张三推荐最新的重疾险，不遗余力介绍产品，张三被打动后再次追加 50 万元保额。

最后，张三发现自己投保了 150 万元的重疾险，但他实际上并不清楚如何计算个人的风险缺口，纯粹因为熟人推荐才会做出投保行为。

因此，知道自己需要多少"保额"非常重要，如果张三知道自己的保额缺口是 100 万元，就算现在经济压力较大，不能一次性投保 100 万元的重疾险，可以选择先购买 50 万元保额，财务状况好转后再填补风险缺口，这种情况下，张三明确自己的保额缺口，对以后要追加的保额心里有数，即便以后再面对保险业务员的推销，也能把握自己的投保方向。

3. 家庭资产配置的四个账户

保险只是家庭资产配置的一部分，大部分家庭的资产可以分为四类。

（1）要花的钱

一般指未来 3～6 个月家庭的必要开支账户，主要通过货币基金（余额宝）、银行活期存款进行管理。

（2）保命的钱

指应对风险的储备金账户，防止辛辛苦苦几十年的财富一夜归零，主要通过重疾险、医疗险、意外险、定期寿险进行管理。

（3）生钱的钱

追求收益的账户，而高收益意味着高风险，主要通过股票、基金、房地产来实现。

（4）保本升值的钱

指追求长期、安全、稳定增值的账户，主要通过年金险、债券、信托、基金定投来实现。

所以，保险工具主要解决的是"保命的钱"与"保本升值的钱"部分，属于家庭资产配置中重要的一环。

4. 购买保险的五大原则

（1）先做基础保障，后做储蓄保障

理想状态下，人生需要有7张保单，分别是重疾险、医疗险、意外险、寿险、教育金、养老金、资产传承，它们都很重要，只是投保顺序有所不同，在经济有限的情况下，优先解决基础的健康保障。

（2）先保大人，后保小孩与老人

很多父母有个认知误区，认为购买保险的顺序应当从孩子开始，再穷不能穷孩子。实际上，家庭成员投保的先后顺序跟经济收入占比有直接关系，由于大人是家庭经济支柱，如果大人发生风险，就很可能发生家庭财务危机，小孩与老人的生活也将面临威胁，这是"皮之不存，毛将焉附"的道理。所以，帮小孩与老人投保前，请先保证大人有足够的保障。

（3）先保大风险，后保小风险

投保商业保险主要为了转嫁一些家庭经济无法承担的风险，而且转嫁大风险的成本较低，应该优先转移；而小风险不会对家庭经济造成大影响，而且转嫁小风险（例如门诊医疗）需要付出较为昂贵的保费，因此小风险一般选择自留，除非部分有特定需求的人群，可以按需配置。

（4）先保第一支柱，后保第二支柱

这跟先保大人，后保小孩的逻辑一致，如果夫妻双方的收入差距较大，收入更高的第一支柱应当先配置足够的保障。

（5）先看条款，后看公司

"外行看热闹，内行看门道"，行外人先看公司后看条款，甚至不看条款，行内人先看条款后看公司。

⊙ 3.2.2 可变的投保之术

如果说"道"是核心思想、理念,"术"就是具体行为、技巧,以"道"为原则,作出反应和选择,即"以道御术",投保之"术"关键在于做好背景分析。

1. 什么是背景分析?

背景分析又叫需求分析,是指通过分析个人与家庭基本信息,根据实际情况确定投保具体方向的过程。因为每个家庭的经济情况、家庭结构有所差异,加上个体与个体之间的健康状况也有所不同,如果不做背景分析直接进入挑选产品阶段,很容易产生错误投保、重复投保、过度投保的情况。

背景分析主要解决"我从哪里来""要到哪里去"两个问题,而买保险的过程相当于要解决"要到哪里去"的问题,但很多消费者轻视了"我从哪里来"这个问题,如果不解决"我从哪里来",那么底层逻辑一定是混乱的,投保方案也是没有依据的。

2. 如何进行背景分析?

既然背景分析很重要,那么消费者该如何进行背景分析?主要分析两方面的关键信息。

(1)基础健康信息

由于如实告知是投保时一个很重要的原则,如果投保人因重大过失未履行如实告知义务,保险有权拒赔并不返还保费,因此收集健康信息能够首先判断"能否购买""能购买什么"的问题,一般收集的健康信息包括,目前已知异常体况、过往体检异常、过往住院记录、过往病史。健康信息如图 3.2 所示。

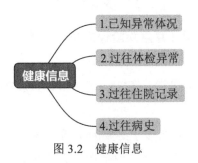

图 3.2 健康信息

　　这里尤其要注意体检异常，按照 2018 年上海最新公布的白领体检统计，样本体检正常率仅为 3%，很多消费者以为的"小问题"其实也需要如实告知。另外也佐证了，保险并非想投就能投，身体健康时当然可以选择保险，但身体有异常时选择余地便会减少。

　　（2）个人及家庭基础信息

　　分析完健康信息后，需要分析个人或家庭基础信息，这里需要明确是个人投保规划还是家庭投保规划。下面笔者以家庭投保规划为例，需要分析的基本信息包括家庭收入、家庭负债、家庭支出、预期孩子抚养费、预期老人赡养费、医疗质量要求、常居住地、保费预算范围、已有保障等。家庭基础信息如图 3.3 所示。

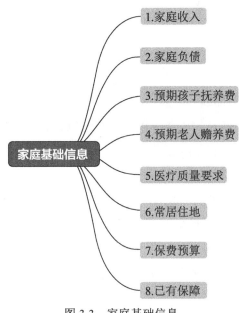

图 3.3　家庭基础信息

　　家庭收入，主要用于计算重疾险保额缺口，重疾险保额需求一般为 3 ～ 5 倍年收入或年支出。

　　家庭负债，包括各类房贷、车贷、信用卡、贷款等，主要用于计算寿险保额缺口。

　　预期孩子抚养费，主要指孩子必要的生活、学习开支，用于计算寿险缺口。

　　预期老人赡养费，主要指万一发生白发人送黑发人情况时，需要为父母预留多少必要的养老金，还是用于计算寿险缺口。

医疗质量要求，指除了公立医院普通部之外，是否有特需部、国际部甚至昂贵医疗机构、海外就医的打算，主要分析医疗险投保的方向。

常居住地，主要用于考虑保单服务问题，当地有无该保险公司的分支机构。

保费预算，一般健康险保费支出不能超过年收入的 10%，超过 10% 可能会影响家庭其他买买买的打算。

已有保障，如果在投保规划前已经有其他商业保险的，需要把原有保障纳入考虑，避免重复投保、过度投保。

在确定家庭基础信息后，很多困扰消费者的问题便可以得到有效解决，例如需要先帮哪些家庭成员投保、需要购买什么类型的保险、每位家庭成员的保额缺口是多少……都可以迎刃而解。了解这些，后面才拥有评判产品好坏的标准，产品好坏的标准在于能否满足自己的投保需求。

不过，背景分析没有恒定的公式或者标准，例如年收入 20 万元的家庭与年收入 200 万元的家庭是完全不同的，收入越低的家庭抗风险能力越弱，收入越高的家庭抗风险能力越强。因此，一般家庭的保额缺口以"年收入"计算；而中高收入家庭，由于具备一定的抗风险能力，计算保额缺口时更多用"年必要开支"计算。在实际投保规划中，笔者还是建议大家找一位足够专业的保险顾问，协助自己进行背景分析。

分析产品无非从两个方面切入，一是产品保障本身，二是保险公司，要看自己偏重考虑哪个方面，看重性价比还是看重品牌，还是兼而有之。

（1）产品分析

根据需求分析得出风险缺口后，便可开始挑选产品。在保证保额能覆盖基本风险的情况下，可以通过不同公司的不同产品形成若干投保方案，然后根据实际情况选择一个最适合自身情况的方案。评判产品好坏的因素包括健康告知、保险责任、责任免除、费率水平、保障期、缴费期、疾病等待期、特色功能等。保险产品分析如图 3.4 所示。

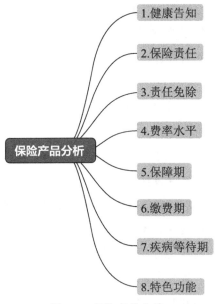

图 3.4　保险产品分析

　　需要注意的是，有些消费者分析产品后，便会迫不及待开始对比产品。同种类型产品才有对比的基础，不同类型的产品没有可比性，例如单次重疾与多次重疾、定期重疾与终身重疾、带身故重疾与不带身故重疾，这些都没有可比性。

　　（2）公司分析

　　投保五大原则之一是，先看条款，后看公司。分析完产品后，需要分析该保险公司的"软实力"，在产品保障相差不大的情况下，选择一家实力更雄厚、股东更稳定的保险公司显然是更好的选择。

　　毕竟，买保险除了看重当前的保障条款，还要看重未来的预期，公司运营虽然不能量化评判，但不能忽略不计。公司分析的因素包括公司规模、股东背景、投保方式、核保效率与尺度、划账支持银行、保全变更电子化程度、理赔申请便捷程度、历史与发展。保险公司分析如图 3.5 所示。

　　所以，专业的保险从业者在推荐产品之前，需要帮消费者进行背景分析、产品分析、公司分析，产品推荐并不是一个简单的过程，产品方案也不是随随便便做出来的。

　　一上来就问产品推荐的几乎是"保险小白"，一上来就推荐产品的基本是"九流业务员"。

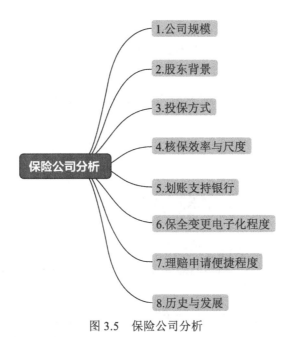

图 3.5　保险公司分析

　　真正负责任且专业的保险顾问，绝不会随便推荐产品，推荐产品前会先做分析，根据委托人的情况综合考虑四要素，才能对委托人的投保方案有初步规划，产品推荐的四要素如表 3.1 所示。

表 3.1　产品推荐的四要素

健 康 信 息	家 庭 信 息	产 品 分 析	公 司 分 析
已知异常体况	家庭收入	健康告知	公司规模
过往体检异常	家庭负债	保险责任	股东背景
过往住院记录	预期孩子抚养费	责任免除	投保方式
过往病史	预期老人赡养费	费率水平	核保效率与尺度
	医疗质量要求	保障期	划账支持银行
	常居住地	缴费期	保全变更电子化程度
	保费预算	疾病等待期	理赔申请便捷度
	已有保障	特色功能	历史与发展

　　从背景分析到产品分析再到公司分析，这一路走下来之后，消费者才会真正清楚自己需要什么，看重什么。我们了解原则、知晓方法，为的都是选好保险。
　　不过，"外行看热闹，内行看门道"，有些门道外行人很难看到。投保规划并非普通消费者想象的那么简单，挑选产品本就是一个技术活，因为保险产品在很大程度上还是靠"卖"而不是靠"买"，保险销售人员的专业素质、销售模式决定保险服务质量。

当然，如果能把专业的事情交给专业的人，就不需要自己煞费苦心了。

3.3
从马斯洛需求层次谈保险需求

保险应当如何购买？说实话，无论是购买保险还是购买房子、购买汽车、购买包包、购买口红等，购买商品首先要考虑自己的需求，脱离需求谈产品只会越谈越乱。

马斯洛需求层次理论将人类需求像阶梯一样从低到高按层次分为五种，分别是生理需求、安全需求、社交需求、尊重需求和自我实现需求。

人们对保险的需求像马斯洛需求层次理论一样也是一步步往上走的，有些险种像生理需求，如一日三餐是必需的；有些险种如自我实现需求，一般家庭没必要投保。从马斯洛需求层次理论中得到启发，笔者认为，保险需求可分为四层。商业保险需求层次如图 3.6 所示。

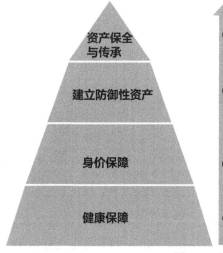

资产保全与传承
利用保险特有的法律、税务属性，有效、安全解决资产传承问题和资产隔离问题

建立防御性资产
用保险工具来进行资产防守，通过保险的长期储蓄功能，锁定相对较高的无风险利率，降低通胀影响，提前为养老、教育作资金储备

身价保障
身故赔付，避免因身故给家庭留下债务或使家庭陷入窘境，完成未尽家庭责任

健康保障
最基础的保障，用重疾险+医疗险转嫁大病风险，解决医疗费、收入补偿问题

图 3.6　商业保险需求层次

如果一个家庭还没有保险保障，可以按下面这个通俗易懂且万能的投保逻辑进行投保。

（1）百万医疗险、重疾险、意外险必须买。

（2）定期寿险掂量买。

（3）存钱不能少了年金险。

（4）有钱之后买终身寿险。

其中，重疾险、百万医疗险、意外险、定期寿险被笔者称为家庭的"守护四宝"，这四种保险价格亲民，大部分家庭都能承担。平安健康权当买个护身符，如有万一则能救家庭于水火之中。

只是有一点要注意，购买保险要避开那些 60 分的低分产品，选择 90 分以上的优秀产品，不走弯路，聪明投保。当然，以上情况只适用于一般家庭或者中产家庭，如果您属于高净值家庭，不如我们做个朋友一对一交流吧。

言归正传，下面笔者将按照顺序，从第一层到第四层，详细解释保险需求层次的内容。

3.3.1 第一层，健康保障

对应工具：重疾险 + 医疗险。

主要目的：转嫁大病风险，解决大额医疗支出、收入中断补偿、康复营养费等问题。

健康保障应该是大部分消费者投保的刚性需求：一方面，目前投保的人群跟上一代已然不同，他们不忌讳谈生老病死，知道天有旦夕祸福，人有不测风云，期待所有美好的降临，但同样对将要发生的风险事件有更理性的认知；另一方面，转嫁风险是保险不可替代的功能，尤其健康保障只能用保险工具来解决。所以，绝大部分消费者第一次投保主要目的是解决健康保障问题。

不过，很多保险小白一提到健康保障只会联想到重疾险，因为重疾险的名字好记忆、印象深，觉得购买重疾险便能拥有完整的健康保障，这种认知是有失偏颇的。

实际上，重疾险只能赔付合同约定的疾病状态，但很多状态并不在重疾险的赔付范围内的，例如意外住院 ICU，疾病住院 ICU。诸位是否还记得 2018 年

《流感下的北京中年》一文刷爆朋友圈？能转嫁这类风险的只有医疗险，如果拥有医疗险，则无论是因为什么情况住院（符合"合理且必需"原则），皆能报销大部分医疗费，最大限度减轻医疗费用负担。

因此，完整的健康保障应该能帮我们解决以下问题：

● 医院治疗费太昂贵，没钱治疗怎么办？

● 万一治疗效果不好，人财两空怎么办？

● 就算治疗痊愈，欠下庞大债务怎么办？

● 治疗期间失业，房贷怎么办？

……

因此，解决健康保障问题需要双管齐下，医疗险与重疾险缺一不可。医疗险用于应对大额治疗开销，与医保结合能产生最大效用，属于报销性质，实报实销；重疾险主要作为收入补偿功能，替代病人罹患大病期间的工作能力，维持家庭日常开销，属于给付性质。

尽量用医疗险应对医院，用重疾险应对家庭；

尽量用医疗险应对疾病，用重疾险应对生活。

3.3.2　第二层，身价保障

对应工具：意外险 + 定期寿险。

主要目的：避免因身故给家庭留下债务导致经济危机，完成未尽家庭责任。

如果说医疗险、重疾险是为自己而买的险种，那意外险、定期寿险则是为家人而买的险种。

意外险的责任有三项，分别是意外身故、意外伤残、意外医疗。很多消费者对保险的思考始于健康风险，终于健康风险，其实除了健康风险之外，有些风险是被我们大大低估的，例如意外伤残风险。意外伤残是一种比死亡更麻烦的风险，伤残者不仅会丧失劳动能力，同时会变成家庭的经济上、生活上的负担；而意外险保障内容简单、价格亲民，通常几百元便能获得几十万元的保额，杠杆极高。

定期寿险就是保身故，寿险的责任免除少，许多定期寿险除投保人对被保险人的故意杀害、抗拒刑事强制措施、2 年内自杀三种情况外，其他身故情形均属于赔付范围内，因此定期寿险是身价保障的基石。如果用 5 个字解读寿险，可以理解为"留爱不留债"。这个"债"不仅指房贷、车贷，还包括儿女的抚养债、老人的赡养债、丈夫对妻子的生活债。父母既然让孩子来到这个世界，就必然要为孩子提供最基础的生活条件、教育环境，直到孩子完成学业，独立生活。在孩子成长的时间里，如果父母身体健康、人口平安、努力工作，当然能保证孩子的基础物质生活；但如果这期间，父母身体不健康、人口不平安导致丧失工作能力或者离开人世，孩子的生活费、教育费谁来负担？此时，定期寿险作用突显，尤其对于每个家庭的男主人来讲，定期寿险是刚需。

所以，有些家庭责任不会随着生命的终结而终止，家庭经济支柱一旦倒下，这些未尽责任依然需要活着的人来承担，定期寿险能让人更好地活着，有尊严地应对最坏的情况。斯人已逝，誓言不忘。这让笔者想起结婚誓言"我愿意照顾你一生一世"。当时认为是自己的一生一世，后来才发现是爱人的一生一世。定期寿险同样价格低廉、杠杆极高，能将一生中收入最高、家庭责任最重的阶段用低成本手段转移风险。

消费者："买多久？"

笔者："至少覆盖到房贷清偿、孩子完成学业。"

消费者："买多少？"

笔者："至少覆盖房贷、孩子抚养费或 5 倍年收入。"

至此，"守护四宝"全部就位，家庭保障的温饱问题得以解决，万一发生大病治疗或者家庭经济支柱身故的情况，起码无须为治疗费烦恼且可以维持原来的家庭生活水平。另外，对于一些有余力的中产家庭，除了健康保障需求和身价保障需求之外，还存在更高阶的保险需求，我们继续往下看。

◉ 3.3.3　第三层，建立防御性资产

对应工具：年金险。

主要目的：用保险工具进行资产防守，通过保险长期储蓄锁定较高的无风险利率，提前为养老、教育作储备。

什么是进攻资产与防守资产？笔者认为，进攻为了做对，但需要承担高风险来追求高收益；防守为了不做错，避开风险来追求稳定收益。进攻是灵光一

现的趋利行为，防守是大智若愚的避害行为。所以，防守并不是懦弱和消极的表现，反而是一种追求更高收益的努力行为。

在家庭资产配置过程中，防御性资产应该是最妥当的钱，它用于支付日常生活费，也用于保证孩子教育、退休养老这类长期目标的实现。我相信正常人都不会把全部家当放在股市里，即便是股神巴菲特也持有大量债券，这就是防御性资产的价值。

笔者对防御性资产的要求只有两个。

首先是安全，低风险，最好无风险。不管市场发生什么"黑天鹅""灰犀牛"事件，自己依旧能安然无恙、一路坦途。例如2020年确实流年不利，各种"黑天鹅""灰犀牛"事件层出不穷，但依然有部分理财渠道稳如泰山、岿然不动。

其次是收益稳，在低风险前提下追求一定的收益。随着我国城市化程度越来越高，利率下行是必然趋势，我们希望有一个工具能完美避开利率下行，提前锁定长期利率。

在商业保险范畴里，年金险完美符合以上两个要求，属于可靠的防御性资产。如果诸位对家庭资产有以下要求，可以考虑配置年金险。

1. 厚积薄发

按照理财规划师的观点，人一生最大的两笔支出分别是养老与教育。其中，养老规划可谓人生大事之一，因为人总会老，不管是否规划，人老了依旧需要生活开支。所以，如果你怕老了以后一下子拿不出几十上百万元的养老金，但愿意从现在开始高筑墙、广积粮，一点一滴慢慢积累，为自己的养老金提前打算，年金险可以帮到你。

2. 周期长

对于养老金规划、教育金规划这种中长期理财计划，都需要有较长的资金封闭期才能体现出较高的收益。例如，张三有一笔钱至少要存15年以上的，最好超过20年，用于养老，按照2019年优秀的年金险，15年的年化收益可以达到3%左右，20年后可达到4%左右。因此，资金封闭时间足够长，才能体现年金险的收益价值。

这里应该会有消费者质疑："4%的年化收益这么低，我随便买个股票，可能一天都有4%的收益，或者买个基金，年化收益10%的比比皆是，何必买年金险？"的确，年化收益4%在当下看来并不高，但持续保证几乎无风险，这一点很重要。如果诸位觉得笔者口说无凭，那我们就来算一算，假设一次性投入同等金额在 A、B、C 三种理财工具上，10 年后总收益会如何？

A 方式稳定每年 4% 收益；

B 方式平时 10% 年化收益，每 5 年一遇熊市 -20%；

C 方式平时 7% 年化收益，偶尔 -3% 收益；

10 年后哪种方式总收益最高？三种理财方式的预期回报如表 3.2 所示。

表 3.2　三种理财方式的预期回报　　　　　　　　　　　　　%

年　度	A	B	C
1	4	10	7
2	4	10	7
3	4	10	7
4	4	10	−3
5	4	−20	7
6	4	10	7
7	4	10	7
8	4	10	−3
9	4	10	7
10	4	−20	−3
10 年总收益	148	137	146

是的，你没有看错，居然是 A 方式收益最高，关键是还省心、省力，不用你天天关注财经新闻，不用担心政策变化。而 B 方式类似股市，C 方式类似基金。顺便批评中国股市，每 5 年一遇熊市已然十分乐观了，在笔者印象里，中国股市好像从来没有牛过……所以，如果你有存钱计划，用于 15 年后孩子的教育或者自己的养老，年金险是省心、省力、靠谱的方式。

3.3.4　第四层，资产保全与传承

对应工具：终身寿险。

主要目的：利用保险特有的法律、税务属性，安全、有效解决资产传承、资产隔离的问题。

终身寿险与定期寿险都属于寿险范畴，保障内容都是保身故，但终身寿险与定期寿险的投保目的具有本质区别。定期寿险主要解决身价保障、家庭未尽责任这类低维度风险，而终身寿险主要解决资产保全这类高维度风险。定期寿险是显性需求，而终身寿险是比较隐性的需求。

终身寿险主要解决两个方面的问题——资产传承与资产保全。首先，资产传承的重点在于"传承"二字。在我国，由于传统观念影响，死亡教育一直比较缺乏，大部分人属于被动继承资产的情况，"继承"是被动的，"传承"是主动的，被动继承比主动传承的过程存在更多风险。另外，资产保全指为维护资产完整，防止资产流失而采取的一系列措施，具体体现在资产隔离上。

在资产传承与资产保全过程中，会面临时间风险、婚姻风险、债务风险、继承人风险、税务风险等。举个例子，目前离婚现象越来越多，我们连自己的婚姻风险都不能避免，又如何能避免孩子可能面临的婚姻危机？万一孩子发生婚姻危机，当初留给孩子的资产可能顷刻间有 50% 要被分割给对方，赔了夫人又折兵，此时作为父母，是否后悔当初没有提前做好风险管理？

所以，终身寿险不仅是简单的身价保障，背后还能规避许多高维度风险。可是，80% 的家庭都用不到第四层工具，而本书主要针对大部分普通、中产家庭最关心的保险疑问，因此这方面的内容不会过于详细展开，但如果您是那 20% 的家庭，我们一对一咨询吧！

3.3.5 小结

买东西前，重点是明确自身需求，明确需求才能购买到适合自己的商品。保险需求层次不多，只有四层，普通家庭的刚性需求是解决第一层健康保障与第二层身价保障，部分中产家庭可能有第三层建立防御性资产的需求，高净值家庭会有第四层资产保全与传承的需求。最后来个总结：

保险需求分四层，

守护四宝必须有。

年金适合中高端，

寿险顺应高精尖。

第 4 章

中产家庭的"守护四宝"

在第 3 章里，笔者把重疾险、百万医疗险、意外险、定期寿险称为"守护四宝"，下面简称为"四宝"。对于一般家庭与中产家庭而言，"四宝"是家庭保障体系中的基石，既然"四宝"如此重要，消费者是否真的了解？首先，从知乎千篇一律的提问来看，大部分消费者对"四宝"的认知存在偏差。另外，如何选好"四宝"也是最常见的一类问题。本章笔者将分别讲述"四宝"的真实意义，帮助诸位纠正一些错误认知，然后奉上一套挑选"四宝"的好标准，让诸位选对产品不求人。

4.1

重大疾病保险，延续经济生命

重疾险是热度最高的险种，没有之一，同时也应该是最多消费者听过、了解过、投保过的保险类型。造成这种情况的原因主要有两个：首先，在 2014年以前，保险类型较少，彼时，改变保险市场格局的百万医疗尚未诞生，费率改革还没实施，健康保障的重任只能依靠重疾险来承担；其次，重疾险的名字消费者容易记住、方便理解，从名字就能知道其转嫁什么类型的风险。那么，重疾险的真实作用是什么？真如某些业务员说的，用来应对重大疾病引起的医疗支出吗？

4.1.1 重疾险是什么?

1. 重疾险的诞生

可能很多消费者不知道，重疾险并非由保险从业者发明，而是一名南非心外科医生马里优斯·巴纳德（Marius Barnard）的创意。有一次巴纳德医生救治了一名罹患肺癌的女士，治疗效果很好，可这位女病人因为疾病康复期内没有足够经济收入，不得不继续拖着尚未痊愈的身体继续劳作，最终导致癌症复发逝世。这件事给巴纳德带来很大触动，因此在 1983 年，巴纳德医生与南非的一家保险公司合作开发了重大疾病保险，以此来帮助那些身患重大疾病而且急需治疗和生活费用的人们。从此，保险与医学完美结合的重疾险正式诞生。

2. 重疾险的作用

很多消费者以为重疾险就是解决重疾治疗费问题，实际上，重疾险又被称为"收入失能损失险",主要用来保障被保险人在患病、治疗、康复期间的工作收入,防止家庭支柱因疾病导致收入中断而引起家庭财务危机。巴纳德医生曾经说过一句很有名的话:"医生只能拯救一个人的生理生命,却无法拯救一个家庭的经济生命。"所以,重疾险诞生的初衷就是为了解决收入损失、治疗费用、康复费用这三方面的问题。

提示一下,重疾险属于给付性质的保险,如果符合赔付条件,保额是一次性给付的,理赔款给付后如何处理是受益人的自由,例如是否用于治疗,是否补贴家庭日常开销等,决定权在生存受益人手上。

3. 重疾险的发展

1983 年第一款重大疾病保险诞生,这款重疾险保障的重疾只有 4 种,分别是恶性肿瘤(癌症)、急性心肌梗死、脑中风以及冠状动脉搭桥术。因为当时 80% 的重疾治疗费都是由以上 4 种疾病引起的。

1986 年以后,重大疾病保险开始被引入英国、加拿大、澳大利亚、东南亚等国家与地区,重疾险开始在世界范围普及,重疾种类也从当初的 4 种提升到 20 种以上。

1995 年,重大疾病保险正式进入中国内地市场,最初是作为寿险的附加险存在,当时只保障 7 种重大疾病,包括恶性肿瘤(癌症)、急性心肌梗死、脑中风后遗症、冠状动脉搭桥术、终末期肾病(尿毒症)、瘫痪和重大器官移植。

1996 年,正式推出以重大疾病保险作为主险的产品,但同时,各家保险公司对重大疾病保险中的疾病种类和定义缺乏统一规范,重疾险产品乱象横生,给保险行业带来严重的负面影响。

2006 年,发生了震惊一时的友邦重疾险事件,当时 6 名投保人以其投保的"友邦守护神两全保险及重大疾病保险"合同条款中存在"保死不保生"过于严苛的赔付标准存在明显欺诈内容为理由,将友邦保险深圳分公司告上法庭。一石激起千层浪,导致本来就被消费者诟病的重大疾病保险成为众矢之的,并引起原中国保监会高层关注。

2007 年,发生了中国重大疾病保险历史上的第一个标志性事件:在原中国保监会的指导下,中国保险行业协会与中国医师协会合作开展重疾定义的规范工作,对常见的 25 种重大疾病的表述进行了统一,并制定了《重大疾病保险的疾病定义使用规范》。同时,保监会要求自 2007 年 8 月 1 日起,各保险公司新开发的重大疾病保险的保障范围必须包含 25 种疾病中发病率最高的 6 种重疾，分别是恶性肿瘤、急性心肌梗死、脑中风后遗症、重大器官移植术或造血干细胞移植术、冠状动脉搭桥术（或称冠状动脉旁路移植术）、终末期肾病（或称慢性肾功能衰竭尿毒症期），此后，但凡叫"重大疾病保险"的险种，都必须包含以上 6 种重疾，最大限度保障消费者权益。

2013 年，发生了中国重大疾病保险历史上的第二个标志性事件：中国精算师协会发布《中国人身保险业重大疾病经验发生率表（2006—2010 年）》。包括 6 病种经验发生率男性表和女性表，25 病种经验发生率男性表和女性表，以及恶性肿瘤、急性心肌梗死、脑中风 3 种主要重疾的发生率参考表。这让我国重疾险产品定价和法定准备金评估有了适合自己国情的标准，对重疾险产品设计定价有着重要指导作用。

2020 年，沿用了 13 年之久的《重大疾病保险的疾病定义使用规范》在中国银保监会指导下，由中国保险行业协会启动修订工作，并形成《重大疾病保险的疾病定义使用规范修订版（公开征求意见稿）》。该规范首次引进轻度疾病定义，新增 3 种轻症，增加 3 种重度疾病，将原有 25 种重疾定义完善扩展为 28 种重度疾病和 3 种轻度疾病，预计将在不久后正式实施。

上述内容阐述了重疾险是什么，接着我们要谈重疾险保什么。

4.1.2　重疾险保什么？

从 1983 年第一款重疾险诞生至今，重疾险的产品形态发生了很大改变，但万变不离其宗，重疾险保障内容无非围绕两个重点展开——高发重疾、高发轻症 / 中症。

1. 高发重疾

从 4.1.1 章节中可以知晓，中国内地保险行业协会在 2007 年《重大疾病保险的疾病定义使用规范》（以下简称为"规范"）里统一定义了 25 种重大疾病，其中 6 种重疾是所有重疾险产品必须包含的。实际上，目前市场上在售的重疾险都包含了规范里的 25 种重疾。

笔者 2013 年进入保险行业，当时主流重疾险产品的重疾种类普遍在25 ～ 32 种，后来逐渐达到 45 种、60 种、80 种……目前很多重疾险的重疾种类已经超过 100 种，以后甚至有可能拓展到 200 种。

重疾种类越来越多真的意味着保障越来越好吗？这里要从发病率最高的重疾开始说起。据再保险公司的调研报告显示，10 种疾病的理赔已经占到所有重疾理赔的 98% 以上，理赔占比最高的 10 种疾病如表 4.1 所示。

表 4.1　理赔占比最高的 10 种疾病

男　性			女　性		
排名	疾病名称	百分比（%）	排名	疾病名称	百分比（%）
1	恶性肿瘤	57.3	1	恶性肿瘤	80.3
2	冠心病	19.4	2	冠心病	7.3
3	脑中风	11.9	3	脑中风	4.1
4	肾功能衰竭	4.7	4	肾功能衰竭	3.1
5	心脏病手术	1.8	5	心脏病手术	1.4
6	瘫痪	1.5	6	良性脑部肿瘤	1.1
7	慢性肝功能衰竭	0.6	7	瘫痪	0.9
8	良性脑部肿瘤	0.6	8	全身性红斑狼疮	0.3
9	严重脑损伤	0.3	9	慢性肝功能衰竭	0.2
10	严重烧伤	0.3	10	再生障碍性贫血	0.1
十项合计		98.4	十项合计		99.0

数据来源：通用再保险公司数据报告。

当然，表格中的高发重疾都在规范的范围内，这意味着，行业协会统一定义的重疾已经占到所有理赔案例的 98%，所以，消费者需要注意，不能以一款重疾险涉及重疾种类的多与少来衡量这款产品的好与坏。

那么，现在的重疾险动不动就保上百种重疾，这些重疾险有无意义？笔者个人看法是，重疾险最好的只保行业协会统一定义的疾病，其他没有统一定义的重疾都不保，原因有两个。

首先，这些多增加的疾病理赔标准不明确不统一，理赔难度高，笔者平时看到很多的理赔纠纷，正是罹患了统一定义以外的重疾，由于理赔定义模糊且理赔标准极高，导致不少纠纷案例，这些负面信息影响整个保险行业的声誉。

其次，这些多增加的疾病发病率极低，属于"罕见病"，没有太大的实际意义。

什么是罕见病？世界卫生组织（World Health Organization，WHO）将罕见病定义为"患病人数占总人口数0.065% ～ 0.1%的疾病或病变"。很多保险公司在设计重疾险产品时，为了让产品看起来保障更全面，更利于产品销售，会要求精算师一边控制费率，一边增加罕见病，如此能让产品看起来保障更多，但实际理赔率不会有明显提升。

综上所述，重大疾病保险并不需要普通消费者担心，因为有完备的监管部门进行监管，不管是2007年的规范还是即将实行的新规范，同样如此。

2. 高发轻症/中症

虽然重大疾病有行业协会统一规范定义，但在轻症方面缺少统一标准，因此消费者要重点关注高发重疾对应的轻症/中症是否包含，有些保险公司很喜欢在高发轻症/中症上偷工减料，以次充好。这里笔者列举6种高发重疾对应的轻症/中症，如表4.2所示。

表4.2　6种高发重疾对应的轻症/中症

序　　号	6种高发重疾	对应轻症/中症
1	恶性肿瘤	极早期恶性肿瘤或恶性病变
2	急性心肌梗死	不典型急性心肌梗死
3	脑中风后遗症	中度脑中风后遗症
4	重大器官移植术或造血干细胞移植	角膜移植、人工耳蜗植入术
5	冠状动脉搭桥术	冠状动脉介入术（非开胸）、微创冠状动脉搭桥术
6	终末期肾病	慢性肾功能障碍、单侧肾脏切除、肾上腺切除术

其中，最容易被偷工减料的几种高发轻症/中症有轻微脑中风、不典型急性心肌梗死、冠状动脉介入术、慢性肾功能衰竭，消费者在投保重疾险时可以重点关注上述几种轻症/中症有无缺失。

这里需要补充说明什么是中症。重疾险一开始只有重大疾病保障，后来出现了轻症保障，再后来出现中症概念。轻症确实比重疾的程度要轻，然而中症不可如此类比，中症概念的诞生是把一些原先属于轻症范围的疾病调整到中症范围并提升赔付比例。例如，慢性肾功能衰竭属于轻症范围，一般轻症赔付比例为基本保额的20% ～ 30%，后来出现中症概念，部分产品把慢性肾功能衰竭调整到中症范围，而中症赔付比例通常为基本保额的 50% ～ 60%。因此，轻症与中症属于同一范畴，只不过中症的赔付比例更高。

3. 重疾险的赔付条件

部分保险业务员在销售重疾险的过程中，会如此解释重疾险："重疾险确诊就能理赔，一旦罹患合同所列的重大疾病，保险公司就需要履行赔偿义务。"

重疾险确诊就能赔付吗？其实不然。重疾险有三种赔付条件，分别是确诊赔付、实施某种手术后赔付、达到某种状态赔付。重疾险的赔付条件如图4.1所示。

图 4.1　重疾险的赔付条件

并非所有疾病都能确诊赔付，有些疾病需要达到某种状态才能赔付，有些则需要实施某种治疗方式后才能赔付。以规范中 6 种必保重疾为例。

A. 属于确诊赔付的：恶性肿瘤；

B. 属于状态赔付的：急性心肌梗死、脑中风后遗症、终末期肾病；

C. 属于治疗方式赔付的：冠状动脉搭桥术、重大器官移植术或造血干细胞移植。

所以，重疾险并非确诊就能赔付，这一点普通消费者要留意，否则在理赔时便有可能产生不必要的纠纷。

4.1.3　重疾险不保什么？

重疾险的责任免除属于比较少的类型，通常包含 9 条。

（1）投保人对被保险人的故意杀害、故意伤害。

（2）被保险人自本合同成立或最后复效之日起 2 年内自杀，但被保险人自杀时为无民事行为能力人的除外。

（3）被保险人故意自伤、故意犯罪或者抗拒依法采取的刑事强制措施。

（4）被保险人服用、吸食或注射毒品。

（5）被保险人酒后驾驶、无合法有效驾驶证驾驶或驾驶无有效行驶证的机动车。

（6）战争、军事冲突、暴乱或武装叛乱。

（7）核爆炸、核辐射或核污染。

（8）被保险人感染艾滋病病毒或患艾滋病，但不包括释义中所定义的由输血或输液而感染艾滋病病毒、因职业关系导致的人类免疫缺陷病毒（HIV）感染和器官移植导致的 HIV 感染。

（9）遗传性疾病、先天性畸形、变形或染色体异常。

其中，第五条酒驾最容易被消费者忽视，如果因为酒驾而导致疾病、身故、全残，重疾险是拒绝赔付的，因此喝酒不开车，开车不喝酒，这应该是所有人的共识。

4.1.4 重疾险的KPI，选好重疾险

近年来，随着保险类科普在公众号、网站、论坛的爆发，保险市场教育进入前所未有的新阶段。得益于信息越来越透明，传统依靠信息不对称销售保险的套路将越来越难以生存，更多的老百姓将通过互联网买到保障优、价格低、服务好的产品。重疾险作为普通消费者最关心的保险类型，该如何选择？笔者帮大家整理了一套简单易懂且行之有效的方法——重疾险的 KPI（Key Performance Indicator，关键绩效指标）。

1. 重疾险的KPI

如果把重疾险比作一名员工，必然需要 KPI 对其进行考核。按照这个思路，笔者帮重疾险量身定做了一套考核 KPI，包括三大角色与 10 个关键指标。重疾险的 KPI 如表 4.3 所示。

表 4.3　重疾险的 KPI

角　　色	衡量指标	重要程度
主角	保额	★★★★★
	保障期	★★★★
	身故	★★★☆

续表

角　　色	衡量指标	重要程度
配角	轻症 / 中症	★★★
	多次重疾	★★★
	被保险人豁免	★★☆
	保险公司	★★☆
群演	健康告知宽严	★★
	投保人豁免	★☆
	分红或返还	★

（1）保额，重于一切

保额是所有衡量指标中最重要的，即便说了很多次，依然要强调，购买保险就是购买保额。

举个例子，在保障内容完全一致的情况下：

A 产品，需要用 100 元买 200 元保额；

B 产品，需要用 100 元买 300 元保额。

诸位选哪个？当然是 B。

提示诸位，申请理赔时，不会因为公司品牌大，便能额外获得更多的理赔金，理赔金额由保险合同里的保额确定，并非由保险公司的规模决定。

（2）保障期，优先考虑终身

通常来讲，除非家庭财务十分拮据，否则一律优先考虑保障终身的重疾险，因为很多重疾的发病率随着年龄的增加而增长，尤其 70 岁以后重疾发病率会陡然增加，然而很多定期重疾只能保到 70 岁。

另外，定期重疾还有个大问题，可能错失投保终身重疾的机会。举个例子，张三认为重疾险投保定期即可，因为定期重疾杠杆高、保费低，所以 30 岁时他投保了 50 万元定期重疾险，保到 70 岁终止。凭着努力工作，40 岁时张三已经小有成就，此时他觉得原先的重疾只保到 70 岁，显然不够，已不能满足自身需求，遂想加保一份 50 万元的终身重疾，但 35 岁时，张三体检时发现自己有高血压，所以张三的加保申请被保险公司拒绝，可能此生将与重疾险无缘……

先投保定期重疾险，再加保终身重疾险，理想很丰满，现实很骨感。事实上，身体风险是投保时唯一不可控的变量，因为我们永远不知道明天的自己是否会出现健康异常，业内有句话："只要活的时间足够长，罹患重疾的概率就足够大。"定期重疾属于妥协手段，不能把妥协手段变成自我安慰。

（3）身故功能，有备无患

如今的市场重疾险又细分了"无身故"与"有身故"功能两种。

有一派观点认为，投保重疾险只需要解决重疾保障即可，身故功能可有可无，而且身故功能可以由寿险、意外险来承担，关键带有身故功能的重疾险费率高了不少。的确，身故功能本身的确不是重疾险的主要功能，但除了癌症、心脑血管类重疾之外，其他类型的重疾赔付条件较高，很难达到合同定义的赔付标准，如果被保险人没有达到重疾状态前就身故，会出现以下两种情况：

A. 若重疾险没有身故功能，只能赔付现金价值 / 累计保费；

B. 若重疾险有身故功能，则赔付保额。

给大家举个例子。按照 2007 年的《重大疾病保险的疾病定义使用规范》，急性心肌梗死的理赔标准如下：

指因冠状动脉阻塞导致的相应区域供血不足造成部分心肌坏死。须满足下列至少三项条件：

（1）典型临床表现，例如急性胸痛等；

（2）新近的心电图改变提示急性心肌梗死；

（3）心肌酶或肌钙蛋白有诊断意义的升高，或呈符合急性心肌梗死的动态性变化；

（4）发病 90 天后，经检查证实左心室功能降低，如左心室射血分数低于 50%。

例如，张三投保了一份"无身故"重疾险，保额 50 万元，年缴保费 1 万元，已经缴费 3 年。某一天他由于劳累过度引发心脏病，在送医途中猝死，而由于急性心梗的赔付标准需要至少满足"三项条件"，这种情况下对于举证被保险人是否属于急性心梗去世比较困难，大多数只能赔付现金价值或者累计保费，按照现金价值赔付大概只能赔付几千元，如果家庭经济支柱去世，只能获得几千元的赔偿，其家属无疑是悲惨的。

但反过来，如果张三当初投保的是"有身故"的重疾险，即便达不到急性心梗的赔付标准，也能按照"身故责任"获得 50 万元身故金，给家人留下一笔比较充裕的生活费。

因此，"无身故"的重疾险更多是一个辅助角色，主角应该是终身且带身故的重疾险，重疾险有身故功能，则有备无患矣。

（4）轻症/中症，保持警惕

由于轻症/中症没有统一定义，之前个别保险公司在高发轻症保障上存在偷工减料行为。随着市场竞争的加剧，目前几乎所有重疾险产品都涵盖了10种高发轻症以及添加中症责任，但依然有极个别产品的轻症/中症保障不尽如人意，这点需要消费者保持警惕，尤其对于一些垄断型保险公司的产品，投保前要确认疾病保障范围。

目前，大部分轻症/中症的赔付次数都在2次以上，且无赔付间隔，一般轻症赔付额度为30%，中症赔付额度为50%，赔付额度过低的不推荐购买。

（5）多次重疾，防止二次伤害

截至2019年，中国内地没有任何官方机构公布关于第二次、第三次重疾的理赔数据，但有坊间传言罹患第二次重疾的概率最高为16.7%，如果此数据是真实的，说明罹患第二次重疾的概率不高，但也不低。

其实，"单次赔付＋身故"仅比"多次赔付＋身故"的价格稍低一些，如果有意向需要投保身故功能的消费者，不如直接一步到位投保多次重疾。毕竟首次罹患重疾后，这辈子几乎不可能再投保重疾险，而多次重疾能让被保险人余生不焦虑。单次重疾险如汽车只有双安全气囊，多次重疾险则如汽车的安全气囊、侧气帘、膝部气囊，防止二次三次伤害。

（6）被保险人豁免，免交剩余保费

目前，大部分重疾险都已自带被保险人豁免功能，即缴费期内罹患轻症/中症/重疾都能免交剩余保费。但依然有个别保险公司，成本控制太严格，被保险人豁免依然需要额外加费，这显然对消费者不厚道。

（7）保险公司，锦上添花

在产品本身相差不大的情况下，选择背景、实力更强大的保险公司，对于保单的长期稳定服务也有好处，例如线下分支机构多的公司，消费者在理赔时能够多一种追踪手段，有利于督促与跟进理赔进度。

（8）健康告知，合理规避风险

健康告知的原则是有问有答，不问不答。

对于有健康异常的消费者，选择健康告知更少、核保尺度更松的产品无疑是明智之举，因为不同产品的健康告知内容有所差异，利用健康告知的差异进行风险规避，争取更好的核保结果，此做法合情、合理、合规。

（9）投保人豁免，理论上很好的功能

笔者曾一度认为投保人豁免是必须添加的功能，但后来发现投保人豁免是理论上很好，实际上存在风险的功能。

如果是父母帮孩子投保，附加投保人豁免并无问题。

如果是夫妻互为投保人帮对方投保，附加投保人豁免功能，可能会存在风险，因为现在的人均寿命越来越长，发生婚姻风险的概率也越来越高，万一将来离异，需要变更投保人，在感情破裂的情况下，或许前夫／前妻并不愿意配合保全变更的工作，最终导致保单失效的案例不在少数。

所以，如果需要添加投保人豁免功能，帮孩子添加即可，夫妻还是各自投保为好，无需贪小便宜。

（10）分红或返还，不是重点

分红或者返还功能并非评判重疾险好坏的重点，对于部分附带分红或返还功能的重疾险，通常属于"鸡肋"产品，这些产品保费高、保障少、收益低，每样功能都想兼顾，最终反而顾此失彼，消费者的本意是投保一款"全能重疾险"，结果得到的是"残缺重疾险"。

对于有储蓄需求的消费者，可在购买重疾险后，购买专门的年金险、增额终身寿险，这比重疾险附加分红或返还功能的收益更高。切勿相信一款产品能解决所有问题，如果有，那几乎肯定是误导销售。

🌐 4.1.5 小结

重疾险是热度最高的健康类保险，但也是消费者认知不足的保险，本节内容主要帮助诸位解决重疾险是什么、保障什么、不保障什么，以及如何选好重疾险四个核心问题。

第一，重疾险主要解决的不是医疗费用，而是收入补偿以及康复费用的问题。

第二，重疾险主要保障内容为轻症／中症、重疾，因为行业协会对重疾有统一定义，普通消费者关注的重点在轻症/中症功能，而重疾种类并非越多越好，多增加的重疾很多是罕见疾病，非但没有太大实际意义，且容易引起理赔纠纷。

第三，重疾险的责任免除内容较少，一般只有 9 条，需要注意常见的酒驾属于责任免除范围。

第四，选好的重疾险的十大 KPI，如果你不知道重疾险怎么选，按照上述 KPI 去考核，考核优秀的产品即可放心投保。

4.2
百万医疗险，让治疗再无后顾之忧

百万医疗险是当下最火的险种，由于其价格低、保额高，而且支付宝、微信等大平台皆有此类产品销售，因此，百万医疗险从 2014 年诞生以来便得到迅速普及，是目前最应该人手一份的险种，没有之一。笔者认为，这类保险的出现改变了保险行业的格局，百万医疗险出现后，健康保障从以前主要依靠重疾险演变成如今重疾险加百万医疗险的新常态。那么，百万医疗险具有哪些特点，又该如何选择呢？本节将悉数解答。

4.2.1 百万医疗险是什么？

百万医疗险是指保额超过 100 万，不限医保用药的商业医疗险，百万医疗险是行外人的说法，行内人称百万医疗险为"次中端医疗险"，为什么保额这么高依然不算中端医疗险？主要有以下原因。

第一，百万医疗险不能附加一般门诊责任，严格来讲它属于一款住院医疗保险，而中高端医疗险可以选择是否附加一般门诊责任，门诊责任是区分中端医疗与次中端医疗的一道门槛。

第二，百万医疗险免赔额较高，主流百万医疗险的免赔额为 1 万元，免赔额是指被保险人必须要自付的部分。例如，张三以有医保身份投保了百万医疗险，后因疾病住院，医疗总费用为 3 万元，其中 1 万元为医保报销，1 万元需要自付，最后 1 万元由百万医疗险报销，而中高端医疗险可选择 0 免赔，没有

自付部分，全部由保险公司报销。

第三，百万医疗险通常只允许在内地公立医院普通部就医，如果对就医环境有要求，需要到公立医院特需部、国际部、私立医疗机构甚至海外就医的，百万医疗险不能报销。

第四，百万医疗险属于事后报销，需要出院后递交病历、发票、出院小结等申请理赔；而不少中高端医疗支持网络内签约医院直付结算，由保险公司直接与医院结算，免去了烦琐的理赔报销流程。

第五，有医保身份和无医保身份投保百万医疗险有区别，有医保身份比无医保身份年缴保费便宜很多，但如果投保时属于有医保身份，出险理赔时属于无医保身份，则报销比例较低。而中高端医疗的投保、理赔一般不区分有无医保身份。

综上所述，百万医疗险虽然保额足够高，但存在不少限制条件，因此只能算"次中端医疗"。

4.2.2　百万医疗险保什么？

医疗险与重疾险有很大区别。首先，重疾险对于赔付标准有明确的定义，而医疗险没有太明确的定义，一般住院期间发生的合理且必需的治疗费用都属于保障范围。其次，重疾险主要解决收入补偿和康复治疗费用的问题，医疗险主要解决医疗支出问题。医疗险的保障内容包括下列 5 点。

1. 合理且必需

医疗险报销必须符合"合理且必需"原则，指符合通常医学惯例，例如符合通行治疗规范、通行治疗方法，治疗意外伤害或疾病所必需非试验性的、非研究性的项目。

简而言之，用什么方式治疗、使用何种药物，遵从医生意见才能报销。不要自己提出什么治疗方法、使用何种治疗药物，否则不能报销。例如，张三投保百万医疗险 1 年后，因疾病住院，由于自己拥有百万医疗险，便要求医生用最贵的治疗方法、使用一些还处在试验阶段的新药，最后当然被拒赔。

2. 一般医疗保险金

一般医疗保险金是百万医疗险最核心的保障内容，包含四个小项。

（1）住院医疗费用

指合理且必需的床位费、加床费、膳食费、护理费、重症监护室床位费、诊疗费、检查检验费、治疗费、药品费、手术费、救护车使用费等。

（2）特殊门诊医疗费用

这里有读者可能会问："不是说百万医疗险没有门诊责任吗？为何可以涵盖特殊门诊？什么是特殊门诊？"

"特殊门诊"的概念来自于医保中的"门诊特殊病"，指可以门诊治疗，无需住院治疗的，但仍需要长期依靠药物维持病情稳定的重疾。特殊门诊通常包含门诊肾透析费、门诊恶性肿瘤治疗费、器官移植后的门诊抗排异医疗费，它们分别对应三种重大疾病——终末期肾病（尿毒症）、恶性肿瘤、重大器官移植术。例如，恶性肿瘤通过手术切除后，后续化学疗法、放射性疗法、标靶治疗等均可通过门诊进行，无须住院，如果医疗险只有住院才能报销，显然是不人性化的。

因此，特殊门诊功能是医疗险人性化的设置。

（3）住院前后门（急）诊费用

住院前 7 天或出院后 30 天内，因该次住院相同原因而接受门（急）诊合理且必需的治疗费用，通常也在百万医疗险的报销范围内。

（4）门诊手术费用

门诊手术指一些不需要住院的小手术，例如脂肪瘤切除术、体表肿物切除术、乳腺纤维瘤切除术等。在符合合理且必需的原则下，门诊手术也在百万医疗险的报销范围内。不过，笔者认为门诊手术能报销的概率不大，因为百万医疗险通常有较高的免赔额，这些小手术在剔除医保报销之后，医疗费通常小于免赔额，达不到赔付标准。当然，有总比没有强。

3. 重大疾病保险金

目前的百万医疗险除了"一般医疗保险金"之外，还添加了"重大疾病保险金"，指因罹患重疾而必须接受的住院治疗、特殊门诊治疗、门诊手术治疗及住院前后门（急）诊治疗，保障内容与"一般医疗保险金"几乎一样，只是把"一般医疗保险金"变成"重大疾病保险金"，让产品看起来更好。但其实，在使用"重大疾病保险金"前，年累计理赔金额需要达到"一般医疗保险金"的上限，而"一般医疗保险金"年报销限额通常都有 200 万元以上，在内地公立医院治疗且除去医保报销，一年支出 200 万元以上的治疗费，仅存理论上的可能……

因此，笔者认为此功能噱头意义大于实际意义，消费者无须过分关注与计较。

4. 质子重离子治疗

越来越多百万医疗险把质子重离子治疗纳入报销范围或作为可选特色责任，但质子重离子治疗是否如此神奇，笔者是持有怀疑态度的。虽然笔者并非医疗方面的专家，但通过系统整理医疗专家的观点，最终把医学界关于质子重离子治疗的观点整理如下。

第一，目前没有足够的医学证据证实质子重离子能替代传统放射线治疗，而且质子重离子治疗有适用范围，多是通过手术能根治性切除的病例，性价比远低于手术治疗。但对于一些生长靠近大血管、重要器官的肿瘤，质子重离子治疗能保存器官功能，避免损伤重要器官、血管、神经系统，这些优于手术治疗。

第二，质子重离子目前是一种极小众的治疗方式，截至 2018 年，全球范围内接受过质子重离子治疗的患者累计不超过 15 万例，但全球范围内每年接受常规放疗的患者数目应该在 500 万～ 1000 万。对比质子重离子治疗与传统放疗的历史数据，质子重离子即使在放疗这一治疗手段上，也是一个极为小众的治疗方式，更不用说在肿瘤治疗这一更大领域。

第三，目前中国内地投入临床使用的质子重离子医院只有两家，且每年只能治疗 200 个左右病人，根本挂不到号。就算幸运地挂到号，当下中国内地的医护人员缺乏操作质子重离子设备的经验，因而对病人的选择十分严谨、挑剔。

总之，质子重离子不是治癌神器，千万不要理解成"一照就好"，它不过是一种更先进的放疗方式，对比传统光子治疗确实是划时代的进步，但在治疗效果与医疗费的性价比上，还不尽如人意。

对于高净值家庭，质子重离子治疗会少些痛苦；

对于普通老百姓，质子重离子的治疗费用令人望而却步。

因此，笔者认为质子重离子功能不应该成为投保百万医疗险时关注的重点，消费者更应关注产品本身是否符合自己的需求。

5. 特色内容

由于百万医疗险的保障内容基本一致，属于同质化竞争，为了突出差异，部分百万医疗险也添加了特色保障内容。例如，医疗垫付、就医绿通、外购药报销等,此种特色内容确实令人心动。可是,特色内容大多并非写进合同的条款,仅仅是保险公司当下提供的增值服务,所以,服务的内容、标准可能随着时间推移而发生改变。不过,在百万医疗险趋于同质化的今天,特色内容是投保决策中一个比较重要的加分项目。

4.2.3　百万医疗险不保什么?

百万医疗险一方面保额高、价格亲民,人人都能买得起,但一方面也是理赔纠纷最多的险种之一。为何反差如此之大?因为医疗险责任免除极其严格,加上百万医疗险价格低廉,因此限制条件更多,毕竟商业保险以盈利为目的,如果一类产品长期亏损,最终的结果必定是产品停售。那么,百万医疗险的责任免除通常包含哪些内容呢?

(1)被保险人所患既往症及保险单中特别约定的除外疾病引起的相关费用。

(2)遗传性疾病,先天性畸形、变形或染色体异常。

(3)疗养、视力矫正手术、各种健康体检项目及预防性医疗项目、牙科保健及牙科治疗、康复治疗、非意外事故所致整容手术。

(4)如下项目的治疗:皮肤色素沉着、痤疮治疗、红斑痤疮治疗;雀斑、老年斑、痣的治疗和去除;对浅表静脉曲张、蜘蛛脉、除瘢痕疙瘩型外的其他瘢痕、文身去除、皮肤变色的治疗或手术;激光美容、除皱、除眼袋、开双眼皮、治疗斑秃、白发、秃发、脱发、植毛、脱毛、隆鼻、隆胸。

(5)各种矫形及生理缺陷的手术和检查治疗项目,包括但不限于平足及各种非功能性整容、矫形手术费用。

(6)各种健美治疗项目,包括但不限于营养、减肥、增胖、增高费用。

(7)不孕不育治疗、人工授精、怀孕、分娩(含难产)、流产、堕胎、节育(含绝育)、产前产后检查以及由以上原因引起的并发症。

(8)包皮环切术、包皮剥离术、包皮气囊扩张术、性功能障碍治疗。

(9)除心脏瓣膜、人工晶体、人工关节之外的其他人工器官材料费、安装和置换等费用、各种康复治疗器械、假体、义肢、自用的按摩保健和治疗用品、所有非处方医疗器械。

（10）耐用医疗设备（指各种康复设备、矫形支具以及其他耐用医疗设备）的购买或租赁费用。

（11）被保险人感染艾滋病病毒或患艾滋病。

（12）精神和行为障碍（依照世界卫生组织《疾病和有关健康问题的国际统计分类》确定）、性病。

（13）未经医生处方自行购买的药品或非医院药房购买的药品、滋补类中草药及其炮制的各类酒制剂、医生开具的超过 30 天部分的药品费用。

（14）各种医疗咨询和健康预测：如健康咨询、睡眠咨询、性咨询、心理咨询等费用。

（15）投保人对被保险人的故意杀害、故意伤害。

（16）被保险人故意自伤、故意犯罪或抗拒依法采取的刑事强制措施。

（17）被保险人殴斗、醉酒，主动吸食或注射毒品。

（18）从事潜水、跳伞、攀岩、蹦极、驾驶滑翔机或滑翔伞、探险、武术比赛、摔跤比赛、特技表演、赛马、赛车等高风险运动导致的伤害引起的治疗。

（19）由于职业病、医疗事故引起的医疗费用。

（20）被保险人酒后驾驶、无合法有效驾驶证驾驶或驾驶无有效行驶证的机动车导致交通意外引起的医疗费用。

（21）核爆炸、核辐射或核污染、化学污染；恐怖袭击、战争、军事冲突、暴乱或武装叛乱。

（22）不符合入院标准、挂床住院或住院病人应当出院而拒不出院。

（23）被保险人接受实验性治疗，即未经科学或医学认可的医疗。

（24）未被治疗所在地权威部门批准的治疗，未获得治疗所在地政府许可或批准的药品或药物。

（25）各类医疗鉴定，包括但不限于医疗事故鉴定、精神病鉴定、孕妇胎儿性别鉴定、验伤鉴定、亲子鉴定、遗传基因鉴定费用。

以上是百万医疗险常见的责任免除范围，可以看到，医疗险的责任免除相比重疾险更加严格。其中，"既往症"是最容易引起医疗险理赔纠纷的内容，这里的"既往症"指投保前就持续存在的症状，不管是否曾经在医院确诊、治疗、用药，都属于"既往症"范畴。

尽管百万医疗险限制多，但保额高、价格低，的确能解决大中额医疗支出风险，看在保费比较低廉的份上，不能嫌弃太多。提醒一点，由于"既往症"属于免责内容，越早投保"既往症"越少，因此越早投保越安心。

4.2.4 百万医疗险的KPI，选好百万医疗险

如果说重疾险是走细节差异化的小路，那么医疗险则是走内容同质化的大道，在基础保障内容趋同的情况下，挑选优秀的百万医疗险，应当看重哪些能体现产品差异化的因素？百万医疗险的 KPI 如表 4.4 所示。

表 4.4　百万医疗险的 KPI

角　色	衡 量 指 标	重 要 程 度
主角	续保稳定性	★★★★
	特色责任	★★★★
配角	保险公司	★★★☆
	医院范围	★★★
	健告核保	★★★
群演	保额	★
	基础保障	★
	用药限制	★

1. 续保稳定性，重中之重

由于百万医疗险是一年期的短期险，需要每年续保，如果消费者无法续保原产品，那么其日后就很有可能会因为身体健康、年龄的变化，再也不能购买其他同类产品，因此产品能否持续、稳定，直接决定消费者的保障是否长期存在。如何判断一款百万医疗险的续保稳定性？笔者认为，影响百万医疗险续保稳定性的因素有两个，分别是条款与停售风险。

首先是条款。截至 2019 年，市场上的百万医疗险产品主要有 3 种续保条件。

（1）不会因为个人健康状况变化或者历史理赔而单独调整费率或拒绝续保，除非产品停售，需要重新告知投保别的产品。

（2）每 6 年作为一个保证续保期，6 年保证续保期内即使产品停售也允许继续续保，如果过了 6 年保证续保期则需要重新告知投保别的产品。

（3）即使产品停售，也可以免告知投保该保险公司指定的其他医疗险产品。

如果仅看条款，当然是第（3）种最好，然而除了看条款，还需要考虑停售风险。

其次是停售风险。由于百万医疗险属于新生事物，如果发生长期亏损，保险公司最后必然会停售。按此逻辑推理，如果一款百万医疗险推出时间早，市场占有率较大，则更容易实现盈利，停售风险就会降低；另一种情况是该百万医疗险由于背靠实力雄厚的大公司，就算市场占有率较低，即便稍微发生亏损，该产品的停售风险也不大，因为很多大公司只是把百万医疗险当作引流工具，带动其他险种的销售。如果产品与上述情况相反，理论上停售风险更高。

所以，条款是显性的，可以看到的，停售风险是隐性的，需要了解的，一方面要看条款，一方面要了解市场占有率、承保公司实力。然后，选一个续保稳定性相对更好的百万医疗险，才是关键。

2. 特色责任，有备无患

特色责任是体现百万医疗险差异化的重要指标，曾经笔者也认为这些特色责任既然不写进合同，那一定是个纸老虎，中看不中用，其实不然。

例如目前很多百万医疗险都带有"医疗垫付"功能，可以帮被保险人解决就医过程中遇到的资金问题并且提供服务，能帮被保险人解决住院押金垫付需求，不会因难以筹集巨额医疗费而耽误治疗。从前笔者也以为"垫付服务"意义不大，毕竟百万医疗险属于年缴保费几百元的亲民险种，服务上不能有太多要求，但是从最近了解到的理赔案例中，"医疗垫付"功能确实能够兑现，解决了被保险人的燃眉之急。

再例如"特药外购"功能，简单来讲是指肿瘤特定药物院外支付功能，若医生开具的处方药品无法在医院内购买，保险公司会安排被保险人在合作的药店网络范围内购药，并对责任范围内的药品费用进行实时结算。这个功能的关键在于院外直付，对某些特定治癌药物，如果医院没有，可以进行院外直付，不需要事后报销，十分人性化。

除此之外，还有重疾就医绿通、赴日治疗、术后家庭护理等，服务不一定能使用，但有备无患。

3. 保险公司，为我所用

大公司与小公司的百万医疗险价格差距很小，在价格相差不大、保障内容同质化的环境下，需要考虑保险公司的理赔服务质量。由于医疗险出险概率比重疾险高，而且医疗险理赔主要是中小额的医疗费用，因此，那些服务网点多、支持小额理赔线上办理的保险公司，确实是更好的选择。

大公司通常在小额理赔方面做得更好、更快捷，因为大公司通过小额理赔能更好地赢得消费者口碑，促进二次销售。所以，消费者需要了解大公司与小公司的不同特点，最终为我所用。

4. 医院范围，越广越好

通常情况下，百万医疗险客户只能在公立医院普通部就医，但是，目前个别百万医疗险产品可以加费拓展特需部、国际部就医，用低于中端医疗的价格获得中端医疗的核心服务，对特需治疗有明确需求的消费者可以考虑；另一种是针对特定重疾或手术可以在特需部、国际部就医的百万医疗险，且无须额外加费，这类产品性价比较高，符合百万医疗险本身的定位，笔者更喜欢。

总的来讲，如果价格合适，医院范围当然越广越好。

5. 健告核保，合理规避风险

如今，老百姓的体检正常率越来越低，不少消费者是因为发现体检异常，才想起需要购买保险，有时候看见一些消费者在网上盲目对比产品，挑三拣四，笔者甚至会直接说："能够投保再谈对比吧。"所以，如果一款百万医疗险如果健康告知少，且支持智能核保、人工核保等多种核保方式，无疑是更好的选择。

6. 保额、基础保障、用药限制，不是重点

（1）保额：由于百万医疗险的年报销限额都在 100 万元以上，就医范围都限定在中国内地公立医院，除去医保报销后，一年的治疗费超过 100 万元仅存理论上的可能，因此百万医疗险的保额绝对够用，目前很多百万医疗险的基本保额都超过 200 万元，加上重疾医疗金累计可报销总额达 400 万元以上，这属于保额过剩，没有太大的实际意义。

（2）基础保障：对于不同保险公司的百万医疗险产品，它们的基础保障几乎一样，都包括住院医疗费用、特殊门诊医疗费用、住院前后门（急）诊费用、门诊手术费用。既然功能同质化，消费者无须考虑太多。

（3）用药限制：百万医疗险不限医保用药，无论是甲类药、乙类药还是

丙类药，符合"必需原则"的，都在报销范围之内。

所以，百万医疗险的保额、基础保障、用药限制，由于设定基本一致，无明显差异，不是消费者关注重点，诸位稍微了解即可。

🎯 4.2.5　小结

假如只能购买一种商业保险，应该买什么？笔者会用坚定的眼神、肯定的语气告诉你："百万医疗险！"虽然它存在许多不足、很多限制，但这一切在低廉的保费面前，都不是问题。

本节主要解答了百万医疗险是什么、保什么、不保什么、怎么买四个核心问题。

第一，百万医疗险属于次中端医疗，价格便宜但存在许多限制，不要以为拥有百万医疗险便足矣；

第二，百万医疗险须要符合"合理且必需"原则，主要解决大中额医疗支出，几百元就能避免筹款平台的尴尬，非常值得。

第三，百万医疗险的责任免除内容非常多，"既往症"引起的治疗原则上不赔，这点需要特别注意；

第四，如果不知道百万医疗险应该怎么选，参考百万医疗险 KPI 来考核，考核优秀的产品可以放心投保。

笔者个人对百万医疗险的看法：从百万医疗险诞生至今不过几年时间，却几乎成为每家保险公司的必争产品，经过几年激烈竞争，百万医疗险保障虽然趋于同质化，但细节上开始兵分两路，发展出两个方向。

第一个方向：把产品设计成 N 年保证续保，突出续保稳定性。

第二个方向：以特色责任为重点，不断增加、完善服务内容。

总的来讲，一个注重产品续保，一个注重服务内容，这种基于市场竞争而倒逼的产品进化无疑是广大消费者喜欢的。不过，这种高免赔额、高保额、低保费的百万医疗险，不仅在中国是新生事物，在全球范围也属于新生事物。这类产品以后何去何从我们尚不可知，毕竟理赔高峰期远没到来，百万医疗险能否在逆选择比较严重的中国持续经营下去，让我们拭目以待吧。

4.3
意外险，小身材大能量

相比重疾险、医疗险的高关注度，意外险的关注度略显低调，笔者认为造成这种现象的原因主要有三个：一是因为意外险价格低、销售佣金低，业务员缺乏主动推荐的积极性；二是因为意外险属于容易触发理赔的险种，佣金低加上出险概率高，导致业务员没有推荐的动力；三是因为意外险产品保障功能一致，且更新换代速度较慢，缺乏讨论热度。但如果从保险地位来讲，意外险却举足轻重。如果一位保险业务员除了重疾险，还能给你推荐意外险、百万医疗险这类销售佣金低、出险概率高的险种，说明他是一位及格的保险从业者。

4.3.1　什么是意外险？

在了解意外险前，诸位需要先认识什么是"意外"，因为很多消费者其实对保险定义的"意外"存在错误认知，容易在理赔时引起不必要的纠纷。

那么，保险定义的"意外"指什么？简而言之，保险对"意外"的定义是外来的、突发的、非本意的、非疾病的使身体受到伤害的客观事件。符合四要素的事件，才能算意外险的范畴。猝死算不算意外？普通消费者会认为猝死属于意外，但其实，猝死不属于意外，因为猝死很容易由心脏病引发，心脏病是一种疾病，猝死属于内发性的疾病身故，因此，猝死不属于意外的范畴。

4.3.2　意外险保什么？

意外险的保障并不复杂，合格的意外险必定包含三项基本功能，即意外身故、意外伤残、意外医疗，三者缺一不可，如若缺少一项，便不值得购买。

（1）意外身故

指因意外导致的身故。身故功能属于意外险最底层的功能，购买意外险主要目的是购买身价保障，身价保证则体现在保额上。例如，张三投保了 100 万元保额的意外险，如果发生意外身故，他就能获得 100 万元身故理赔金。

（2）意外伤残

指因意外导致的伤残。很多消费者购买意外险往往只注意身故功能，忽略伤残功能，这并不可取，因为身故属于"一锤子买卖"，不会给家庭成员带来后续的经济负担，而伤残则会给家庭成员带来漫长的煎熬。

"意外伤残"等级根据《人身保险伤残评定标准》来评定，标准统一，按比例赔付。残疾程度分为十等级，十级最轻，一级最重。伤残赔付公式是：基本保额 ×（10－伤残等级 +1）×10%。假如，杨过投保 10 万元保额意外险，后来因为意外导致右手缺失，变成"独臂大侠"，属于一肢缺失，伤残等级属于 5 级，这种情况能获得的赔付款为 10×（10－5+1）×10%=6 万元。

（3）意外医疗

指因意外导致的住院、门诊治疗费用。意外医疗是很容易触发理赔的功能，因为其包含意外门诊责任，像被狗咬、摔倒、撞伤等容易发生的意外事件，都属于意外医疗的报销范围。但是，报销范围要注意是否包括医保外用药。例如狂犬病疫苗，属于医保用药范围的疫苗 80 ～ 90 元一次，属于非医保用药范围的疫苗 300 元左右一次，如果自己投保的意外险不限医保用药，则可以使用一些价格更高、效果更好的疫苗。

至于能不能报销医保外用药，产品条款中有明确说明。如果该意外险只能报销医保用药，条款中通常的描述为"我们负责的药品种类范围参照当地社会保险部门规定的《基本医疗保险药品目录》执行"；如果不限医保用药，条款中通常不会特殊说明，符合"必需且必要"原则的皆可以报销。

意外险属于"一分价钱一分货"的产品，是否限制"用药范围"会导致不同产品间的价格相差较大。例如，同样是 50 万元保额的一年期意外险，限医保用药的意外险年缴保费 200 元，不限医保用药的意外险年缴保费需要 400 元以上。笔者认为，额外付出一点保费能够拓展用药范围，获得更好的理赔体验，是值得的。

4.3.3　意外险不保什么？

意外险虽然价格亲民，但责任免除内容较多，原因有三个：第一，意外险很容易触发理赔，需要界定其是否属于保险的"意外"；第二，意外险很容易出现"逆选择"和"道德风险",需要有明确限制;第三,意外险包括意外身故/伤残与意外医疗,它们的责任免除范围有所不同,因此分别罗列,如此便显得内容很多。

不同意外险的责任免除内容也不尽相同,下面笔者把意外险中最常见的"责任免除"罗列出来。

1. 意外身故/伤残的责任免除

因下列原因导致被保险人身故或伤残的,保险人不承担给付保险金的责任。

（一）原因除外

（1）投保人对被保险人的故意杀害、故意伤害。

（2）被保险人自致伤害或自杀。

（3）被保险人故意犯罪、拒捕、挑衅或故意行为而导致的打斗、被袭击或被谋杀。

（4）被保险人因妊娠（含宫外孕）、流产（含人工流产）、分娩（含剖宫产）导致的伤害。

（5）被保险人因药物过敏或未遵医嘱,私自使用、涂用、注射药物造成的伤害。

（6）被保险人接受包括美容、整容、整形手术在内的任何医疗行为而造成的伤害。

（7）被保险人主动吸食或注射毒品,醉酒或受管制药物的影响。

（8）疾病,包括但不限于高原反应、中暑,猝死。

（9）非因意外伤害导致的细菌或病毒感染。

（10）任何生物、化学、原子能武器,原子能或核能装置所造成的爆炸、灼伤、污染或辐射。

（11）战争、军事冲突、武装叛乱或暴乱、恐怖袭击。

（二）期间除外

（1）被保险人从事违法、犯罪活动期间或被依法拘留、服刑、在逃期间。

（2）被保险人存在精神和行为障碍（以世界卫生组织颁布的《疾病和有关健康问题的国际统计分类（ICD-10）》为准）期间。

（3）被保险人从事高风险运动、各种车辆表演、车辆竞赛或练习期间。

（4）被保险人酒后驾驶、无有效驾驶证驾驶或驾驶无有效行驶证的机动交通工具期间。

（5）被保险人患艾滋病（AIDS）或感染艾滋病病毒（HIV）期间。

2. 意外医疗的责任免除

下列费用或因下列原因造成被保险人费用的支出，保险人不承担给付保险金责任。

（1）非因主合同所列意外伤害事故而发生的治疗。

（2）用于矫形、整容、美容、器官移植或修复、安装及购买残疾用具（如轮椅、假肢、助听器、假眼、配镜等）的费用。

（3）被保险人体检、疗养、心理咨询或康复治疗的费用。

（4）被保险人在中国境外，中国台湾、香港及澳门地区支出的医疗费用。

（5）被保险人在二级以下医院或非保险人认可的医疗机构的治疗费用。

（6）交通费、食宿费、生活补助费，及被保险人的误工补贴费。

（7）被保险人可以从其他保险计划取得的补偿费用，不论被保险人是否已实际取得。

🎯 4.3.4 两个注意，一个不买

意外险看起来简单，但有两个细节需要注意，否则存在风险。除此之外，有一类意外险是笔者不建议投保的，原因是这类产品主要利用消费者"贪小便宜"的心态促成投保，而且这类产品本身价格偏贵，保障偏低。

1. 两个注意

（1）职业限制

投保意外险要注意被保人的职业等级。一般来说，意外险的职业限制会比重疾险、医疗险、寿险相对严格一些。如果自己从事较高风险的职业，投保时又没注意职业等级，后来因公受伤，可能会被拒赔。一般的意外险对职业要求为1～2类，宽松一些的为1～4类，5类以上职业需要投保高风险专属的意外险。

（2）大小有别

成年人投保意外险，应优先考虑保额，这个保额直接作用于意外身故、意外伤残，通常意外险保额不能低于寿险保额。

孩子或老人投保意外险，则优先考虑意外医疗功能：一是孩子生性活泼，

容易发生跌倒、摔伤等意外，而孩子的身价有限制，身故赔付金不能超过身价限制；二是老人身体不灵便，也容易发生跌倒、摔伤等意外，从而触发意外理赔。因此，帮孩子与老人投保意外险，最好选择不限医保用药的产品。

2. 百万驾乘意外险不买

诸位是否曾经在朋友圈或者电话销售里看到或听过这些话："这份意外险交 10 年保 30 年，满期平安无事还能返 1.3 倍保费，每天几元即可获得 100 万元的保障，无论生存或身故，都能获得理赔。"这类产品听着吸引人，是否可靠？

首先，这类意外险主要责任是驾乘意外或者公共交通意外，只有这两类意外身故才能有 100 万元赔付，其他类意外身故只有 5 万元或者 10 万元身故金。通俗来讲，"铁包人"的时候，被保险人意外身故可获得 100 万元赔偿，"人包铁"的时候，保险人意外身故只能获得 5 万元或 10 万元赔偿。

更关键的是，这类意外险大多没有意外伤残功能，必须身故才能获得理赔，伤残不能获得理赔，同时要继续履行缴纳保费的义务。

"百万驾乘意外险"不买，重要的事情说一次就够了。

诸位可以计算一下，百万驾乘意外险年交保费接近 3 000 元，不如直接投保一份定期寿险。

综上所述，这类意外险覆盖范围较小，可以看作是"驾乘车意外保障"，其余的意外事故保障低，因此，笔者更建议消费者投保几百元一年的短期意外险，不但保障更好，而且每年能节省一笔保费，何乐而不为？

4.3.5 意外险的KPI，选好意外险

切勿因为意外险价格低就随便购买，虽然说意外险产品的保障内容类似，但细节上依然有所差异，依然存在可以衡量意外险是否优秀的指标。意外险的 KPI 如表 4.5 所示。

1. 保额，还是很重要

再一次强调，保额重于一切，尤其意外险主要目的是解决身价保障，所以，如果同样的保费能购买更多的保额，为何拒绝？

2. 免赔额，最好0免赔

免赔额当然越低越好，目前很多意外险都可以做到 0 免赔，当然 0 免赔的

价格会比有免赔额的稍微贵些许，但理赔体验更好，值得推荐。

表 4.5　意外险的 KPI

角　　色	衡 量 指 标	重 要 程 度
主角	保额	★★★★
	免赔额	★★★★
	报销比例	★★★★
	用药限制	★★★★
配角	保险公司	★★★☆
	医院范围	★★★
	住院津贴	★★★
	职业限制	★★★
群演	投保年龄	★★
	猝死	★

3. 报销比例，最好100%

跟 0 免赔一样的逻辑，报销比例当然最好为100%，但需要多付出一点保费，部分意外险报销比例为 100%，价格不贵，如果没有特殊情况，笔者建议配置报销比例为 100% 的意外险。

4. 用药限制，最好不限

笔者遇到过不少案例，在投保规划时，消费者认为不限医保用药的意外险偏贵，还不如节省几百元，结果理赔时，用药清单里有不少自费药，这时候消费者又埋怨产品不能报销自费药，不合理。消费者申请理赔时一般不会记得当初节省的几百元保费，只会感觉当下理赔体验不好。

5. 保险公司，为我所用

跟百万医疗险的逻辑一致，由于意外险中的意外医疗容易触发理赔，且意外险产品保费价格相差不大，需要考虑保险公司的理赔服务因素，小额理赔方面确实大公司做得更好，消费者可利用这些特性，争取利益最大化。

6. 医院范围，越宽越好

有些意外险可以拓展公立医院特需部、国际部就医，但这类意外险价格较高，消费者可根据自身需求选择。若不考虑价格因素，医院范围当然越宽越好。

7. 住院津贴，额外补偿

有些消费者认为住院津贴用处不大，因为意外医疗已经有 100% 报销，况且住院津贴金额不多。诸位要注意，意外医疗只能报销医疗支出，但如果需要请护工是不能报销的，住院期间也没有额外的误工补偿。因此，住院津贴可看作是短期额外的财务补偿，作为康复营养费处理。

8. 职业限制，要注意

意外险对职业的限制比较严格，如果投保时不留意职业限制，被保险人的职业风险又超过该产品可承保的最高风险等级，理赔时便很可能发生纠纷。通常情况下，较好的意外险可允许 1 ～ 4 类职业投保，因为 5 类以上属于高风险职业，而有些意外险只允许 1 ～ 2 类职业投保，消费者在投保时需要留意。

9. 投保年龄，不是重点

大部分意外险投保年龄限制在 18 ～ 60 岁，因为孩子和老人发生意外的概率、属性与成年人不同，所以有专门针对孩子、老人的意外险产品，在符合投保年龄要求的前提下，消费者选择符合自己需求的产品即可。

10. 猝死，争议较大

购买意外险主要目的是转嫁意外风险，而"猝死"属于疾病身故范畴，本不是投保意外险需要考虑的。奈何"猝死"热度较高，有些意外险出于营销目的，夸大"猝死"保障，反而容易引起纠纷。

什么是猝死？很多意外险产品是这样定义的："猝死，指突然发生急性疾病，且在疾病发生后即刻或者在 6 小时（含）内死亡。该急性疾病是被保险人在投保前自身未知且未曾诊疗而在保期间突然发生的。"猝死的理赔标准比较严格，且有可能被要求进行尸体检验。

另外，法院在审理猝死的保险合同纠纷中，对猝死的认定标准并不统一，有判赔的，也有不判赔的。判赔的观点认为，猝死只是死亡表现形式，而非死亡原因，猝死的死因包括非疾病的意外死亡，不能简单地将猝死等同于疾病死亡。不判赔的观点认为，猝死属于疾病死亡，猝死虽具有"突发的""非本意"的特征，但不具备"外来的""非疾病"的要素。

所以，有猝死保障功能的意外险是一个理论上很好，实际上存在风险的保障，倘若真的需要猝死保障，笔者建议直接投保定期寿险。

4.3.6　小结

意外险是"守护四宝"中价格最亲民的险种，但又因其销售佣金低、容易出险，部分保险业务员缺乏销售动力，不过，正因为价格亲民、容易出险，普通消费者更要购买。本节内容解答了意外险是什么、保什么、不保什么、怎么买四个核心问题。

第一，意外险的"意外"指外来的、突发的、非本意的、非疾病的，符合条件的风险事件才属于意外险保障范畴。

第二，意外险的保障主要由三个功能组成，即意外身故、意外伤残、意外医疗，其中意外医疗功能对产品价格影响较大。

第三，意外险责任免除内容较多，消费者投保前需要仔细阅读。

第四，投保意外险有"两个注意、一个不买"，注意职业限制、注意投保顺序，不买百万驾乘险。

第五，如果不清楚如何选好意外险，参考意外险 KPI 来考核，考核优秀的产品可以放心投保。

4.4
定期寿险，留爱不留债

写完重疾险、百万医疗险、意外险的投保指南，最后谈寿险。为什么要把寿险放在最后？因为寿险的责任极其简单，就是保"身故/全残"，除此之外，通常没有其他保障内容。正因为寿险的保障责任简单，因此投保寿险的关键在于解决消费者的观念问题，普通消费者对寿险的认知可能存在一些误区，例如："人都死了还要钱干什么？""重疾险、意外险都有身故/全残功能，跟寿险有什么不同？""为什么大部分家庭适合购买定期寿险而不是终身寿险？"本节将帮助诸位解答上述疑问。

4.4.1 什么是寿险?

1. 购买寿险的理由

购买寿险的理由是"留爱不留债",这个"债"不仅指房贷、车贷,还包括儿女的抚养义务、老人的赡养义务、丈夫对妻子的照顾义务。逝者已逝,金钱对"逝者"当然无用,但对"生者"必然有用。当然,对于信奉单身主义的人,可以不需要寿险;但对于选择走传统结婚生子道路的人,寿险不可或缺,尤其对于家庭经济支柱,寿险是刚性需求。

2. 寿险保什么? 不保什么?

首先,寿险的保障内容只包括意外身故/全残、疾病身故/全残,而人离开世界也只有两种方式——意外身故与疾病身故。有些可爱的消费者会问:"自然死、老死这类算不算寿险保障范围?"其实,所谓的"自然死、老死"都属于器官衰竭导致的死亡,换言之都属于疾病身故的范畴。因此,寿险可以理解为"死亡保险"。

其次,寿险的责任免除极少,截至 2019 年,主流定期寿险的责任免除只有三条,分别是:

(1)投保人对被保险人的故意杀害、故意伤害。

(2)被保险人故意犯罪或者抗拒依法采取的刑事强制措施。

(3)被保险人自本合同生效(或最后一次复效)之日起 2 年内自杀,但被保险人自杀时为无民事行为能力人的除外。

终身寿险的责任免除通常比定期寿险多一些,但相比重疾险、意外险的身故责任免除情形,寿险的责任免除情形依旧最少。

4.4.2 定期寿险与终身寿险

很多消费者初次接触寿险时,都会有这个疑问:"既然定期寿险是消费型的,终身寿险有储蓄功能,为什么不直接买终身寿险?"产生这类问题的原因在于不了解定期寿险与终身寿险的差异。下面笔者详细讲解定期寿险与终身寿险的差异,如表 4.6 所示。

表 4.6 定期寿险与终身寿险的差异

产 品 名 称	某定期寿险	某终身寿险
适用人群	几乎所有人	需要提前规划遗产的人
保障期	定期	终身
健康告知	很宽松	一般
责任免除	3 条	7 条
现金价值	很低	较高
保费测算：100 万元保额（20 年交），30 岁男性		
保至 60 岁	1 960 元	/
保至 70 岁	3 820 元	/
保至终身	/	15 800 元

虽然定期寿险是消费型的，终身寿险是有储蓄功能的，但并非人人都适合投保终身寿险。

1. 适用人群不同

定期寿险适合绝大部分普通家庭、中产家庭投保，只要你选择传统成家立室的道路，有一定负债，有预期孩子教育费支出的打算，以上都适合用定期寿险来获得身价保障。用极低的成本对人生经济负担最重的年龄段进行风险管理，直到房贷还完、孩子长大工作，肩上的家庭责任减少，定期寿险便可以缓慢退出历史舞台。

终身寿险适合需要提前规划遗产的人，适合中产以上人群配置，相比其他金融工具，终身寿险的优点在于高效、确定，用较少的保费给受益人留下一笔确定的资产。通常情况下，终身寿险的保额与总保费的杠杆大于 2 倍，例如 50 岁的人投保 200 万元终身寿，5 年交，年交保费 20 万元左右，总保费 100 万元左右。用 100 万元能给后代留下 200 万元，资产传承与资产隔离是终身寿险最主要的目的。

2. 保障期不同

定期寿险的保障期通常很灵活，可以选 20 年、30 年、至 60 岁、至 70 岁等，由于我们对定期寿险的要求是保障到履行完家庭应尽责任的年龄，因此大部分消费者投保定期寿险会选择保到 60 岁或者 65 岁，差不多是法定退休年龄。

终身寿险的保障期为终身。

3. 健康告知、责任免除不同

定期寿险的健康告知、责任免除通常比终身寿险要宽松些，其一是定期寿险主要保障期为 70 岁前，据 2016 年国家卫生计生委数据显示，中国人均预期寿命已经达到 76.3 岁，这意味着 70 岁前身故的人数比例较低；其二是越来越多定期寿险支持线上投保，所以健康告知、责任免除宽松一些有利于产品销售，获得更多的市场份额。

终身寿险的健康告知、责任免除相比定期寿险会严格一些，毕竟保险公司的终身寿险属于一定要赔付、兑付的赔偿，而且终身寿险通常保额较大，需要严谨一些，但相比重疾险、医疗险这类险种，终身寿险的健康告知与责任免除依然有很大优势。

4. 现金价值不同

由于定期寿险属于"消费型"险种，现金价值很低，保障到期后现金价值归零，消费者自然不会在意定期寿险的现金价值。

终身寿险由于现金价值较高，具备资金周转的优势，高现金价值的保单有何作用？最常见是进行"保单贷款"。

目前，在保险公司申请保单贷款，通常最高允许贷保单现金价值的 80%，每次贷款期是半年，半年后可以续贷。保单贷款适合作为一种资金周转手段，例如终身寿险、年金险，而且保险公司的贷款利率很低，无须审核用途，放贷快速、手续方便。在拥有高额身价的同时，还可以拥有一笔非常灵活的现金流应对可能发生的各种危机。

5. 殊途同归

无论是定期寿险，还是终身寿险，都属于指定受益人的简单工具。如果用其他方法指定受益人，需要立遗嘱，立完遗嘱需要去公证处公证，万一以后情况有变，需要更改遗嘱，需要重新公证，流程相对复杂。相比较而言，保险指定受益人轻而易举，受益人可以随时更改，目前很多保险公司都支持通过官方微信变更身故受益人的保全业务，手续简单，方便快捷。

4.4.3　定期寿险的KPI，选好定期寿险

由于定期寿险保险责任简单，保障内容一致，因此选择优秀的定期寿险只

需要考虑 4 个关键指标，分别是保额、健康告知、责任免除、保险公司。定期寿险的 KPI 如表 4.7 所示。

表 4.7　定期寿险的 KPI

角　色	衡量指标	重要程度
主角	保额	★★★★
配角	健康告知	★★
	责任免除	★★
群演	保险公司	★

1. 保额，依然最重要

定期寿险就是身价保障，保费与保额的杠杆依然是判断产品好坏的核心指标，杠杆越高越好。

2. 健康告知，越宽越好

定期寿险的健康告知相比重疾险、医疗险显得十分宽松，如果连定期寿险的健康告知都不能通过，意味着身体健康异常比较多，其他险种很大概率会被拒保。大部分定期寿险的健康告知要求是相似的，但存在少部分健康告知更宽松的定期寿险，例如，我国是乙肝大国，不少人都有乙肝，很多定寿产品对乙肝患者有告知要求，但极个别产品无要求，即便是大三阳也符合健康告知要求。所以，对于身体有异常的人来讲，选择健康告知要求更宽松的产品无疑更合适。

3. 责任免除，越少越好

寿险的责任免除一般是 7 条，少部分能做到 3 条，责任免除当然是越少越好，目前存在同质化的趋势，或许以后定期寿险的责任免除都只有 3 条。

4. 保险公司，不是重点

定期寿险就是保身故、全残，通常情况下，人的生命只有一次，人只能死亡一次，所以定期寿险的理赔申请有且仅有一次，相比经常理赔的医疗险、意外险，投保定期寿险无须过度考虑保险公司背景、服务。

4.4.4　小结

老实讲，定期寿险是笔者最喜欢的一类保险，是实现"留爱不留债"最低成本的工具，延续已故之人的经济收入，帮助在世之人更好地活着。本节主要解答寿险是什么、保什么、不保什么、定期寿险与终身寿险的差异、怎么买五个常见疑问。

第一，寿险是最实用、最低成本解决身价保障的工具，购买门槛很低，普通家庭皆可承担得起。

第二，寿险保障内容简单，就是身故和全残。

第三，寿险的责任免除很少，相比其他险种具有独特且不可替代的优势。

第四，普通家庭和中产家庭更适合投保定期寿险，终身寿险投保目的与定期寿险并不相同，主要解决资产传承与资产隔离问题。

第五，选好定期寿险很简单，参考定期寿险的 4 个 KPI 来考核，即可知道该款产品是否能满足自身需求。

第 5 章

家庭成员的正确投保姿势

写完基本的投保逻辑与"守护四宝"后，我们需要把投保规划落实到不同家庭成员。正常情况下，家庭成员有三类，即家庭支柱、孩子、老人。进行投保规划时，不同家庭成员需要有不同的侧重点，因为投保规划没有固定公式或者固定标准，一切以需求为导向，投保规划需要根据不同需求不断调整。那么，针对家庭支柱、小孩、老人，他们各自的投保逻辑是什么？本章将逐一揭晓。

5.1
男主人与女主人的正确投保姿势

　　家庭支柱一般包括男主人与女主人，在投保这件事情上，男主人与女主人的态度会有所不同。举个例子，在向笔者咨询投保规划的委托人中，超过 70%为女性，为什么会出现这种情况呢？

　　这让笔者想起一个坊间传言：男性与女性生而不同，男人属于猎人的后代，女人属于农人的后代；男人属于狩猎民族，女人属于农耕民族。在对待风险这件事情上，男性与女性也恰好体现了这种差异，男性更多时候表现为风险偏好者，他们主动追求风险以获得更大收益，相信爱拼才会赢；女性更多时候表现为风险厌恶者，她们追求安全厌恶风险，相信稳健才能不败。例如，很多刚毕业出来工作的男生，他们心比天高、年少轻狂，胸有远大抱负，对一些平凡的工作没有兴趣；而女生则实际得多，她们更看重当下能养活自己，以及中短期的发展前景，因为长期的事情不可预料。

　　所以，在投保这件事情上，男主人和女主人经常会意见不合，笔者见过太多这样的案例，妻子想购买保险但因为经济不独立导致人格不独立的情况下，被丈夫一票否决。真心想提醒广大女性朋友，如果作为大丈夫连几千元的保费都不愿意为妻子支付，是否还能指望他以后会为妻子支付几十万元的医疗费？

　　因此，在投保决策这件事情上，女性对于保险的思考往往比男性更长远缜密。笔者偶尔会接到一些小女生的委托，她们虽然刚毕业步入社会，收入不高，却仍然想帮父母进行投保规划，想帮父母转嫁风险；相反，这个年龄段的男生多数不考虑保险，想帮父母投保的概率远低于女生。由此，笔者产生两个看法：一是在对待风险这件事情上，男主人应该听从女主人的意见；二是女儿大概率比儿子贴心。

除了观念不同之外，由于男性与女性生理结构不同，所以面临的风险类型不同，投保的侧重点也不同。

5.1.1 不同的风险

商业保险能帮助我们转嫁低维度风险与高维度风险。低维度风险包括生、老、病、死、伤、残，高维度风险包括婚姻风险、传承风险、债务风险等。由于高维度风险不是一般家庭的主要诉求，且需求差异较大，笔者会放在第六章详细阐述，这里主要列举低维度风险。笔者把低维度风险称为"基础风险"，"基础风险"包括三大类，分别是身故风险、大病风险、意外风险，男主人与女主人虽然都面临相同的三类风险，但具体细节又有所差异。

（1）身故风险：据我国 2010 年第六次人口普查显示，中国男性平均预期寿命为 72.38 岁，女性为 77.37 岁，男性的平均寿命明显短于女性，加上男性收入通常占家庭收入比例更高，所以男性身故风险高于女性，更需要获得足够的身价保障。

（2）大病风险：由于生理结构的不同，男女容易罹患的疾病类型也不同。例如，在同方全球人寿 2018 年的理赔年报中显示，男性重疾理赔排名前五的是恶性肿瘤（58%）、心脏病（21%）、脑血管疾病（9%）、肾衰竭（3%）、良性肿瘤（2%），女性重疾理赔排名前五的是恶性肿瘤（83%）、心脏病（4%）、脑血管疾病（4%）、良性肿瘤（2%）、肾衰竭（1%）。从理赔数据可知，男性罹患心脑血管重疾概率更高，男性投保可加强心脑血管的保障；而女性患癌风险更高，适合加强癌症保障。

（3）意外风险：目前没有官方统计男性、女性发生意外伤害的概率，而且几乎所有意外险产品的男性费率与女性费率并无高低之分，按此推论，男女间的意外风险差异不大。

5.1.2 男主人如何投保?

通常情况下，男主人应该是家庭经济收入的主力，个人收入占家庭收入比例更高，身故风险更大，具有收入高、担子重、寿命短、容易病等特点，因此正确的投保逻辑理应如下：

首先，要转嫁身故风险，万一中途身故，也能给孩子留下足够的抚养费，给父母留下适当的赡养费，给妻子留下恰当的生活费，将大额贷款清偿，否则活着的人将承担沉重的财务压力。身价保障主要用足额的定期寿险来解决，因为定期寿险杠杆高、免责少、价格亲民，对于男主人来讲，务必先帮自己买一份定期寿险。

其次，如若转嫁大病风险，除了恶性肿瘤之外，心脑血管疾病是男性高发重疾，所以，除了常规的重疾险与医疗险，如果条件允许，可以挑选部分加强心脑血管疾病保障的重疾险。另外，心脑血管疾病是可以靠运动预防的，平时"管住嘴迈开腿"，便能降低罹患心脑血管疾病的概率，有人说"知易行难"，但笔者更愿意千里之行始于足下，保险固然要准备，运动也不可缺少。

最后，要转嫁意外风险，主要靠意外险来解决，意外险是费率最低的险种，100 万元保额的意外险每年缴纳的保费通常为 300 元至 500 元。其实，意外险这类产品对保险公司来讲基本没有利润空间，但对投保人来讲却能承担被保险人部分身价保障的功能，兼有意外伤残、意外医疗，笔者推荐人手一份。

◉ 5.1.3　女主人如何投保？

首先，女主人投保要优先转嫁自己的大病治疗风险，不要把自己的治疗费用寄托在别人身上。

大病风险同样用重疾险、医疗险来解决，但如果一定要区分先后顺序，笔者认为女主人第一份保险应该是医疗险，因为医疗险保障范围较广，住院报销不限疾病种类，用于支付疾病治疗费，只能在医院接受治疗后才可以报销，防止家人因为财务原因被迫放弃治疗，是真正属于自己的保险。至于选择"百万医疗"还是"中端医疗"抑或是"高端医疗"，需要根据自己财务情况以及对治疗环境的要求来决定。重疾险的收入补偿功能可以作为补贴来聘请护理人员，给予自己更好的治疗康复条件，这是医疗险不能解决的问题。另外，如若经济条件允许，可加强癌症保障，毕竟女性的患癌风险高于男性。

其次，解决意外风险，由于意外伤残会给自己的工作收入带来严重负面影响，治疗期间需要有赔偿金补贴收入、康复治疗费，因此，女主人投保意外险更应该重视"意外医疗"功能，最好选择一些不限医保用药，0免赔，带有住院津贴的。

最后，解决身故风险，身价保障同样使用定期寿险来解决，但女主人投保定期寿险主要考虑孩子必要的抚养费、老人家必要的赡养费，丈夫的生活费通常无需考虑，且"身故受益人"一般不写丈夫。为什么不写丈夫？通常情况下，如果妻子先离开人世，丈夫会再婚，如若身故受益人是丈夫，这位丈夫可能会将亡妻的保险金用于别人身上，而后妈对亡妻的孩子一般不会视如己出，因此女主人的保单身故受益人通常指定母亲，除非孩子年满18周岁，才会变更为孩子。

🎯 5.1.4　小结

笔者悄悄地告诉各位女主人，女主人投保的中心思想是，把所有家庭成员的保单利益掌握在自己手上，理想情况下，丈夫支付保费，保单利益归属自己。如果丈夫真心与妻子相爱，为妻子支付保费是很正常的行为。总而言之，女主人投保可以不带身故功能，男主人投保必须带身故功能。

5.2
孩子的正确投保姿势

孩子的健康问题始终是父母第一维度的担忧，往后才是关于教育、人际、工作、婚姻等更高维度的担忧。

如今年轻的父母们已经逐渐成为投保的主力群体，他们排斥、反感以前保险推销的一套方式，但他们又知道保险的重要性；他们不需要别人来教育他们关于保险的爱与责任，但他们又不知道如何科学投保。本节将结合孩子的主要风险，手把手传授为孩子投保的姿势。

🎯 5.2.1　儿童死亡原因

为孩子投保前，各位父母需要知晓儿童的死亡风险和大病风险，毕竟购买保险属于"最好的准备，最坏的打算"。这里笔者会结合 5 岁以下、5 ~ 9 岁、10 ~ 14 岁儿童死亡数据谈谈个人看法。

1. 5岁以下儿童死亡原因

关于 5 岁以下儿童的死亡率，这里有两组数据，分别是 WHO 统计的全球儿童死亡因素与《中华预防医学杂志》（2019 年 04 期）查询到的数据。全球 5 岁以下儿童死亡因素排名与 2010 年和 2016 年中国 5 岁以下儿童主要死因分别如表 5.1、表 5.2 所示。

表 5.1　全球 5 岁以下儿童死亡因素排名

排　　名	死 亡 因 素	占比（％）
1	肺炎	14.10
2	腹泻	9.90
3	疟疾	7.40

数据来源：《WHO：2000—2010 年全球儿童死亡原因》。

表 5.2　2010 年和 2016 年中国 5 岁以下儿童主要死因

年　　份	2010 年		2016 年	
死因	死亡率(/10 万人)	构成比（％）	死亡率(/10 万人)	构成比（％）
肺炎	238.3	14.5	167.2	16.5
早产或低出生体重	285.6	17.4	136.2	13.4
出生窒息	221.3	13.5	96.6	9.5
先天性心脏病	155.0	9.5	89.7	8.8
溺水	72.3	4.4	65.6	6.5
意外窒息	95.3	5.8	49.2	4.8
腹泻	51.9	3.2	31.3	3.1
交通意外	32.1	2.0	37.8	3.7
败血症	28.5	1.7	25.5	2.5
神经管缺陷	17.2	1.0	6.1	0.6
其他	442.5	27.0	314.8	30.6

数据来源：《中华预防医学杂志》2019 年 04 期。

依据统计，肺炎是威胁儿童生命最大的杀手，而腹泻、疟疾紧随其后，因为全球统计中包含非洲，非洲儿童受环境影响死亡率较高，尤其是疟疾，而非

洲外其他地区致死率较低。

回到国内，根据《中华预防医学杂志》（2019 年 04 期）的相关论文显示，我国 5 岁以下儿童主要死因同样是肺炎，然后是低出生体重、出生窒息、先天性心脏病等，但溺水、意外窒息、交通意外占比也不低，同样需要引起重视。

2.5～14 岁儿童死亡原因

这里的数据来源于 2018 年的 J.P. 摩根健康大会，其调查范围覆盖欧洲，数据跟踪时间长达 26 年，是反映儿童死亡因素参考价值极高的数据，且因为调查范围在欧洲发达国家，笔者认为对于我国经济发达地区也具有同样参考意义。欧洲 5～9 岁儿童死亡原因及人数、欧洲 10～14 岁儿童死亡原因及人数分别如表 5.3、表 5.4 所示。

表 5.3　欧洲 5～9 岁儿童死亡原因及人数

年　　份	1990 年		2016 年	
死亡原因	人数	占比（%）	人数	占比（%）
道路意外	5 693	24.70	1 589	14.80
癌症	4 391	19.10	2 161	20.10
溺水	4 208	18.30	995	9.30

数据来源：《柳叶刀》。

表 5.4　欧洲 10～14 岁儿童死亡原因及人数

年　　份	1990 年		2016 年	
死亡原因	人数	占比（%）	人数	占比（%）
道路意外	4 505	18.60	1 495	14.50
癌症	3 679	15.30	1 943	18.90
溺水	2 857	11.80	817	7.90

数据来源：《柳叶刀》。

在 5～9 岁儿童中，排名前三的死因分别是道路意外、癌症和溺水。而癌症死亡率由 1990 年的 19.1%（4 391）上升至 2016 年的 20.1%（2 161），跃居儿童死因首位。

在 10～14 岁儿童中，排名前三的死因分别是道路意外、癌症和溺水。值得注意的是，癌症由 1990 年的第二位转变为 2016 年的第一位，癌症死亡率由

1990 年的 15.3%（3 697）上升至 2016 年的 18.9%（1 943）。

3. 儿童癌症种类占比

既然儿童癌症致死率占比较高，那么，发病率、致死率最高的癌症具体是哪些？欧洲 5 ～ 9 岁儿童癌症种类占比、欧洲 10 ～ 14 岁儿童癌症种类占比、欧洲儿童致死率排名前三的恶性肿瘤分别如表 5.5、表 5.6、表 5.7 所示。

表 5.5　欧洲 5 ～ 9 岁儿童癌症种类占比

年　　份	1990 年		2016 年	
癌症种类	人数	占比（%）	人数	占比（%）
鼻咽癌	22	0.50	13	0.60
肝癌	54	1.30	28	1.30
骨癌	133	3.00	84	3.89
脑癌	1 117	25.40	697	32.30
霍奇金淋巴癌	69	1.60	19	0.90
非霍奇金淋巴癌	350	8.00	160	7.40
白血病	1 983	45.20	743	34.40
其他肿瘤	664	15.10	437	19.30

数据来源：《柳叶刀》。

表 5.6　欧洲 10 ～ 14 岁儿童癌症种类占比

年　　份	1990 年		2016 年	
癌症种类	人数	占比（%）	人数	占比（%）
鼻咽癌	32	0.86	19	0.98
肝癌	49	1.30	31	1.60
骨癌	46	1.20	34	1.74
脑癌	836	22.60	538	27.69
甲状腺癌	9	0.24	6	0.30
霍奇金淋巴癌	102	2.76	30	1.54
非霍奇金淋巴癌	302	8.20	156	8.03
白血病	1 597	43.20	678	34.89
其他肿瘤	725	19.60	451	23.21

数据来源：《柳叶刀》。

表 5.7　欧洲儿童致死率排名前三的恶性肿瘤

排　　名	种　　类
1	白血病
2	脑癌
3	非霍奇金淋巴癌

数据来源：《柳叶刀》。

从统计数据可得知，无论是哪个年龄组，白血病都稳居儿童癌症死亡的第一位，紧接着的是脑癌和非霍奇金淋巴癌。在帮孩子进行投保规划前，需要对以上特点有大概印象。

5.2.2　数据启示

从儿童死亡原因、儿童癌症占比数据中，笔者帮大家总结了两点。

（1）不起眼的"意外身故"原来是儿童杀手之一，这也符合逻辑，虽然医疗手段不断进步，但医疗不能掌控意外，很多父母认为意外险不需要买，孩子有人看管。但事实上，导致孩子与老人死亡的杀手除了疾病，意外也是很重要的一点，孩子是溺水、交通意外，老人则是走路跌倒。孩子不能判断什么是危险，老人是有心无力，如果死神来了，很容易通过意外夺走我们所爱之人的生命。

（2）尽管医疗技术进步，但新生儿肺炎致死率依然很高，而 5 ～ 14 岁儿童的癌症发病率居然呈现上升趋势，尤其是儿童白血病，这或许与人民群众生活习惯的改变有关。

总而言之，意外没那么少，疾病没那么远。

5.2.3　孩子如何投保？

知道风险在何处，我们才能抓住重点，把好钢用在刀刃上，对症下药，选对保险。

1. 未知的意外

对应工具：学平险（意外险＋医疗险）。

什么是学平险？学平险全称"中小学生平安保险"，属于人身意外伤害保险的一种，是针对中小学生特点的一种保险，通常价格为几十元到 100 元左右，投保后即可获得包括意外伤害、意外伤害医疗以及住院医疗在内的多项保障，是少年儿童投保范围最广泛、最普遍的一种保险。其最大的特点是保费便宜，保障范围较为广泛，比较适合未成年学生。

这里肯定有人会问："既然这么便宜，我能不能给孩子买 100 万元的身故保障？"当然不能，根据 2015 年《中国保监会关于父母为其未成年子女投保以死亡为给付保险金条件人身保险有关问题的通知》中的规定，给未成年人投保以死亡为给付条件的人身保险有限制，0 到不满 10 岁，不能超过 20 万元；10 岁到 18 岁，不能超过 50 万元。主要目的是防范道德风险。

笔者认为，学平险是一项伟大的险种，投保年龄一般在 3 岁至 18 岁，保费一般在 100 元至 200 元，便可以拥有 20 万元的意外身价与伤残赔付保障，比较充足的住院医疗、意外医疗与住院津贴。学平险除了可以报销意外受伤导致的门诊、住院费用之外，还可以报销因疾病住院产生的费用，当然也要符合"必需且必要"的大前提。但很多学平险的报销范围限医保用药，续保稳定性较差，这是两个明显不足，除此之外没有缺点，学平险加上不断完善的少儿医保体系，孩子的基础保障便基本圆满。

2. 残酷的大病

作为上有老下有小的家庭支柱，孩子的小额疾病治疗费用当然能够负担得起，但如果是大额医疗支出，可能会顷刻间摧毁一个家庭。儿童重疾主要表现为儿童癌症，虽然儿童癌症发病率不高，但万一不幸罹患大病，救还是不救？有没有资金救？因此，孩子投保必然要转嫁大病风险。而儿童癌症中最常见的是白血病（俗称"血癌"），其次是脑癌与非霍奇金淋巴癌，有些肿瘤基本全部发生在儿童时期，比如神经母细胞瘤、视网膜母细胞瘤等。

在世界范围内，白血病都是孩子健康的天敌，白血病的发病数量占到儿童肿瘤的30% ～ 40%。幸运的是，如今罹患白血病，并不像过去那样是不治之症，弥补不幸的关键就在于及早发现病情，及时治疗。根据 2013 年《中国贫困白血病儿童生存状况调查报告》显示，白血病已非不治之症，通过化疗、造血干细胞移植等方式，80% ～ 90% 可以缓解，60% ～ 70% 可以治愈。然而，白血病治疗周期长，一般需要 2 ～ 3 年，治疗费用 20 万～ 30 万元，骨髓移植费用

30 万～ 100 万元。

此时，拥有保险意味着拥有选择权，没有保险意味着没有选择权。孩子是否会使用保险与父母是否要准备保险不可混为一谈。

对应工具：少儿医保＋重疾险＋医疗险。

（1）少儿医保

商业保险不能替代医保，"商业保险可以替代社保"这类的观念是错误的。社保中的医保是基础，好的商业保险都需要建立在已有基础医保情况下进行补充，医保与商保互相补充，不是互相替代。

少儿医保在新生儿出生并且入户以后，父母可以到社区中心或社保相关部门办理，按照办理时间的不同，享受医保待遇的起算时间也有不小的差异。部分城市规定，儿童出生 90 天内办理医保，可以从出生日起就享受医保待遇，出生 90 天之后办理，从办理的次月起算。虽然不同城市对具体时间的规定会有差别，但通常情况下，如果办理时间较早，从出生开始就可以享受医保待遇。少儿医保一般有三大好处。

首先，可以在门诊看病时使用。例如，属于基本医疗保险药品目录中甲类药品和乙类药品的，分别由社区门诊统筹基金按比例支付。

其次，在看大病门诊时使用。例如，门诊大病待遇享受比例与参保人连续参保年限挂钩，包括慢性肾功能衰竭门诊透析，列入医疗保险支付范围的器官移植后门诊用抗排斥药，恶性肿瘤门诊化疗、介入治疗、放疗或核素治疗，血友病专科门诊治疗，以及其他专科疾病。

最后，在住院就医时使用。参保少儿及大学生在市内定点医院住院发生的基本医疗费用和地方补充医疗费用起付线以上部分，由医疗保险基金按比例支付。例如小孩子因肺炎、肠胃炎住院都可以使用少儿医保报销。

（2）重疾险＋医疗险

首先，在拥有少儿医保的基础上，我们可以根据实际情况给孩子匹配额外的重疾险与医疗险，尤其经济欠发达地区，由于少儿医保保障较低，更应该补充一份保额足够的重疾险。儿童癌症需要治疗费用一般在 30 万元至 100 万元，且重疾险保额应该多考虑后期康复的非医疗性支出，比如父母因误工照料孩子的收入损失。因此，孩子重疾险保额不应该低于 30 万元，如果是一线城市则不应该低于 50 万元。

其次，可以额外加强白血病的防御，目前有很多单独可以投保的一年期白血病防御，价格十分亲民，额外附加白血病保障既能有效放大保额，又能减轻负担，一举两得。

最后，如果是中产以上家庭，对医疗治疗质量有较高要求，想拓展公立医院特需部、国际部就医，或者私立诊所，甚至海外就医的，可以为孩子投保中高端医疗，例如部分中端医疗可以拓展在"卓正医疗"这类擅长儿科、就医环境好的私立诊所进行治疗。

🏵 5.2.4　小结

综上所述，为孩子投保主要围绕"意外"与"疾病"两个主题展开，可归纳为以下几个点。

（1）先购买少儿医保，重要的事情说一次就够了。

（2）投保学平险最好选一些免赔额更低、报销比例更高的产品。

（3）可以优先选择一些带有少儿重疾额外赔付的重疾险，例如白血病、Ⅰ型糖尿病、脊髓灰质炎（小儿麻病症）、川崎病、幼年型类风湿性关节炎等，针对白血病可以配置一年期的白血病专项防御计划，有条件的家庭可以为孩子配置更高级的医疗险。

（4）家庭投保规划的原则是先大人后小孩，大人才是小孩最大的保险，在帮小孩配置保险之前，请各位父母先确认自己的保障是否足够。

5.3
老人的正确投保姿势

写完家庭支柱与孩子的投保逻辑，最后探讨老人应该如何投保。都说"百善以孝为先"，然而在进行家庭投保规划时，又有多少人会为年迈的父母考虑？在日常展业经历中，大多数成家立业的夫妻总是把年幼的孩子作为前置考虑，把老迈的父母后置考虑甚至不考虑。举个例子，一般夫妻预期未来对孩子的抚养费在 50 万～ 100 万元之间，而预期对老人的赡养费则在 10 万～ 30 万元甚至不考虑，有时感觉挺讽刺的。

但对于一些心系父母安危的儿女，希望帮父母规避大额治疗费问题，希望在父母发生疾病风险时有更多的选择权，笔者愿意倾囊相授老人投保的正确姿势。

5.3.1 老人投保的难处

商业保险公司是企业，企业的主要目的是盈利，因此，保险公司不是慈善组织，如果一家企业视钱财如粪土，不考虑盈利，其下场必然悲惨，例如之前曾风靡全球的共享单车便是一个例子。所以，保险公司需要衡量被保险人的健康状况，如果其身体健康风险超过了保险公司可承受范围，保险公司选择不承保亦是正常的。

笔者想表达的是，老人投保的可选择余地必然会比青壮年要小，因为老人发生疾病的概率远大于年轻人，投保越早，身体越健康越好。年轻时，掌握选择保险的主动权；年老时，被动接受保险公司的选择。因此，帮老人投保存在以下难处。

（1）健康状况：老人投保首先要关注健康告知内容，因为老年人身体情况每况愈下，容易出现高血压、高血脂、高血糖等身体异常，从而影响核保结果，也是制约年轻子女帮父母投保的最大难处。

（2）保费较高：对于中产阶级以及一般家庭，在配置完家庭支柱以及孩子的保障后，每年的缴费压力依然不小，此时要帮父母投保更要精打细算，甚至锱铢必较，毕竟"钱少"是一个很现实的问题。

（3）投保年龄限制：市场上大部分保险产品初次投保年龄限制在 60 岁以内，而且年龄越大，缴费期可选择的余地越小，如果超过 50 岁投保，长期险一般只能选 5 年、10 年缴费期。

（4）产品保额限制：一般保险产品都会根据年龄、所在地区不同而作出保额限制，超过风险保额的需要进行"生调"。什么是"生调"？指保险公司对投保人或者被保险人进行健康、财务等情况调查，简称"生调"，属于保单核保的一个环节，是保险公司防范风险的一种有效手段。这意味着，虽然保险公司愿意将保险卖给老人，但也不敢多卖给老人。

在知晓老人投保的难处后，还需要了解老人面临的风险主要包括哪些，然后针对高风险配置相应的风险管理工具。

5.3.2 老人伤亡的主要原因

人离开世界无非两种方式，"意外身故"或"疾病身故"。有些消费者口中所谓的"自然死、老死"，实际上是各种器官衰竭导致的身故，属于疾病身故范畴。总而言之，我们永远不知道自己是死于意外，还是死于疾病。既然无法预料将来，只能提前做好风险规划。目前，老人的意外与疾病风险状况如何？

1. 意外风险

根据 2019 年国家卫健委发布的《老人防跌倒联合提示》，"跌倒"是我国 65 岁以上老年人因伤害死亡的首位原因，因受伤到医疗机构就医的老年人中，一半以上是因为跌倒，年龄越大，发生跌倒及因跌倒而受伤或死亡的概率就越高。

根据美国疾病预防控制中心 2006 年公布的数据显示，美国每年有 30% 的 65 岁以上老人跌倒。据 2018 年公开资料显示，目前我国 65 岁以上老年人已经超过 1.5 亿，如果对照美国跌倒发生率，每年将有 4 000 多万老年人至少发生 1 次跌倒，而大部分老人家的"跌倒"并非发生在居住场所之外，而是发生在熟悉的家中，又有很大比例发生在家中浴室里。

有些消费者可能会说："跌倒就爬起来呀，至于这么小题大做吗？"年轻人身体比较硬朗，跌倒当然没什么大碍，但老人不同，老人跌倒可致骨折、颅脑损伤、死亡等严重后果，因为大多数老人骨密度偏低，骨脆性增加，有的还患有严重的骨质疏松症，一旦跌倒，骨折风险很高。例如，笔者的奶奶身体一直很健康，自从某次散步跌倒导致腕关节骨折后，差不多 2 年才痊愈，痊愈后身体大不如前，走路也不像以往那般稳健。

所以，老人发生意外风险的概率确实很高。

2. 疾病风险

美国媒体《538》（*Five Thirty Eight*）在 2013 年针对人们自然死亡的原因作了一个分析，2013 年美国有近 260 万人是自然死亡的，占该年总死亡人数的 92.5%。尽管自然死亡的原因繁多，总体可以分成 46 个大类 44 个小类，但衰老死的人数远远低于疾病死。比较常见的疾病死亡原因是心脏病、癌症、慢性呼吸道疾病等，也就是说，2013 年美国的死亡人口中，有将近一半的人死于心脏病和癌症，这恰好对应重疾险的主要赔付类型。

综上所述，转嫁意外风险与疾病风险，是老人投保的中心思想。

5.3.3　老人如何投保？

老人投保往往容易涉及两类产品，防癌险与防癌医疗险，这两类产品普通消费者并不了解。其实，它们可以看作是重疾险与百万医疗险的简化版，因为老人身体情况大多不理想，这两类保险健康告知比较宽松，经常会成为老人投保的最后选择。防癌险、防癌医疗险的定义如表 5.8 所示。

表 5.8　防癌险、防癌医疗险的定义

理解：可以简单理解为重疾险、百万医疗险的简化版
重疾险：包括癌症等多种重大疾病，健康告知项目较多，对身体健康要求较高
防癌险：只保癌症，但健康告知项目较少，常见老年疾病三高、糖尿病等都可投保，保费相对重疾险低
百万医疗险：保障范围较广，住院报销不限疾病种类，健康告知比较严格
防癌医疗险：只报销癌症引起的住院治疗或特殊门诊，健康告知项目很少，常见老年疾病三高、糖尿病等都可投保，续保难度较大

1. 适合老人投保的保险类型

（1）意外险

意外险主要是防范意外身故与意外伤残，尤其是意外伤残，一方面由于老人发生意外风险的概率高，存在投保的必要性；一方面意外险对健康体况要求限制最宽松，费率低，杠杆高，值得投保。所以，意外险应该是老人首要投保的险种。

（2）百万医疗险

投保百万医疗险的主要目的是解决大额医疗支出，虽然百万医疗险对健康状况要求较高，但如果身体情况符合健康告知要求的老人，百万医疗险必须投保，同样费率低、杠杆高且续保稳定性较强，一般最高可续保到 90 岁，有效管理大病风险。如今，很多年轻子女都不能为年迈父母准备一笔充足的应急金，用于年迈父母的疾病伤痛治疗，既然如此，不如每年付出一笔小钱，把大风险转嫁给保险公司。

（3）防癌医疗险

防癌医疗险可以看作是百万医疗险的"低配版"，这类保险同样杠杆较高，但保障内容、续保条件限制通常严格一些，不如百万医疗险。防癌医疗险只赔付癌症引起的住院治疗或特殊门诊治疗，而且癌症理赔后，次年通常不能继续投保。

因此，如果老人已经有比较大的健康问题，例如高血脂、高血压、高血糖之类的，不能投保百万医疗险，就需要投保对健康状况要求较低的防癌医疗险，起码转移老人的癌症治疗费风险。

（4）重疾险

老人投保重疾险主要目的并非"收入补偿"，因为老人退休后没工作，一般靠养老金、过往的储蓄作为生活开支，因此，老人购买重疾险可看作是"大病津贴"，万一罹患大病，可用于聘请护理人员进行陪护，创造更好的治疗康复条件，这也是医疗险不能解决的范畴。因此，对于身体情况较好的年迈父母，依然建议配置部分重疾险，但保额无须太多，一般 10 万元至 20 万元即可。

上述投保重疾险的建议仅针对 55 岁以下老人，因为 55 岁几乎是投保重疾险的一道门槛；55 岁以上的老人，或者身体情况不允许投保，又或者累计缴纳保费超过保额，不建议投保。

（5）防癌险

如果老人的情况不允许投保重疾险，最后可以考虑防癌险。55 岁以后，多数重疾险保费飙升，容易出现保费≥保额的情况，例如投保 10 万元保额，需要缴纳的总保费为 12 万元，这时候投保防癌险可解决重疾险保费过高的问题，而且防癌险健康告知宽松，即便存在"三高"甚至糖尿病，一般都能正常投保。

2. 老人投保的具体建议

不同年龄段的老人，投保的侧重点应有所不同，各年龄段老人投保建议如表 5.9 所示。

表 5.9　各年龄段老人投保建议

年　　龄	险　　　种
55 岁以下	意外险 百万医疗险 重疾险
55 ~ 65 岁	意外险 百万医疗险 / 防癌医疗险 防癌险
65 岁以上	意外险 防癌医疗险 / 防癌险
预算有限	意外险 防癌医疗险

首先声明，如今生活越来越好，人均寿命越来越长，很多人到了 70 岁依旧容光焕发、精神奕奕，他们都不喜欢被称为"老人"。但如果站在理性角度思考，55 岁以上人群的确投保难度较大，可选择余地较小，因此在投保规划过程中，通常把 55 岁以上群体称为"老人"，笔者对这个群体没有一丝不尊重，纯粹为了讨论问题才把他们称作"老人"，如果有读者介意，我先给您道个歉，希望您能理解。

A. 55 岁以下老人，投保逻辑跟青壮年差不多，意外险、百万医疗险、重疾险是黄金搭档。

B. 55 ~ 65 岁老人，由于健康异常增加，且很多百万医疗险首次投保年龄限制在 60 岁以下，倘若不能投保百万医疗险，可以投保防癌医疗险，外加意外险，条件允许的可以适当考虑防癌险。

C. 65 岁以上老人，不建议投保储蓄型保险，意外险与防癌医疗险才是最实在的解决方案。

对于一些经济十分拮据、预算十分有限的家庭，至少要帮老人家配置意外险和防癌医疗险，把最基础的保障覆盖到。

◉ 5.3.4　小结

本节主要厘清老人的投保方向与思路，也是笔者对老人投保常见疑问的归纳、总结与思考。

第 6 章

更高级的工具

温故而知新，这里先回顾一下。在第3章中，笔者介绍了保险需求从低到高一共有四层，其中重疾险、百万医疗险、意外险、定期寿险因为其高实用性，一般家庭都能负担得起，被笔者称为家庭保障的"守护四宝"。

"守护四宝"当然很好，但只能解决家庭保障的温饱问题，而对于一二线城市的中产家庭来说，只解决保障的温饱水平显然远远不够，他们有更多的风险需要管理。

中产家庭之所以需要更高级的保险工具，大多不是因为自己富有，反而是因为自己不够富有。中产是表面风光，内心彷徨的群体，他们看起来游刃有余，实际上如履薄冰，我把中产定义为"有钱的没钱人"，所以，为了防止生活不被改变，需要有更好的工具来抚平中产者的焦虑。

那么，这些更高级的工具是什么？主要指中高端医疗险、年金险、增额终身寿险以及一直讨论度较高的香港保险。针对中产家庭最关心的几类保险，笔者将作深入浅出的分析，并谈个人看法。

6.1
对自己好一点，享受有钱人的医疗服务

  随着城市中产崛起出现了各方面的消费升级，在医疗领域同样如此。中产对于医疗品质的要求不再局限于公立医院的普通医疗，他们更希望能获得公立医院特需部、国际部以及私立机构的医疗，像"有钱人"一样享受优秀的医疗服务，而这些都是社保、百万医疗险不能满足的。所以，本节将围绕医疗险需求层次、特需治疗与网络直付、境外治疗是否更好这三方面内容展开，教你如何用较低成本享受"有钱人"的医疗服务。

◎ 6.1.1　医疗险需求层次

  很多消费者对医疗险的认知仅局限于百万医疗险，其实，医疗险种类较多，绝不是一个百万医疗险就能代表的。医疗险是分类较多的保险，且不同类型的医疗险价格相差很大，从年交几百元的百万医疗险到年交几万元的高端医疗险都有。所以，投保医疗险前我们依然要回归到需求分析层面。按照笔者的总结，医疗险也有需求层次，从低到高可分为三层。医疗险需求层次如图 6.1 所示。

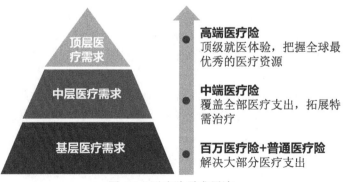

图 6.1　医疗险需求层次

第一层，基层医疗需求。

对应工具：百万医疗险＋普通医疗险

（1）百万医疗险

就医范围：二级及以上公立医院普通部；

主要责任：限住院；

保额：大于 100 万元 / 年；

免赔额：1 万元（部分可以做到 5 000 元）；

典型代表：众安尊享 e 生、平安 e 生保、人保好医保；

价格水平：百元区间。

百万医疗险是最适合我国国情的一种医疗险，凭借保额高、不限医保用药的属性，完美解决了社保中医保的不足；而且保费低，几乎人人能买得起，现已成为热度最高的医疗险，不夸张地说，如果每位老百姓都拥有百万医疗险，朋友圈便不会再出现各种筹钱治病的故事。

（2）普通医疗险

就医范围：二级及以上公立医院普通部；

主要责任，限住院；

保额：1 万至 2 万元 / 年；

免赔额：0 ～ 500 元；

典型代表：安联住院宝；

保费水平：百元区间。

因为百万医疗险通常有 1 万元免赔额，如果诸位想把这 1 万元免赔额都消灭，把医疗风险都转嫁给保险公司，多加几百元补充一份普通医疗险便能实现。普通医疗险尤其适合小孩投保，因为小孩常因肺炎、肠胃炎住院，而百万医疗险由于有 1 万元免赔额的门槛，不能覆盖此类小额医疗支出，此时普通医疗险的作用得以显现，但小孩投保普通医疗险的费率相比大人要高，大家可以根据自己的需求来配置。普通医疗险的唯一缺点是续保稳定性较差，如果保险期间内发生过理赔，次年续保时，保险公司有可能会拒绝。

综上所述，"基层医疗"包括百万医疗险与普通医疗险，用几百元获得上百万元的报销额度，适合大部分老百姓投保。假如平安无事，权当个护身符，倘若发生风险，能救你于水火。当然，如果你不满足于公立医院普通部就医，对医疗资源有更高一步的需求，就需要配置中端医疗险。

第二层，中层医疗需求。

对应工具：中端医疗险。

就医范围：公立医院（含特需部、国际部）＋指定私立机构。

主要责任：住院＋门诊（可选）。

保额：大于 100 万元／年。

免赔额：0。

典型代表：万欣和（MSH）欣享人生、复星乐健一生。

价格水平：千元区间。

虽然百万医疗险保额较高，但存在高免赔、限公立医院普通部就医、不含门诊责任三个痛点。中端医疗险可以看作百万医疗险的"进阶版"，完美解决百万医疗险的上述三个痛点，适合一二线城市的中产家庭。

由于一二线城市的医疗资源吃紧，好医院"就医难"的情况越来越常见，而中产家庭对于医疗品质的要求也不再局限于公立医院的普通医疗，他们更希望能获得公立医院特需部、国际部的优质医疗，所以中端医疗险正受到越来越多中产家庭的关注。

如果诸位与笔者一样，看重公立医院的特需医疗，推荐你考虑中端医疗险。中端医疗险能用较低的保费获得兜底的医疗服务，特别适合一二线城市中产，适合医疗资源吃紧的地方。

"基层医疗"与"中层医疗"重点在于解决医疗费、医疗服务的刚需问题，除此之外如果你还有一些特殊需求，例如不想挤公立医院，想去昂贵的私立医院甚至海外就医，只有高端医疗能满足你。

第三层，顶层医疗需求。

对应工具：高端医疗险。

就医范围：可选特定地区或全球地区（含昂贵医院）。

主要责任：住院＋门诊。

保额：大于 800 万元／年。

免赔额：0。

典型代表：保柏（Bupa）精英计划、万欣和（MSH）精选。

价格水平：万元区间，年交保费从几万元到十几万元都有，不同产品责任差异较大。

高端医疗最初是由一群英国贵族为方便自己全球就医而设计出来的，属于医疗险的金字塔尖，可选择在全球任何医院进行治疗。

或许你会觉得高端医疗很贵，但如果你了解过美国的医疗费用水平和高端医疗拥有的保障服务，你会发现高端医疗的费率并不高，假如能使用一次便值回票价。

高净值人群要的不是性价比，而是服务，投保高端医疗享受的是极致的服务。总而言之，高端医疗险能让我们有更多治疗的选择，虽然保费昂贵，但是值得。

总结一下，医疗险需求分三层：

（1）基层医疗解决"没钱治"的问题；

（2）中层医疗可以"治得舒服"；

（3）顶层医疗能够"治得爽快"。

如果你还没投保医疗险，笔者给你一些建议：

● 百万医疗必须投，价格实惠保额高，搭配普通医疗更好用。

● 中端医疗适合一二线城市中产以上家庭，为自己留一手特需资源。

● 高端医疗适合对海外治疗有需求的家庭，享受尊贵服务。

6.1.2　特需治疗与网络直付

至此，相信大家已经明白"特需治疗"是中端医疗的共通优点，但并非所有中端医疗都有网络直付功能。这里可能会有消费者问："什么是特需治疗？网络直付值得吗？"且听笔者一一道来。

1. 特需医疗是什么？

如果大家去一些比较有名的三甲医院，或许会在挂号时看到"特需部""国际部"这样的字眼，而且挂号费很贵。这就是特需医疗，但因为不同医院本身的医疗水平、投入资源两方面差异较大，从而导致特需医疗也有等级划分。

例如，北京协和医院、上海交大医学院附属瑞金医院、广州中山大学附属第一医院，这些公立医院属于中国顶级医院，那么它们的特需医疗自然也比普通公立医院更优质。所以，特需医疗分为三类，笔者做个简单介绍，诸位看完

后有基础印象即可。

（1）基础特需部

基础特需部主要体现为特需门诊，基础特需部与普通门诊通常一起挂号，诊室也在同一层楼，只是挂号费不同，但在一线城市某些优秀的三甲医院，基础特需部依然存在挂号较难、排队时间长的情况。

（2）特需医疗部

特需部源于以前公立医院的"干部病房"，多见于综合实力较强的公立医院，特需医疗部通常是单独一幢楼，与医院普通部分开，这里的费用会比基础特需更贵，所以挂号、就医人数相对减少，就医环境也会安静许多。

（3）国际部

某些顶级公立医院还会有"国际部"，这是以前为了满足各国大使、外企高管、中国港澳台同胞等的医疗保健而设立的，不过随着人民生活水平提高，越来越多的国内高端人士也可以到此就诊。

国际部的等级会比一般的特需部更高，其成立资质、医护人员要求更严格，相比基础特需部，国际部环境更好，必须具有独立的就诊空间，一体化的医疗服务体系，坐诊医生通常是院内最优秀的专家团队。

特需医疗给笔者的感受有三个：

● 医生好，大多数是副主任医师级别的医生坐诊；

● 价格贵，特需门诊挂号费在几百元以上，而且医保不能报销；

● 环境优，多为单人病房，安静、舒服，不用挤。

2. 网络直付值得吗？

中端医疗根据价格不同，在服务上也存在较大差异。例如某些中端医疗理赔时支持签约内的网络医院直付，无须事后报销。

具备这种服务的公司，它们的主营业务通常是高端医疗，但为了品牌推广宣传，把这种服务下放到了中端医疗，共用医疗网络，用中端医疗的价格提供高端医疗的服务。

笔者认为，选择中高端医疗需要看重保险公司，不同于其他人身保险产品，医疗险的理赔概率相对更高，容易触发理赔责任，对于投保中高端医疗的人群，他们更看重服务品质与效率，并非单纯的保费高低。所以，在挑选中高端医疗险时，公司的"软实力"甚至比产品保障内容更重要。

这里的公司"软实力"并不是指公司品牌大小，一些保险公司靠广告投放形成的名声往往言过其实、大而不强，并不意味着"软实力"强大。判断一家医疗险公司是否值得信任，要看合作医疗机构数量是否充足，医疗网络是否广泛，产品延续性是否良好，医疗服务是否与时俱进，是否有良好口碑，等等。

网络直付，像"有钱人"一样看病，诸位认为值得吗？

6.1.3 境外治疗是否更好?

三甲医院"特需部"与"普通部"的分级，很容易让部分高收入群体产生更高的需求，例如境外治疗。问题在于，境外治疗的效果是否一定比国内好？这让笔者想起一个真实故事。

2019 年 4 月，在机缘巧合之下，笔者观看了一部纪录片，《人间世（第二季）》，一部豆瓣评分 9.5 的高分医疗纪录片，如果诸位有兴趣观看，提示你们观看前要备好纸巾，因为看《人间世》需要勇气，其中第五集令笔者印象深刻，主要涉及赴美求医，观看后改变了笔者对境外就医的美好幻想。

故事女主人公是一位教师，靠读书奋斗在上海某高校任教，与先生相识后一起拼搏在上海买房定居，随后诞下女儿，正以为生活逐渐圆满之时，主人公被确诊为晚期三阴性乳腺癌，只能化疗，其他疗法均无效。

在中国顶级肿瘤医院复旦大学附属肿瘤医院，女主人公几乎试遍了市面上所有化疗药物，全部无效。女主人公觉得不甘心，丈夫也认为必须给孩子一个"竭尽全力"的交代，于是夫妻东拼西凑借了 2.4 万元美金（约 16 万元人民币）来到世界顶级的肿瘤医院——美国 MD 安德森癌症中心求医，在就医过程中，仅仅血常规检查和肺部穿刺检查，外加见了两次主治医生，就已花光 2.4 万元美金（国内一般只需要 6 000 ~ 7 000 元人民币）。当时，做完血常规无法确诊，等了十天才能做肺部穿刺检查，之后确诊报告又等了 20 多天。美国的就医效率跟国内不能相提并论……结果是肺部转移灶雌激素受体 70% 呈阳性。

因为缺少资金继续就医，夫妻二人打道回府，回到上海后，又做了一次检查，医生会诊后坚持三阴性的判断，只能继续进行化疗。而女主人公更愿意选择相信美国的诊断，遂自己跑到中国香港购买靶向药物"帕博西尼"（内地未上市）。这种药对雌激素受体呈阳性的乳腺癌患者有效，一盒帕博西尼，21 粒，约 3 万元人民币，买了3盒，共9万元，吃了两个月，再检查，癌细胞扩散，再次无效……

从上海到美国，再从上海到香港，女主人公最终在2020年3月去世。

看完这个悲伤的故事后，笔者有两个感悟：

我国最优秀的医疗资源掌握在公立医院手中，生病后去医院就医是最常见的事情；而国外最优秀的医疗资源掌握在私立医院手上，生病后把病拖着，把病拖好才是常见的事情。

（2）国外有着优良的治疗环境，先进的理论和医疗器械，但医生护士的临床经验较少；国内的治疗环境虽然比较拥挤，但医生与护士的临床经验十分丰富，一位国内医生一天看的病人可能比国外医生一周看的病人都要多。

所以，笔者认为出国治疗并不一定比国内就医好，国外医学理论虽然更先进，但治疗费高昂、临床经验较少、效率较慢，这些因素都不利于治病。

多数购买高端医疗的人，都是奔着出国治疗或者昂贵医疗机构就医这两个目的而去的。我个人对高端医疗的看法是出国治疗并不一定效果更好，可能以后的差距会更小；我们国家最好的医疗资源在公立医院，因此国内昂贵私立医院略显尴尬。

笔者并非否定高端医疗，如果是高净值人群，当然适合投保高端医疗，万一在国内顶级医院都束手无策的情况下，出国治疗可能会是最后的一线生机，除此之外还有优质的服务。如果有足够的财富，会不会选择出国治疗？答案显然是肯定的。

但是，近年来高端医疗在中国拓展并不成功，笔者认为主要原因在于内地居民与外国居民对高端医疗的需求点有很大不同。

第一，外国居民投保高端医疗，是为了应对在外出差期间的小病小痛，或是一些紧急情况的住院。如果真的罹患大病，大部分外国居民还是会选择回国治疗。因此，他们更看重高端医疗支持直付的医疗机构是否足够国际化。

第二，内地居民投保高端医疗更看重公立医院特需部、国际部的专家资源，这与外国居民偏向选择昂贵私立医院有很大的不同，也导致内地居民并不十分看重所谓的"全球医疗网络"，尤其对于一线城市的居民，他们更需要有效率、有质量的本地医疗资源。

综上所述，对于普通中产家庭来讲，中端医疗价格合理，与高端医疗共享直付医疗网络，留有一手优质的特需资源，或许才是最实在、最划算的选择。

⊙ 6.1.4　小结

本节主要讲了三方面的内容，按照惯例归纳总结一下。

（1）医疗险需求层次分三层，基层医疗、中端医疗、高端医疗之间泾渭分明，投保时切勿盲目从众，按需配置即可。

（2）中端医疗能帮自己留一手特需资源，享受更好的治疗环境，且网络支付能让自己享受有钱人的医疗网络服务，特别适合一二线城市的中产家庭。

（3）出国治疗并不一定更好，高端医疗并不完全适合我们的国情，对于普通中产而言，中端医疗或许是最实在的选择。

6.2
正确认识年金险

年金险是以生存为给付条件，一般按年给付生存保险金，直至被保险人死亡或者保障期结束，这里的关键词是"以生存为给付条件"。

我们来回顾一下，"守护四宝"都是在发生不幸事件后，才能获得理赔金，例如重疾、住院、伤残、死亡等才能获得保险金给付，而年金险则是以"生存作为给付条件"。简而言之，"守护四宝"是以"不幸"作为给付前提，而年金险是以"幸运"作为给付前提。

笔者也曾认为，购买保险只需要解决健康保障与身价保障，什么建立防御性资产只不过是保险公司的销售套路，储蓄型保险是可有可无的鸡肋。然而，随着年龄增长、收入提升、认知加深，笔者发现利用保险来防守，建立防御性资产才是明智之举。本节将分析常见的几类年金险，让大家对年金险有基本的认识。

⊙ 6.2.1　短期年金险

年金险按照保障期长短可分为短期年金险和终身年金险。因为保险主要是中长期风险规划的工具，因此目前市场上主要的年金险类型为终身年金险，短期年金险类产品非常少，但短期年金险具备一些独特特点，能满足特定人群的

需求，这些特点包括：

（1）缴费期短，通常 3 年至 5 年即可完成缴费。

（2）保费较高，因为缴费期短，所以年交保费较高。

（3）目的性强，一般明确用于孩子的教育金、婚嫁金，保障期通常在 15 ～ 20 年。

短期年金险适用于"资金用途明确"的情形，否则如果满期资金用途不明确，满期后消费者依然需要把资金放到合适的理财渠道，需要时间与精力进行二次理财。

因此，短期年金险特别适合想提前帮孩子做教育储备、婚嫁金的父母。

◉ 6.2.2 终身年金险

终身年金险是最常见的年金险类型，又可细分为传统养老年金险、一般养老年金险、未定义具体用途年金险和万能账户。终身年金险的常见类型如图 6.2 所示。

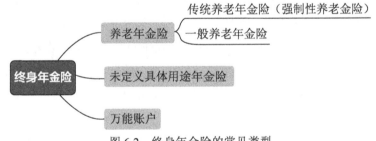

图 6.2 终身年金险的常见类型

1. 传统养老年金险（强制性养老金险）

这类养老年金险可以称为强制性养老年金险，具有以下特点。

（1）缴费周期较长，可以选 20 年交。

（2）开始领取后现金价值归零，领取期与生命等长。

（3）年领取金额相比有现金价值的年金险更高。

（4）一般有 20 年的保证领取期。

传统养老年金险是纯粹留给自己用的年金，因为开始领取后现金价值归零，也就意味着只有"活着"才能继续领取养老金，防止道德风险。否则，如果保单有高现金价值，倘若儿女不孝顺，可能会出于想获得保单现金价值而杀鸡取卵，在老人卧病在床时选择放弃治疗，这种案例并非没有。

所以，传统养老年金险是对抗长寿风险十分有效的现金流工具，活得越长越划算。

2. 一般养老年金险

一般养老年金险与传统养老年金险的差异主要体现在现金价值与年领取金额。

现金价值，"一般养老年金险"大于"传统养老年金险"。

年领取金额，"一般养老年金险"小于"传统养老年金险"。

因为一般养老年金险的现金价值更高，所以投保这类年金险的需求在于想兼顾自己养老和留一笔钱给家人。

3. 未定义具体用途的年金

这类年金应该是最多人接触过、投保过的产品，具有以下特点。

（1）返还快，通常投保满 5 年后就开始返还。

（2）返还早，体验更好，让你更快能看到收益。

（3）用途灵活，可以自由发挥。

未定义具体用途的年金险，因为返还快、返还早，能够更快地看到收益，所以相比"传统养老年金险"与"一般养老年金险"通常需要在 60 岁后才能开始领取，"未定义具体用途的年金险"的体验感会更好，毕竟消费者都喜欢早点把钱拿在手里。

如果你希望投保的年金险能够早点看到收益，这类年金险值得推荐。

4. 万能账户

万能账户是独立于年金险的蓄水池，通常作为附加险附加在"未定义具体用途年金险"的产品中，因为"未定义具体用途年金险"返还早，需要有一个把年金储蓄起来的蓄水池，且这个水池的年化收益不能太低，目前较好的万能账户保底利率为 3%。这里需要注意的是，万能账户由投保人掌控，如果是帮孩子投保，不附加万能账户，孩子成年后的年金险只能转到被保险人名下的银行卡，所以附加万能账户也能保证投保人对资产的控制权。

⊛ 6.2.3　增额终身寿险

增额终身寿险不属于年金险范畴而属于终身寿险范畴，但增额终身寿险储蓄性较强，可兼顾养老规划功能，所以笔者把增额终身寿险放在这里一并讲解。

增额终身寿险被关注度一直不高，是因为以前年金险的光芒太耀眼，掩盖了增额终身寿险的存在，但是在2019年8月银保监出台正式文件，将年金险责任准备金评估利率上限从4.025%下调至3.5%，从2019年12月开始，停止销售预定利率为4.025%的年金险，至此，定价利率4.025%的年金险产品逐渐退出市场，新推出的年金险最高预定利率上限调整为3.5%。此时大家发现，年金险的最高预定利率跟增额终身寿险没有明显差距，而增额终身寿险本身具备年金险没有的优势，此后，增额终身寿险才逐渐得到大家的关注。

终身寿险分为定额终身寿险与增额终身寿险。

定额终身寿险是指保额固定的终身寿险，例如张三投保了100万元的定额终身寿险，那么在整个保险期内，100万元的保额是不会发生变化的。我们知道定期寿险偏重保障，没有储蓄性，而定额终身寿险兼顾了保障与储蓄，保障期为终身且带有储蓄性，弥补了定期寿险的不足。但是，保险产品有个天平，保障性越高，储蓄性越低；储蓄性越高，保障性越低；如果需要达到平衡，保障性与储蓄性都必须有所妥协。

所以，投保定额终身寿险的主要目的是资产保全和资产传承，并不适合用作养老规划。

增额终身寿险指保险金额每年递增的终身寿险，通常保额每年以3%～3.5%的速度递增，具体各家公司的产品递增速度不同，3.5%属于优秀产品。

增额终身寿险相比定额终身寿险更偏重储蓄性，所以在保费相同的情况下，增额终身寿险的现金价值比定额终身寿险的现金价值要高得多。缺点是保障性降低，增额终身寿险的前期保额较低，需要随着年龄增长让保额慢慢增大。

另外，由于增额终身寿险不是年金险，所以条款本身没有设计返还功能，后期需要通过"减保取现"来领取。什么是"减保取现"？就是指降低保额，领取现金价值。举个例子，张三投保了一份增额终身寿险，60岁时，保单的现金价值为100万元，保额为100万元，此时张三可以把保额降为50万元，从现金价值里取出50万元作为养老补充。

除此以外，增额终身寿险搭配万能账户这种产品形态得到越来越多人的认可，因为搭配在增额终身寿险的万能账户相当于一个灵活的水库，后期可以随时把空余资金追加到万能账户里，让自己在不断变化的市场、利率下行的大环境中留有一个稳定、安全、灵活的理财账户。

6.2.4　小结

本节主要讲解了几类常见的年金险，很多消费者以为年金险很复杂，其实不然。

（1）按保障期可以区分为短期年金险和终身年金险，短期年金险适用于资金用途较为明确的情形。

（2）终身年金险主要满足养老规划的需求，提前锁定利率，用时间换空间。

（3）在预定利率下调之后，增额终身寿险附加万能账户可能会成为未来养老规划的热点工具。

随着保险信息越来越透明化，有关重疾险、百万医疗险、意外险、定期寿险知识的市场推广普及越来越深，但大部分消费者对年金险的认知依然十分有限，甚至觉得年金险可以等同于理财产品。为什么会出现这种情况？原因在于像大病、医疗这类风险是显性需求，很容易被察觉；但是年金险这类需求是比较隐性的，需要对资产配置有一定了解的人才懂得年金险的好。

6.3
避开年金险的三大误区

都说购买保险的原则是"先做健康保障，后做储蓄"，但很多消费者往往在做完健康保障后，忘做储蓄甚至不做储蓄。这也不难理解，毕竟健康保障对于绝大部分消费者来讲属于显性需求，保险恰好是一个能抚平健康焦虑的有效工具。而储蓄险这块儿，很多人觉得保险并没有明显的独特性，还不如其他理财工具，因此很多人会陷入以下三个误区。

（1）只有健康保险才是保险，"保险姓保"，理财保险收益低，都是陷阱。

（2）理财保险比较贵，经济条件好的人方可承担得起。

（3）理财保险就是普通的理财产品，但是跟理财产品比又没有收益优

势，还不如购买股票、基金。

针对以上三点最常见的认知误区，这次笔者以年金险为代表，谈谈储蓄型保险的真正价值。

6.3.1 误区一：只有健康险才算保险

曾经有段时间，保险公司频繁推出各种年金险来争夺保费、扩大规模，但这类保险的兑付压力较大，因此，2017 年银保监提倡"保险回归姓保"，提示大家买保险要先解决基础保障问题，但人家从来没有说过年金险不能买。一些消费者以为健康险才是必要的，年金险可有可无，加上健康险保险责任清晰、明确、看得见，而年金险的收益并非能够马上看见，需要较长时间才能显示效果，对年金险产生了偏见。

保险属于金融行业，这是没有争议的。保险的本质是风险管理，疾病风险、意外风险是风险，但市场风险、财务风险同样也是风险；健康险是保险，年金险同样也是保险。

6.3.2 误区二：有钱人才能买年金险

在投保实例中，很多消费者开口就谈保险预算，谈预算意味着在他们的潜意识里，保险是一项支出，这种观念并不正确。其实，我们每个家庭的钱袋子是由三个口袋组成的，分别是支出口袋、储蓄口袋、投资口袋。家庭的三个钱袋子如图 6.3 所示。

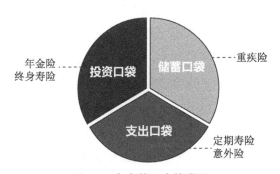

图 6.3　家庭的三个钱袋子

首先，定期寿险、一年期意外险、医疗险这类现金价值极低甚至没有现金价值的保险，可以看作支出口袋里的钱。

其次，终身重疾险这类有现金价值、储蓄功能的保险，属于储蓄口袋里的钱。

最后，年金险、终身寿险这类现金价值更高、储蓄性更强的保险，则属于投资口袋里的钱。

我们不能把投保年金险、终身寿险的钱定义为"支出"，投保年金险只不过是把投资口袋里的资金比例稍作调整，例如把股票、基金的比例降低，把年金险的比例上调，将资产从左手放到右手。

对于重疾险、年金险、终身寿险这类带有储蓄属性的保险，它们并非"支出"，而是"资产"，在畅销书《富爸爸　穷爸爸》里，最核心的思想就是"多买资产"。因此，年金险不仅仅是"有钱人"才能买的保险，对于一般家庭或中产家庭也有十分重要的价值。

⊚6.3.3　误区三：年金险等于理财产品

很多消费者容易把年金险当作理财产品，因为年金险绝对收益较低、稳定性较强，跟一般的银行理财产品貌似无区别，其实这种认知是不妥的。如果要比收益，年金险没有任何优势，而且流动性更差、期限更长，如此一来，消费者都会选择理财产品而不是年金险。那么，年金险不可替代的优势是什么？主要是"对冲三大风险，提供一个功能"。三大风险，一个功能如图 6.4 所示。

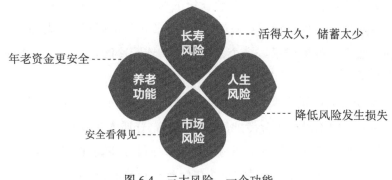

图 6.4　三大风险，一个功能

1. 对抗长寿风险

"活得太短"的风险可以用定期寿险来转移，但如果"活得太长"呢？很多人只会关注"生命苦短"，而忽略"生命太长"。其实，活得太久、储蓄太少、退休太早、花得太快也是一种风险，而年金险是天生对抗长寿风险的工具，与生命等长，活多久领多久。

有人反驳自己没有长寿风险吗？不能，因为每个人都希望自己有长寿风险。

2. 抚平人生风险

由于疾病和意外不可控，当人生途中发生风险时，年金险具有延续个人经济收入的作用，降低风险发生时的损失。

举个例子。张三是一个理财能力很强的人，长期投资年化收益 7% ～ 8%，这对于普通人来讲已经很厉害，而张三的儿子比较平庸，对投资没有兴趣，也不懂得投资。某一天张三因病倒下，再也无法对家庭资产作出合理配置，于是便把这个重任交给儿子，并告诉他"股市有风险，投资需谨慎"，儿子并不相信，于是"穿着西服进去，穿着裤衩出来"。

笔者身边也有很多优秀的人，他们自律、勤奋、聪明，但他们也容易忽略"成也萧何败也萧何"，大部分优秀的人一直引以为豪的正是个人能力，万一他们某一天因病倒下，孩子的能力能否如父母一样？天晓得。自己有能力并不等于孩子有能力，如此一来，倒不如提前将部分收益放进保险箱。2019 年优秀的年金险产品长期年化收益在 3.5% ～ 4%，牺牲小部分不确定收益来换取大部分确定性收益，这难道不是一种智慧的体现吗？

3. 对冲市场风险

笔者身边有不少热衷股票、基金投资的朋友，长期观察后我发现，似乎男性朋友天生对理财这件事特别自我感觉良好，股市好的时候，人人都是"股神"，夸夸其谈；股市不好的时候，个个都哑巴吃黄连，冷暖自知。这类表面风光的朋友不在少数。

资本市场有太多的风险，例如 2020 年开局，一堆"黑天鹅""灰犀牛"事件接踵而来，如果没有十分专业的投资经验，普通人想要在每一次"黑天鹅"或"灰犀牛"事件中全身而退，几乎不可能。而且，随着中国经济增速放缓，利率下行是未来的大趋势，例如 1993 年银行一年期存款利率为 10.98%，2019 年为 1.5%；再例如 2013 年余额宝七日年化收益最高曾经达到 6.19%，到 2019

年 4 月跌破 2%。

在低利率环境下要想获得高回报，必然要承担更高的风险，而年金险完全可以规避市场利率风险，提前锁定利率，不管"黑天鹅"还是"灰犀牛"，不管利率下行还是负利率，一切按照当初条款的约定领取年金，安全看得见。

4. 确保养老功能

很多消费者有一个认知误区，以为自己有很多房子、股票、基金等资产，养老生活便可高枕无忧。真是这样吗？

通常来讲，人到暮年，收入会大幅下降甚至没有收入，此时的生活更要倚重现金流，而现金流≠资产，年轻的时候多买资产，目的是养老的时候有充足的现金流，如果资产不能变现，柴米油盐酱醋茶等日常支出怎么办？所以，养老生活对现金流的要求有以下两个。

首先，现金流持续、稳定，最好无须经过子女。

年老后，我可能行动不便，认知下降，就算我拥有很多房子收租，也需要孩子打理，租金可能需要经过孩子后才能到我手上。万一发生什么风险，或者遇到"逆子"，把租金私吞了怎么办？毕竟"子女关系"也是一种风险，所以，养老的现金流最好无须经过子女。

其次，不能持有太多现金。

老人手里太有钱，就容易犯错误，因为社会上有太多人盯着老人手上的钱。例如，每天都有很多老人上当受骗的保健品骗局。年轻时，我们都能轻易识破一些骗局，但人的能力不可能永远向上；年老时，我们真的会犯糊涂，容易上当受骗。

老人手里持有越多的现金，就有越多的人盯着，就越容易犯错，而且现金越多犯的错误可能越大，甚至会变成一道催命符。例如某些"逆子"因为想早点拿到全部遗产，会选择对病危在床的老人放弃治疗。而年金险，直接返还到指定银行卡账户，无须经过子女，返还金额固定持续，与生命等长，避免乱花钱，减少犯错的概率，也让孩子们明白，只有老人活着才能继续领取年金，避免道德风险。

除此以外，不少保险公司已经涉足养老服务，当投保年金险达到一定额度，还能提供养老社区的功能，保证入住养老社区的资格。我们现在可能觉得养老社区里面的老人很可怜，但人的想法是会变的，尤其当下的年轻人普遍不喜欢与老人一起生活，老人入住高品质的养老社区既能避免与孩子同居，也能享受优质的养老生活，何乐而不为？

综上，年金险能帮助我们对抗长寿风险，抚平人生风险，对冲市场风险，提供养老功能，这是其他理财产品不具备的特点，也是年金险不可替代的优势。

🌀 6.3.4　小结

读完上面的内容，相信大家已经知道，保险的本质是风险管理。

（1）不管是健康险还是年金险，都是保险，年金险不是鸡肋，更不是陷阱。

（2）年金险并非只适合"有钱人"投保，对于普通家庭和中产而言，年金险的价值同样巨大。

（3）年金险看着与理财产品相似，实际上能对冲三个风险，提供一个功能。

最后，笔者想补充一个原则，即"投资不可能三角"，即资金的安全性、收益性、流动性最多只能三者取其二。投资不可能三角如图 6.5 所示。

图 6.5　投资不可能三角

投保年金险的主要目的是安全性，兼顾收益性、流动性。

首先，年金险的安全性毋庸置疑，无论是从保险公司角度还是产品本身的安全性来讲，相比其他理财工具，都具有明显的优势。

其次，年金险的收益率并不低，优秀的年金险年化收益在 2020 年后可达到 3.5% ～ 4%。

最后，年金险的流动性尚可，因为年金险通常具有较高的现金价值，而保单贷款功能最高可贷现金价值的 80%，且贷款速度很快，通常 3 个工作日内可到账。

年金险的安全性很高，收益性不低，流动性还可以，这才是购买年金险的正确逻辑，那些觉得年金险收益不高而错过年金险的人，皆因未读懂年金险。

6.4
香港保险与内地保险的差异

香港保险是一个绕不过的话题，也是一个比较难谈的话题，因为这个话题的观点一旦有所偏袒，就容易得罪一方，甚至两边不讨好。例如，观点偏向香港保险，内地的保险同业不同意；立场偏向内地保险，香港的保险同业不满意。

面对吃力不讨好的主题，笔者原先不想写，也不太敢写，但后来经过思考，认为必须谈，如果不谈香港保险，很多事情无法交待清楚。既然要谈就详细谈，一是因为目前关于香港保险（以下简称"港险"）与内地保险（以下简称"内地险"）差异的文章，大多是从保险销售立场出发的，由于立场决定观点，因此内容比较片面，相对客观中立评价港险与内地险的文章很少；二是因为很多中产家庭一直有关注港险，有赴港投保的打算，港险关注度一直不低。

所以，本章笔者将尽可能客观表述港险与内地险在产品定价、监管制度、产品形态、合同条款四方面的差异，让大家能更直观地看到港险与内地险各自的特点，以后看待两地保险时能够做到心中有数。

6.4.1　港险与内地险的产品定价差异

不少去香港投保的消费者，皆是听说港险价格更便宜，保障更全面，所以去香港投保。那么，港险真的比内地险便宜吗？要回答这个问题，需要先了解两地产品定价的差异，因为保险是商品，商品需要定价，实物商品的定价取决于原材料价格、人力成本、运输成本等，而保险定价需要遵循定价规则，当了解定价差异后，便能知晓香港保险是否真的比内地保险便宜。影响保险产品定价的因素有 5 个，分别是利润率、发生率、退保率、费用率、预定利率，下面我们来分析港险与内地险这 5 个定价因素有何不同。

1. 利润率

商业保险公司是以盈利为目的的，股东出资成立保险公司，保险公司获得资金拥有抗风险能力，设计产品后，才能通过销售保险产品获得死差、费差、利差。通常来讲，风险与利润是呈正相关的，承担更高的风险，才有可能获得更高的利润，利润高意味着产品价格更贵。例如，国内四大上市保险公司，因为股东对利润有更高的追求，所以它们的产品相比其他中小型险企的产品更贵。

那么问题来了。如果张三有 100 亿元，是在香港成立保险公司风险低，还是在内地成立保险公司风险低？理论上是香港的保险公司风险更低，因为香港是成熟的金融市场，内地是发展中的金融市场，成熟金融市场由于充分竞争、信息透明、市场稳定，因此经营风险更低，股东愿意降低对利润的要求，从这点分析，港险应该比内地险更便宜。

但实际情况是，目前内地的保险公司尤其是中小型保险公司，在公司成立发展初期，因为内地保险市场竞争太过激烈，很多公司陷入了价格战的漩涡当中，特别是互联网保险产品，价格都已经低到不能再低的水平，股东根本无法对利润有要求。很多保险公司的投资人，在进入内地保险市场前，都以为保险市场潜力大，谁知道进场后才发现内地保险市场早已经是血淋淋一片的红海，大家都在毫无节操地竞争，中小型险企想要生存下去，必须牺牲短期利润，寄望于市场占有率上升后，再转变为高价值业务，以时间换空间、以空间换利润，所以内地的中小型保险公司即便面临较高风险，也不能对短期利润有要求。

因此从利润率来讲，目前的情况是，如果港险与内地大型保险公司的产品相比，港险价格依然有优势；但如果港险与内地中小型保险公司的产品相比，港险价格没有优势，甚至偏贵。

2. 发生率

发生率就是指风险发生的概率，做保险产品定价时，发生率一般指身故、重疾、意外的概率，发生率越高，分摊给每一位投保人的成本自然越高，产品自然越贵。

实际上，港险的发生率比内地险要低，例如死亡率，香港是全球人均寿命最长的地区之一，香港居民死亡率比内地居民死亡率要低；再例如重疾发病率，由于香港是典型的南方沿海城市，饮食习惯是典型的广东风格，特点是清淡、新鲜、丰富的蔬菜水果；而北方地区传统饮食习惯比较豪迈，特点是分量大、热量高、蔬菜水果较少。因此，南方地区的饮食习惯比北方地区更健康一些，导致北方地区心脑血管类重疾发病率高于南方地区，而内地重疾发生率涵盖北方地区，香港重疾发生率仅涵盖香港地区，因此港险发病率要比内地险低。但是，发生率对终身型保险价格影响不大，影响产品价格最主要的还是预定利率。

3. 退保率

退保率也会影响产品定价？是的。很多人可能不会关注退保率，实际上退保率是影响保险产品定价的重要因素。

举个例子，张三投保了一份重疾险，保障内容是罹患重疾或者身故时，保险公司会给张三赔钱。那么，除了理赔之外，还有什么情况下保险公司需要给张三一笔钱？就是退保。

有些不太懂保险的消费者经常说"保险是骗人的"，其中一个最重要的原因是前期退保时，累计缴纳的保费取不回来，退保发生损失。那么，保险公司真的骗钱了吗？并没有。实际上，保险公司卖出一份保单所花费的业务推动成本是非常高的，这个业务取得成本可以简单理解为一切销售产品产生的推广费。以2020年缴重疾险为例，保险公司销售一份重疾险，需要支付业务员、管理者、其他内勤工资，加上各项运营成本，这些支出往往会大于首年收取的保费，所以在第一年销售保单时，保险公司的支出是大于收入的，现金流是负的，简单理解是"卖一张保单亏一张保单"，那需要什么时候才能有盈利呢？需要投被保险人以后不退保，续期保费交上来了，才会开始产生盈利。

内地险的退保率远远高于港险，个人认为造成这种现象的原因有两个。

一方面，内地险现金价值较高，因为内地是强监管市场，从保护消费者权益的角度出发，即使保险公司第一年卖出保单时是亏的，也要求保单具有一定的现金价值，由于内地险保单现金价值高于港险，因此内地险退保的代价小于港险，导致大家更容易退保内地险，而不是港险。令人感到遗憾的是，内地较高的现金价值本意是为了保护消费者，最后却成了推高产品定价的重要因素。

另一方面，如果港险前期退保，保险业务员需要负连带责任，保险公司会追回当初发放给业务员的佣金，减少保险公司自身的损失，也有利于防止销售误导案件。而内地的保险业务员无须负连带责任，即使客户第二年退保，到手的佣金也不会被保险公司追回，因此内地的销售误导案件更多。

所以，内地的保险公司是比较弱势的，一边是强势的监管部门，另一边是强势的消费者，很多人以为保险公司风光无限，其实冷暖自知。

4. 费用率

保险公司费用率主要包含两方面，一是与销售相关的佣金、成本，二是与销售不相关的办公支出、内勤工资等。

毫无疑问，香港的生活成本更高，香港的房租价格、工资比内地高。而且因为香港目前很多投保流程都没有做电子化、智能化，依旧是传统的人工操作。而内地保险积极与互联网结合，部分保险公司早已在投保、核保、保全、理赔等流程中实现电子化，引入智能化。因此港险经营费用成本高于内地。但有一点，香港营商税率比内地略有优势。

5. 预定利率

我们来回顾一下，什么是预定利率？预定利率是指保险公司因使用了客户的资金，而承诺以年复利的方式赋予客户的回报。我们只需要记住，预定利率越高，产品价格越低。

由于内地是强监管的市场风格，保险产品预定利率上限由监管部门决定，所以内地保险产品最高收益不可能高于预定利率。而香港是金融自由的资本主义市场，所以对保险产品定价没有明确要求和限制，港险定价用的不是预定利率逻辑，而是用权益类投资和固收类投资配比的方法来计算非保证收益和保证收益逻辑。

A. 什么是权益类投资？简单来讲，股票是权益类投资的代表，权益类投资预期收益较高，但收益不稳定，主要提供保险产品非保证收益部分。

B. 什么是固收类投资？简单来讲，债券是固收类投资的代表，固收类投资特点是收益稳定，但预期收益较低，主要提供保险产品保证收益部分。

目前香港储蓄险，权益类投资占比普遍在 60% 以上，最高能达到 75%，而固收类投资普遍在 25% ~ 40%，港险这种配比，说明其在产品设计时就更看重预期收益而不是保证收益，因此香港储蓄险的保证回报很低，但预期回报较高。具体如何计算？例如，保险公司投资债券年化收益为 4%，投资股票年化收益为 8%，然后保险公司把 40% 资金投在债券，把 60% 投在股票，总收益 = 4%×40%+8%×60%=6.4%。

这里可能有消费者会疑惑，股票年化收益 8% 是否有点假？是啊，对于我们内地 A 股来讲，8% 的年化收益是不可思议的。但是，港险投资的是美股，美股在过往很长一段时间里的表现都是非常好的，例如标准普尔指数在过去十年的平均回报率能达到 9% 左右，由于香港储蓄险收益与美国股市挂钩，所以在进行产品定价时，会把 8% ～ 10% 的股票预期回报作为产品定价假设，加上港险在权益类投资的比重较高，所以有较高的预期回报率。

那么，如果放开预定利率限制，内地储蓄险有无可能达到香港储蓄险的预期回报？按照过往长时间的 A 股表现，就算把权益类投资比例提高，内地 A 股回报率也难以达到美股水平，所以，内地储蓄险的预期收益是很低的。

虽然说在权益类投资上面，美国占优，但是在固收类投资上面，则是中国占优，因为中国国债收益高于美国国债收益。

因此，我们可以看到，美元投资的预期收益较高，保证收益较低；人民币投资的预期收益较低，保证收益较高。由于美元投资和人民币投资这种明显不同的特点，决定了港险与内地险在产品开发的逻辑上就不同。

笔者认为，未来在全球不安定因素增加、利率下行的大环境下，更加难能可贵的是"保证回报"而不是"预期回报"，目前能提供更高保证回报的内地，应该比港险更值得珍惜。

6.4.2 港险与内地险的监管差异

香港保险与内地保险监管上的差异归根到底在于政治制度的差异，这也导致了两地监管风格不同，为什么有些人说内地的保险市场相对更安全，其实内地的安全更多依靠保守换来，港险与内地险监管差异主要有以下三方面（由于各类监管措施与制度会根据时代的发展不断变化，下面所列举的监管差异截至 2019 年末为止）。

1. 经济制度差异

香港是自由市场经济，市场经济主要依靠市场供求、市场价格和市场竞争来配置社会资源，而且，在香港可以自由兑换货币，进行全球资产配置，因此香港保险监管制度以自律为主。

内地是社会主义市场经济，能体现社会主义的根本性质，是市场在社会主义国家宏观调控下对资源配置起决定性作用的经济体制，强调"有形的手"，坚持公有制为主体、多种所有制经济共同发展的基本经济制度。所以，内地属于强监管体制，监管主要以法律为主，并且有较严格的外汇管制。

2. 监管框架差异

港险主要通过自律监管，保险公司厘定保费、拟订保单条款，大多由业内人士自律执行。过去香港保险监管主要由香港保险业联会、保险索偿投诉局等行业自律监督机构执行；目前，香港保监局将取代此前的三个自律规管机构（香港保险业联会辖下的保险代理登记委员会、香港保险顾问联会和香港专业保险经纪协会），全面负责管理香港的保险中介人，以及施行适当的纪律制裁。香港保险监督有逐渐加强的趋势。

内地的保险监管主要根据国务院授权履行行政管理职能的银保监会（2018年我国银监会与保监会合并为银保监会），依照法律、法规统一监督管理全国保险市场，维护保险业的合法、稳健运行。

3. 其他监管差异

在香港成立保险公司最低实缴资本金为 1 000 万元港币，门槛较低，而且目前香港实行的依旧是第一代偿付能力监管标准，这套标准早已跟不上时代发展。

在内地成立保险公司的门槛极高，最低注册资本金为 2 亿元人民币，必须是实收资本，但如果只有 2 亿元必然注册不了保险公司，内地保险公司不仅需要有钱，还得有背景，且每年还有限额。内地早已实施第二代偿付能力监管标准，能有效反映保险公司实际偿付能力，避免系统性金融风险。

🌐 6.4.3　港险与内地险的产品形态差异

无论是港险还是内地险，有两类产品的关注度是最高的：一是重疾险，二是储蓄险。一个转嫁基础风险，一个规避资产风险，那么这两类产品在港险与内地险的形态又有何不同？本节掰开揉碎给诸位详细分析。需要提前说明的是，由于保险产品都在不断进化的过程中，因此下面列举的差异截止时间是 2019年末。

1. 重疾险

（1）是否有分红

由于是美元保单的关系，香港重疾险是自带分红功能的，一般是保额分红

（英式分红），这也是香港重疾险最大的优势，能够通过分红有效抵御通胀。

按照 2019 年实施的《健康保险管理办法》，内地重疾险目前是不可以分红的，如果你看到内地某些重疾险有分红，实际上是产品组合，这种组合通常主险是分红的终身寿险，附加险是重疾险的形态，但这种产品由于只有主险终身寿险参与分红，附加的重疾险不能分红，所以分红效率较低。

（2）是否包含身故责任

港险包含身故责任，与重疾保障共用保额。

内地险部分产品身故责任可选，身故仅赔付累计保费或现金价值，大大减低重疾险费率水平，灵活性较高，能够更好满足不同经济状况的家庭。毕竟有些经济条件一般的家庭，投保重疾险的主要目的不是身故责任，而是罹患重疾时能获得收入补偿、治疗费、康复费，对他们来讲，不带身故的重疾险更实在。

（3）保障期是否可选

港险保障期通常只能选择终身。

内地险保障期可选，很多重疾险可选保障到 60 岁 /70 岁 /80 岁 / 终身，虽然说重疾高发年龄在 70 岁以后，但内地重疾险设计显然更灵活，剔除重疾高发年龄段后，确实能够大大降低保费，降低投保门槛，满足更多家庭的投保需求。只要付出很少的钱，就能够获得高额的重疾保障。笔者认为，商业保险应该先要让人人都能买得起，之后随着家庭收入提升、经济实力增强，可以后续加保终身重疾，尤其对于刚步入社会的年轻人，定期重疾的出现给予他们一个低成本的风险管理工具。

（4）疾病定义是否统一

港险对疾病没有统一定义，各家保险公司对同一种疾病的定义可能有所不同，因此港险重疾险在同业竞争中存在抠字眼对比的情况，比较浪费双方时间，且效率较低。

内地险的高发重疾疾病定义由《重大疾病保险的疾病定义使用规范》统一，其他疾病定义有所差异，最大限度保护消费者权益，节省双方时间。

（5）轻症赔付

港险轻症赔付率较低，一般为 20%，以前不少产品的轻症赔付会占用重疾保额，但现在越来越多产品的轻症赔付不再占用重疾保额。

内地险轻症、中症赔付不占用重疾保额，且赔付额度高于港险，所以在轻症、中症功能上，内地险明显好于港险。

（6）轻症是否可以豁免

港险一般没有轻症豁免功能，罹患轻症后需要继续缴纳保费，个别产品可以豁免一年保费，豁免功能较弱。

内地险罹患轻症、中症后，可以免交剩余保费，豁免功能应该是内地险最大的优势。

（7）多次重疾的差异

港险，一般癌症、心脏病、中风都可以多次赔付，港险在多次重疾赔付上略有优势。

内地险，多数为分组多次赔付重疾，每组只能赔付一次，同种重疾只能赔付一次，但现在可附加癌症、急性心梗、脑中风多次赔付功能的重疾险，与港险差距很小。

（8）是否保障少儿先天性疾病

港险保障少儿先天性疾病。

内地险绝大多数不保障少儿先天性疾病，责任免除也有明确提到。

（9）是否区分吸烟

港险，吸烟体通常加费 10% ～ 20%。

内地险，大部分产品费率不区分是否吸烟。

原则上当然是区分吸烟更公平。如果不区分吸烟，意味着吸烟者会将保费成本强制平摊到不吸烟者的头上，但是目前内地烟民太多，大概三分之一都是烟民，在以前的健康告知里又几乎无人承认自己吸烟，最后无法考证，干脆不区分了。

（10）可投保保额高低

港险可投保保额较高，通常在 30 万～ 50 万美元。

内地险可投保保额较低，免体检额一般为 50 万～ 80 万元人民币，如果需要投保高保额重疾险，要不进行"生调"，要不投保几家保险公司，这样后续理赔手续相对也会复杂一些，而且内地重疾险由于道德风险的监管规定，18 岁前身故只能赔付累计保费。

（11）定期保额是否能转换

港险通常首 10 年至 15 年可以进行保额提升，可以免体检转换为一份终身保障，提前锁定一个终身保额。

内地险中越来越多重疾险出现额外赔付，例如 60 岁前额外赔付 50% 保额，但没有保证转换终身保额的权益。

（12）费率是否保证

港险多数产品在合同条款里都有说明，在极端风险下，保险公司有权调整后续期交保费，但历史上没有出现过，所以仅存理论上的可能。

内地险，保证费率，期交保费一经确定，不会改变。

（13）价格

目前内地重疾险价格是明显低于香港重疾险的，香港重疾险的贵是贵在有分红功能，以前经常听见有些港险从业者讲："同样的产品，港险比内地险便宜 30% ～ 50%。"这些话放在 2013 年之前是对的，但 2013 年内地实行产品费率改革后，内地重疾险比香港重疾险贵的现象已经成为历史。

2. 储蓄险

（1）产品形态差异

港险主要是终身寿险为主体的美元分红险。

内地险，在以前 4.025% 预定利率的大环境下，以"年金险 + 万能账户"为储蓄险的代表；4.025% 年金险产品逐渐停售后，增额终身寿险开始进入消费者视野并有燎原之势。

（2）资产配置区别

港险，权益类资产占比较高，保证收益低（1% 左右），预期收益高（6% 左右）。

内地险，保证收益较高（3.5% 左右），万能账户有保底收益（一般为 3%）和现行结算利率（目前大多为 5% ～ 6%），这个现行利率是会调整的，如果保险公司不把该万能账户作为主力销售，通常利率会开始往下调，这里等于悄悄告诉了大家一个保险销售套路。

（3）锁定期区别

港险锁定期较长，早期退保有很高的退保损失。

内地险现金价值高，"回本"时间快，锁定期短。

这也是由港险与内地险权益类投资与固收类投资占比不同的特点而决定的。

（4）是否可以更换被保险人

港险中的某些产品可以变更被保险人，更好地安排资产传承。

内地险不能变更被保险人。

（5）保全区别

港险被保险人在世时可以指定一位"延续投保人"或"延续被保险人"。

内地险，个别公司可以设置"第二投保人"或者"顺位受益人"。

（6）是否有类信托

什么是类信托？举个例子，通常理赔款是一次性赔付给身故受益人的，但有些未雨绸缪的人，怕受益人随意挥霍，想把理赔金按月／季／年，设定每期金额分批给付受益人，这就叫类信托。

港险，大部分公司拥有类信托功能。

内地险，部分公司开始支持类信托功能。

（7）收益区别

港险保证收益为 1% 左右，预期收益为 6% 左右。

内地险保证收益为 3.5% 左右。

6.4.4　港险与内地险的合同条款差异

最后要讲的是，港险与内地险在微观条款上面的一些主要差异，这也是大部分消费者最关心的问题，包括高发重疾疾病定义差异、理赔差异与利益分配归属差异。

1. 高发重疾疾病定义差距

这里只讲 6 种高发重疾在港险与内地险定义上的差异，因为这 6 种高发重疾占到所有重疾理赔的 95% 以上，且由于疾病定义也会随着医学发展而变化，下面的定义截止日期为 2019 年末。另外，笔者不是专业的医学人士，所以针对这 6 种高发重疾在两地的定义差距，私下请教过一些医学专业的朋友，最后把他们的意见汇总如下，仅代表一家之言，也是抛砖引玉。

（1）恶性肿瘤，以前港险与内地险的主要差异在于是否将轻度甲状腺癌划为重疾。轻度甲状腺癌在内地按重疾责任赔付，在香港按轻症责任赔付，但按照 2020 年 6 月《重大疾病保险的疾病定义使用规范修订版（公开征求意见稿）》的内容，内地未来也会将轻度甲状腺癌划入轻症范围，这意味着港险与内地险在恶性肿瘤定义上，已无本质区别。

（2）急性心肌梗死，港险与内地险的定义没有本质区别。

（3）脑中风后遗症，港险要求脑中风 4 周后，内地险要求 180 天后，显然港险定义更宽松。

（4）重大器官移植术或造血干细胞移植术，港险与内地险的定义没有本质区别。

（5）冠状动脉搭桥术，港险与内地险的定义没有本质区别。

（6）终末期肾病，内地险要求必须进行 90 天肾透析，港险没有，因此港险定义更宽松。

2. 理赔差异

虽然在高发重疾定义上港险相对更宽松一些，但在实际理赔上，情况却截然相反。

（1）理赔时效

港险通常没有理赔时效限制，如果保险公司认为该案复杂，可能会耗时很久，不少可疑案件超过半年都没有赔付。

内地险，《保险法》规定在 30 天内必须给出核赔结果，然后 10 天内支付理赔金，因此内地险理赔效率优于港险。

（2）不可抗辩条款

港险仅适用于主险，不适用于附加险，甚至不适用于重疾保障部分。

内地险适用于主险和附加险。

（3）法律法系

港险属于海洋法系，如果没有履行"最高诚信原则"，即隐瞒足以影响保险公司核保决定的重要事项，基本不赔。这里要补充下，有些同业说港险是"无限告知"，其实港险也是"有限告知"的，只是理赔要求确实比内地严苛得多。另外，香港诉讼费非常昂贵，如果发生保险纠纷，不但维权成本高，而且维权手段较少，十分麻烦。

内地险属于内地法系，对于保险纠纷案件，目前法院判决结果都是倾向于保护消费者权益的，如果案件属于"可赔可不赔"的情形，大多数都要理赔，所以内地有很多通融赔付的案件，且维权手段较多，维权成本较低。

（4）外汇管制

由于港险是美元资产，按照目前内地实施的外汇管制规定，每人每年只有

5 万美元的换汇额度。如果理赔金额较大，可能短时间内无法将所有理赔款兑换成人民币，否则就需要用一些灰色手段把外汇变成人民币，但灰色手段会存在风险，而且随着监管越来越完善，灰色手段很难持续甚至会被消灭。

3. 利益分配归属差异

（1）变更受益人

港险变更受益人由投保人决定，无须经过被保险人同意。

内地险投保人变更受益人，需要经过被保险人同意。

（2）没有指定受益人

港险，如果投保人身故，没有指定受益人，保单会成为投保人的遗产。

内地险，如果投保人身故，没有指定受益人，保单会成为被保险人的遗产。

（3）婚姻关系发生变化时

夫妻离婚后，由于失去婚姻关系，原本夫妻之间的可保利益也会随之消失。

港险，可保利益只需要存在于起保时，如果投保人离婚后没有变更保单受益人，保单理赔款很有可能赔付给前夫或前妻。举个例子，张三作为丈夫帮妻子李四购买了一份港险，受益人是张三，后来张三与李四离婚，娶了王五。李四发生车祸去世，理赔款自然赔付给了张三。

内地险，理赔时也需要可保利益，如果投保人离婚后没有变更保单受益人，保单理赔将变被保险人的遗产，而不是直接给保单受益人。同一个例子，张三作为丈夫帮妻子李四购买了一份内地险，受益人是张三，后来张三与李四离婚，娶了王五。李四发生车祸去世，但这一次理赔款是李四的遗产，按照法定顺序继承，第一继承人是李四的配偶、子女、父母，跟张三没有任何关系。

（4）被保险人地位不同

港险，被保险人地位很低，仅作为保险标的存在，既没有保险金请求权利，也没有指定受益人的权利，投保人拥有最大的保单利益。

内地险，被保险人拥有大部分的保单利益。

6.4.5 小结

本节内容，介绍了关于香港保险和内地保险的知识，总结了香港保险与内地保险的四大差异。重点关注以下五点。

（1）监管：香港是金融自由的市场，监管主要靠自律，但有逐渐加强的趋势；内地是强监管市场，在法律、监管上有更严格的规定。

（2）产品：港险与内地险产品有殊途同归的趋势，港险最大的优势在于它是美元资产，有分红，但重疾险价格相比内地已经没有优势，甚至比内地中小型险企要贵不少。

（3）疾病定义：港险与内地险疾病定义差距不大，港险更宽松一些。

（4）理赔：内地保险在理赔实务上对消费者更友好，理赔时效更快、维权手段更多、维权成本低。

（5）港险保单利益主要归属投保人，内地险保单利益主要归属被保险人。

最后，谈谈笔者对港险的态度。买保险的原则是，在哪里长期居住就在哪里购买保险，因为监管风险、法律风险是最大的风险，内地居民买内地保险，香港居民买香港保险，美国居民买美国保险。

第 7 章

投保时需要留心的事

很多消费者的投保之路并不轻松，从开始对保险一窍不通，到在网上购买过各类保险课程，通过认真学习保险基础知识，清楚了解自己需要投保的保险产品后，虽有筋疲力尽之苦，却亦有无限欣慰之甜，以为从此一马平川，可以大刀阔斧地投保时，才发现投保过程中也存在不少需要注意的问题，主要包括四个方面：健康告知为什么如此重要？如何读懂保险条款？填写投保信息需要注意什么？线上投保与线下投保有什么差异？本章将帮大家划好重点，明明白白去投保。

7.1
别让健康告知毁了你的所有努力

健康告知是投保过程中最重要的一个流程，所以笔者把健康告知的内容放在第一节。为什么健康告知如此重要？因为发生理赔纠纷最大的风险在于投保过程是否合规，而投保过程中最大的风险在于是否如实告知。因此，做好健康告知能避免绝大部分理赔纠纷风险。

◎ 7.1.1　什么是健康告知?

健康告知，指投保时投保人或被保险人告诉保险公司自己的健康体况和过往病史，是关于健康情况的说明，保险公司根据告知内容评估被保险人的风险，然后才能给出核保结论（标体承保、加费承保、除外承保、延期或拒保），保单承保后，健康告知书会成为保险合同的一部分。

告知原则：我国采用的是"询问告知"方式，只需要对询问项目进行告知，未被问到的项目不需要告知，总结起来即"有问有答，不问不答"。

告知方式：保险公司一般采用问卷方式，投保时投保人或被保险人会看到一个"健康告知"的问卷，投保人或被保险人对保险公司询问的内容，必须诚信作答，如实告知。例如，很多消费者曾经有过这样的经历，投保时填完基本信息点击"下一步"之后冒出个"健康告知"，有十几条晦涩难懂的问题，这些问题需要认真阅读然后如实勾选，切勿贪图方便随便勾选。

🎯 7.1.2 　为什么要健康告知?

1. 诚信是契约的前提

保险是一份契约（合同），因此签订契约的双方都是自愿、平等、透明的，这里的双方指保险公司与投保人。

对于保险公司来讲，有法律法规以及监管机构的严格规范，所有的必要信息都公开透明地展示给投保人，防止保险公司利用信息不对称的优势进行销售误导。

对于消费者来讲，投保时如实填写健康告知是保险公司为了控制风险，防止骗保行为出现有效的手段。

2. 避免不必要的理赔纠纷

《保险法》第十六条对如实告知的规定如下：

（1）订立保险合同，保险人就保险标的或被保险人的有关情况提出询问的，投保人应当如实告知。

（2）投保人故意或者因重大过失未履行前款的如实告知义务，足以影响保险人决定是否同意承保或者提高保险费率的，保险人有权解除合同。

（3）投保人因重大过失未履行如实告知义务，对保险事故的发生有严重影响的，保险人对于合同解除前发生的保险事故，不承担赔偿或者给付保险金的责任，但应当退还保险费。

综上所述，为了避免以后产生不必要的纠纷，投保时需要认真、如实回答。由于保险从业者的素质良莠不齐，加上业务压力，以往很多保险业务员并不重视健康告知，导致后面产生保险纠纷，不仅消费者利益受损，连同整个保险行业的声誉都受到负面影响。所以，如果一位保险营销员只谈产品说明不谈健康告知，其专业水平值得怀疑。

🎯 7.1.3 　健康告知的重点

面对晦涩难懂的健康告知，普通消费者应该把握哪些重点？

1. 有问有答，不问不答

投保时对健康告知有询问的项目如实回答即可，没问到的项目不需要回答。

如果健康告知项目问"是否曾经有肝硬化",如实回答"有"或"无"即可，没有问到的体况不需要告知。例如，张三投保一份定期寿险，健康告知里询问的是"是否曾经有肝硬化"，而张三是乙肝小三阳患者，因此符合告知要求，勾选"否"。

看清询问内容，有问有答，不问不答，切忌为了省时间不看题目全部选"否"，因为每家保险公司每个险种的健康告知项目都有些差异，定期寿险的健康告知项目比较宽松，重疾险的健康告知项目比较严格。

如果当初投保时没仔细阅读健康告知内容而全部勾选"否"，后期理赔时保险公司发现没有如实告知，便可能产生理赔纠纷，导致辛辛苦苦履行缴费义务却得不到理赔的结果。

2. 注意时间段

不少健康告知里会对过往检查异常提出询问，但不同保险公司的规定有些不同，有些是询问"5 年内"，有些是询问"2 年内"，我们一定要看清楚问题然后如实作答。如果过往体检异常在告知范围以外的，可以放心勾选"否"。

3. 是"客观事实"不是"主观臆想"

要明确异常程度，比如健康告知询问是否有"重度脂肪肝"，如果我只是"轻度脂肪肝"，是可以勾选"否"的。

这里需要注意，告知的健康异常应当是被医生确诊的，是"客观事实"而不是"主观幻想"的健康异常。例如，张三总感觉脖子不舒服，怀疑有甲状腺结节，但没去过医院诊断，医生也没有开过诊断证明，这说明张三的甲状腺结节有可能是主观感受而并非客观事实，健康告知只需要对已知的异常体况进行告知，对于"我不知道有没有"的异常默认没有，这种情况在健康告知时，是可以勾选"否"的。

4. 健康告知的常见问题

一般健康告知的内容包括手术住院史、过往病史、检查异常、高危活动、女性补充项目、婴幼儿补充项目、家族病史等。下面列举一些最常见的询问内容。

（1）手术住院史，通常询问过往 2 年或 5 年是否曾经有住院记录。

（2）过往病史，通常询问以前是否确诊、罹患过某些具体疾病，例如肿瘤、高血压、心脏病、脑血管疾病、糖尿病等。

（3）检查异常，通常询问过往 2 年是否有过任何的检查异常，例如各类生化检查（血液、尿液）、影像检查（超声、CT、核磁共振）、心电图等。

（4）高危活动，询问是否从事高危特殊职业，例如爆破、高空、潜水、特种兵等。

（5）女性补充项目，通常询问怀孕是否超过 28 周，是否有乳腺疾病、子宫肌瘤、宫颈炎等。

（6）婴幼儿补充项目，通常询问出生体重是否低于 2.5 公斤，有无早产、难产、过期产等情况。

（7）家族病史，通常询问父母是否有在 40 岁前确诊结（直）肠癌、乳腺癌、卵巢癌等。

7.1.4　小结

本节主要讲了两方面内容。一是健康告知本身并不复杂，就是十几个问题，有的产品甚至只有几个，以往不重视健康告知是因为保险公司的业务培训更重视"卖产品"而不是"保护消费者权益"，因此少有业务员跟客户强调健康告知的重要性，也不清楚健康告知会直接影响后面的理赔。由于健康告知采用询问方式，因此只要遵循"有问有答，不问不答"的原则如实填写即可。二是我们进行健康告知，其一是符合最大诚信原则，是保险合同成立的基础，无论对保险公司还是对消费者都是公平的；其二也是为了保护自身利益，避免不必要的理赔纠纷。

7.2
保险条款看不懂，哪些是重点？

很多消费者不清楚保险合同需要在缴纳保费后才能打印寄送，电子保单才能发送到消费者预留的电子邮箱中。那是否意味着消费者投保前不能看到产品条款呢？当然不是。投保前消费者可以查阅保险条款，核对保障内容和业务员说的是否有出入，这些保险条款可以在投保页面看到，可以向保险业务员索要，也可以在保险行业协会官网获取。

　　然而，解决一个问题往往会有新的问题出现。在获得保险条款后，很多人又开始纳闷："保险合同太厚，条款太多，很难理解，就算看了也看不懂，以前考试复习都会划重点，保险条款有没有一些重点内容呢？毕竟消费者不是保险从业者，只需要看懂重点内容即可。"保险条款当然有"重点内容"，本节将手把手教大家如何简单、快速看懂保险合同。

7.2.1　"两责"必须看

　　这里的"两责"指"保险责任"与"责任免除"，它们是保险条款里最重要的内容，没有之一。保险责任告诉我们拥有什么保障，什么情况下可以理赔；责任免除告诉我们什么情况下不能赔。

　　大部分保险业务员在推销产品时把重点放在保险责任上，这无可厚非，因为保险责任是一份产品最大的卖点，把保障说明白就等于成功了一半。但有些业务员只记得介绍产品的优点，却忘记提示客户责任免除的范围，这样便有可能在理赔时出现纠纷，导致不愉快事件发生。

　　所以，对于普通消费者，即使不看其他内容也一定要看保险责任与责任免除的内容，起码知道自己购买的保险保障什么，什么情况下会拒赔。关于重疾险、百万医疗、意外险、定期寿险具体保险责任和责任免除，笔者在本书第 4 章已经有详细罗列，这里就不再重复了。

7.2.2　"现金价值"一定看

　　很多消费者第一次听到"现金价值"这个名词都会有点糊涂，其实现金价值很容易理解，就是指人寿保险单的可退保金额数。当我们拿到保险合同后，不管是电子保单还是纸质保单，通常在合同的第二页就能看到"现金价值表"，表中会明确列出每一保单年度的可退保金额，这个信息对于消费者来讲是比较重要的。

　　举个例子，总有一些不懂保险的消费者骂保险公司："买了几年保险，现在不想要，去退保居然还要亏钱，保险都是骗人的。"其实，一份保单第几年能退多少钱，早已在合同上白纸黑字写明了，而且前期退保公司的损失比消费者更大，因此并非保险骗人，而是自己没留意看条款或者是销售误导。

当然，购买保险并非只看现金价值，因为现金价值高意味着储蓄性强，同等保费情况下，储蓄性越强，保障性越弱；反过来，保障性越强，储蓄性越弱，现金价值越低。

定期型产品，例如定期寿险、医疗险、一年期意外险，现金价值都很低，甚至没有现金价值，但保费与保额的杠杆极高。

终身型产品，例如终身型重疾险，以 20 年交为例，现金价值通常会在 28 年左右超过累计保费，之后会继续增长，现金价值提高了，保障杠杆变低了。

储蓄险，例如增额终身寿险，通常完成缴费后，现金价值便会超过累计保费，其现金价值是所有险种中最高的，但保障功能也是最弱的。

当然，笔者不是怂恿诸位考虑退保的事情，但现金价值高低意味着产品的储蓄性强弱，而且它还能够进行保单贷款，提供"减保取现"功能，因此现金价值属于一定要看的内容。

7.2.3　读懂"七期"

这里的"七期"指犹豫期、等待期、宽限期、保单复效期、诉讼有效期、事故通知期、保险金给付期限，很多消费者只会注意缴费期，但对于做好保单的时间管理，最重要的是犹豫期、等待期、宽限期，其次是保单复效期、诉讼有效期、事故通知期、保险金给付期限。

1. 犹豫期

犹豫期又称"冷静期"或"反悔期"，通常为 10 ～ 20 天，指购买保险收到合同后，若犹豫期内不同意保险内容，可以无损失退保（有些保险公司会收取 10 元工本费）。如果超过犹豫期后申请退保，只能按照保单现价价值退保。

犹豫期之所以存在，是因为购买保险需要先缴费后出合同，如果没有保单犹豫期，万一消费者发现销售误导，合同条款与当初描述完全不同，就没有保护自己权益的工具了，因此，犹豫期可以让消费者在拿到合同后，有 10 ～ 20 天阅读合同条款的时间，充分比对合同内容与业务员销售时所说的保障内容是否一致。

有些人经常说保险公司骗人，如果保险是骗人的，何必设立个犹豫期？一个骗子把人骗了以后，还会跟当事人保证有 10 ～ 20 天的时间考虑受不受骗，如果不受骗，还能把钱退给当事人，显然没有这样的骗子。因此，犹豫期在防止销售误导，保证安全投保方面有突出作用。

2. 等待期

等待期又叫"疾病等待期"或"观察期"，指投保后需要经过一段时间后，发生相关的保险责任事故，方可得到赔偿。如果等待期内出险，保险公司不会赔付，一般会退回保单累计保费并终止合同。医疗险等待期通常为 30 天，重疾险、寿险的等待期通常为 90 天或 180 天。

等待期是防止逆选择的有效手段，主要是防止带病投保和恶意骗保的行为，但过长的等待期也有可能误伤无辜之人。例如笔者身边发生的一个真实案例：张三投保了一份重疾险，这份产品的保障确实无可挑剔，性价比很高，唯一不足就是等待期较长，有 180 天。遗憾的是，在投保 5 个月后张三被确诊为肺癌，由于是等待期内出险，保险公司只能退回累计保费并终止合同。如果当初张三投保的是 90 天等待期的重疾险，那么结果将完全不同。

所以，在产品费率相差不大的情况下，等待期当然是越短越好，不要因小失大。

3. 宽限期

宽限期是有利于投保人的条款，是指保险公司给予投保人缴纳续期保费的宽限期间，允许投保人一定时间内缓交续期保费。宽限期通常为 60 天。宽限期内出险，由于保险合同在有效期内，保险公司需要履行给付责任。

例如，2020 年的新冠疫情，各行各业经济都受到重创，正所谓牵一发而动全身，收入下降必然影响续期保费缴纳，好在重疾险、寿险这类长期险本身有 60 天的宽限期，缓解了不少老百姓的燃眉之急。

4. 保单复效期

保单复效指恢复保单效力。如果宽限期内投保人依然没能缴纳续期保费，此时保障中止，保单失效，若此时出险，保险公司无须履行给付责任。保单失效后，投保人可以在 2 年内申请保单复效，这就是保单复效期。

保单复效是可以让保单"复活"的手段，但保单复效也是有条件的，需要重新填写健康告知，保险公司重新核保，核保通过才能恢复保单；如果核保不通过，保单就会终止并退回保单现金价值。举个例子，张三投保重疾险 5 年后，由于失业，超过宽限期都没有缴纳保费，保单失效。一段时间后，张三重新找到工作，准备恢复保单效力，遂向保险公司提出复效申请，但此时张三已经有高血压，经保险公司重新核保后，拒绝了张三的复效申请并退回保单现金价值。所以，尽可能不要让保单失效，否则主动权可能将不再属于自己。

如果投保人 2 年内都没有提出复效申请，保险公司有权解除合同，退回保单现金价值。

5. 事故通知期

保险出险需要理赔，因此消费者必须及时通知保险公司，否则如果是故意或因重大过失导致保险事故性质、原因、损失程度难以确定的，保险公司对无法确定损失的部分不承担赔偿责任，这种规定显而易见是针对报销型保险的，例如医疗险，保险事故通知期为 10 天。

6. 保险金给付期间

保险公司在收到理赔申请书和完整理赔资料后，需要在 30 天内给出核赔答复，如果属于保险责任范围内的，需要在 10 天内履行保险金给付义务（《保险法》第二十三条）。

7. 诉讼有效期

虽然《保险法》有理赔时效的限制，但如果发生理赔纠纷，协商不成、投诉无用，最后只能走诉讼途径。保险诉讼有效期的设置是为了敦促权利人（投保人、被保险人、受益人）行使权利，积极维护自身利益；如果超过诉讼时效，权利人的行使权就会发生障碍，毕竟法律不保护权利上的睡眠者。

人寿保险诉讼有效期为 5 年，其他类型保险诉讼有效期为 2 年，时间计算是从知道或者应当知道保险事故发生之日起计算。

◉ 7.2.4 了解"释义"

通常在保险合同的最后或者在条款每一页的底部，会有一些名词解释，这是保险条款的"释义"。对于保险条款中的一些语言文字，不同的人有不同的理解，为防止双方对特定名词理解不一致造成纠纷，需要按照法律规定或通常理解，对保险条款的内容予以确定和说明。例如重疾险的释义非常多，包括保险责任的各种疾病具体定义、责任免除的名词解释、理赔申请的关键词解释等，都需要有明确的解释，避免在理赔时再来争论。

⊛ 7.2.5 小结

有些消费者觉得保险合同很厚，文字晦涩难懂，如果诸位按照上述方法，从头到尾阅读一次保险条款内容，将来不管是什么类型的保险产品，读懂合同便不再困难。最后，本节主要内容可归纳为 4 点。

（1）保险产品大多属于格式化合同，同类险种有很多的一般条款是相同的，它们的差异主要体现在保险责任的内容上，如果消费者把保险责任与责任免除都看完，基本就看懂了 80% 的条款内容，这是每个人的一小步，却是看懂保险合同的一大步。

（2）现金价值能让消费者直观看到保单的储蓄性，且能提供保单贷款、垫交保费等应急手段，留得青山在，哪怕没柴烧，拿到合同后需要留意看。

（3）做好保单的时间管理，就需要读懂犹豫期、等待期、宽限期、保单复效期、诉讼有效期、事故通知期、保险金给付期限，知己知彼，了然于心，遇事不慌，冷静处理。

（4）释义内容里有很多条款名词的具体解释，如果对于某些字词理解有歧义，可以参考释义的解释，避免自以为是。

如果诸位还没有记住，再给大家一个速记口诀："一金"一定看，"两责"必须看，"七期"要读懂，"释义"需了解。你记住了吗？

7.3
投保时需要注意填写哪些信息？

投保时，除了最重要的"健康告知"之外，还需要填写投保人、被保险人、受益人、职业类别、保额、保障期等信息，那么这些信息背后意味着什么？为何保险公司需要我们填写这类私人信息？虽然这类内容比较枯燥，但确是消费者必须要了解的。

⊛ 7.3.1 投保人及其权利

投保人指保单所有人，有支付保险费义务的人，简而言之，谁缴纳保费谁就是投保人，就是保单的真正拥有者。投保人往往拥有以下权利。

1. 保单所有权

保单所有权包括现金价值处置权和领取退保金的权利。投保人可以用具有现金价值的保单向保险公司申请贷款，或者以保单作为质押物向金融机构借款。另外，被保险人、受益人均不能主动解除合同，只有投保人拥有主动解除合同并获得退保金的权利。

2. 保单效力维持途径选择

人寿保单缴费期通常为 20 ～ 30 年，如果中途出现缴费困难，有两种维持保单效力的途径，包括垫交保费和减额缴清。

（1）垫交保费

若保险合同有相应条款，投保人可以在投保时主张利用现金价值延续合同效力，具体内容体现在"自动垫交保费"的条款中，可以用现金价值垫交续期保费，但有一个前提，保单现金价值需要超过该期期交保费。举个例子，张三投保一份重疾险 5 年后，由于失业交不起该年度保费，但好在投保时设置了自动垫交保费的功能，保险公司直接从保单现金价值里扣除当年保费，避免了保单失效的情况发生。

（2）减额缴清

减额缴清是针对有现金价值的长期保单，投保人可申请将保单的全部现金价值作为趸交保费，降低保单保额，一次性缴清剩余保费，减额缴清不影响预定利率、保险责任，也无须再核保，纯粹减少保额，以后不必再缴费。举个例子，李四投保了一份重疾险，合同约定需要缴满 20 年，当保费交到第十年时，李四生意失败，几年内估计都没有能力缴纳保费，因此他向保险公司申请减额缴清，降低保额后将现金价值作为趸交保费一次性缴清，虽然保额大幅降低，但保障内容还在，总比保单失效要强。

3. 复效请求权

保单中止期间（2 年），投保人有权请求恢复保单权利，如果危险状况没有变化，保险公司不得拒绝或者改变当初的承保条件。

4. 变更受益人

投保人拥有变更保单受益人的权利，根据《保险法》第三十九条、四十一条的规定，经被保险人同意，投保人可以指定和变更保单受益人。

5. 可更改保单大部分资料

投保人可以通过保全变更，更改保单大部分资料，例如联系电话、缴费账号、居住地址等。

⊙ 7.3.2 被保险人、受益人及其权利

被保险人与受益人是保单利益的归属者，但他们各自的权益又有所不同。

1. 被保险人及其权利

什么是被保险人？被保险人又称"保户"，是保单的"保险标的"，指受到保险合同保障的人。被保险人决定了理赔和领取何时被触发，以及保单何时会终止。对于非身故责任的赔偿和领取，例如重疾赔偿、医疗赔偿、年金领取、生存金领取等，理赔款需要打到被保险人的银行卡账户而不是投保人、受益人的账户。在内地的人身保单中，由于保单属于被保险人的资产，所以被保险人的权利是很大的。

（1）指定或变更受益人

人身保险的受益人由被保险人或投保人指定，投保人指定受益人时需要经过被保险人同意（《保险法》第三十九条）。这里侧面说明了在指定和变更受益人这件事情上，被保险人与投保人拥有同样的权力。

（2）决定保险合同是否有效

以死亡为给付条件的人身保险，在未经得被保险人书面同意或者认可的情况下，保险合同无效，目的是防范一些道德风险，同时也说明如果投保时投保人与被保险人不是同一人，为何需要被保险人本人签名。

举个例子，张三与李四是合法夫妻，李四作为家庭女主人，由于担心风险降临，想帮张三投保一份定期寿险，但由于张三根本不认可保险，觉得买保险是多此一举的行为。李四多次耐心沟通，都不能改变张三的观念。因此，李四决定先斩后奏，作为投保人帮张三投保了 100 万元的定期寿险，投保单上替张三签名。虽然李四的行为是出于好心，但在未得到张三同意且冒充签名的情况下，保单无效。

2. 受益人及其权利

受益人又称为"保险金领取人"，是指人身保险合同中享有保险金请求权

的人，受益人可以多于一位，并且可以提前分配不同的比例。被保险人死亡后，除受益人以外的其他人无权分享保险金。在保险合同中，受益人只享受权利，无须承担缴纳保险费的义务。

目前很多产品都可以指定受益人，例如带身故的重疾险、意外险、寿险等，但不少投保人或被保险人会漏填受益人，尤其是短期意外险的受益人很多人会忘记填写，首年投保短期意外险的时候，因为有保险顾问的提醒，大部分人会把指定受益人填上，但次年续保或者更换短期意外险产品时，不少人会忘记填写身故受益人。如果保单没有指定受益人，或者原受益人先于被保险人身故后没有指定新受益人的，保险金会作为被保险人的遗产处理。

🎯 7.3.3 保险的职业分类

在日常帮委托人进行背景分析时，需要收集职业信息，有些委托人不理解为何要询问他们的职业，觉得职业是隐私。其实笔者无意去窥探他人隐私，但不同产品对承保职业要求不同，常见的工作当然符合投保要求，但有些特殊职业是不符合投保职业要求的，如果在不知情的情况下投保，以后便有可能发生理赔纠纷，与其后知后觉，不如预先防范，这样对大家都好。收集信息是保险顾问最基础的专业体现，倘若诸位遇到负责任的保险顾问进行信息收集工作，应该努力配合。

在投保时，我们经常会看到"1～4类职业可投保"的提示，那么保险公司是如何划分职业的呢？保险公司通常会将职业分为6类，1类职业风险最低，6类职业风险最高：

1类职业，指纯文职人员，不需要进行体力劳动，不需要外出工作，工作环境几乎无风险，例如办公室文员、程序员、教师等；

2类职业，外勤或者轻微体力劳动者，可能工作期间偶尔需要外出办事，风险较低，例如各类销售、导游、清洁工等；

3类职业，涉及部分机械操作，体力劳动更重一些，但风险依然不高，例如农民、司机、厨师等；

4类职业，有一定危险性，例如交警、城管、外卖小哥等；

5类职业，危险性较高，例如刑警、救生员、高楼外部清洁工等；

6 类职业，高危职业，例如消防员、特警、潜水教练等。

还有比上述 6 类职业风险更高的职业，会被标记为 R 类或 S 类，例如爆破工、高压电工作人员、特技演员等，通常会明确拒保。

需要注意的是，职业分类并不是绝对的，目前保险行业没有统一的职业分类表，各家保险公司对职业分类会有些差异，例如保安，有些公司归为 4 类，有些公司归为 5 类，而且不同险种对职业风险的划分也有所不同，所以具体还是要以投保时的职业类别表为准。不过，大部分消费者都是从事 1～3 类低风险职业的，对大部分人来讲，无须过分考虑职业问题。

那么，各类保险对于职业风险等级又有什么限制？

（1）意外险

意外险是最容易受到职业风险影响的险种，大部分意外险只能承保 1～4 类职业，投保意外险时一定要注意看职业限制，如果是 5 类或 6 类高风险职业想要投保意外险的，需要专门投保高风险职业的意外险产品，当然这类产品保费较高，保额有限制，不能投太多。

（2）百万医疗险

绝大部分百万医疗险只允许 1～4 类职业投保，个别百万医疗险的要求是"部分高危职业除外"，如果是 5 类或 6 类职业投保百万医疗险，可关注那些"部分高危职业除外"的产品。

（3）重疾险

相比意外险与百万医疗险，重疾险对职业限制要宽松不少，大部分产品都能正常承保 1～4 类职业，5 类或 6 类职业会加费承保，部分重疾险可以做到不限职业，如果是高风险职业人群，推荐投保不限职业的重疾险。

（4）寿险

寿险对于职业限制最少，很多寿险都可以正常承保 1～6 类职业，部分寿险产品不限职业。

这里又会出现一个常见的问题，如果投保时是低风险职业，后来生活所逼转行到高风险职业，是否会影响保单效力？

如果是意外险和百万医疗险，条款中有明确规定，被保险人变更职业或者工种的，需要及时通知保险公司，如果没有履行通知义务的，因被保险人职业或工种的危险程度显著增加而发生保险事故的，保险公司不承担赔付保险金的义务。

如果是重疾险和寿险，条款中未说明如何处理，正常情况下如果发生职业变更，也是可以正常理赔的，但如果谨慎一些，可以告知保险公司，尤其对于一些在投保时有职业限制的重疾险和寿险。

🎯 7.3.4 其他

由于目前越来越多消费者通过互联网自行选购保险，在自行选购保险、填写投保信息的过程中，除了要正确填写健康告知、投保人、被保险人、受益人、职业信息，还有两方面的信息需要给诸位提个醒。

1. 关键信息别填错

保单关键信息包括保障期、缴费期、保额，在自行选购保险填写投保信息时，要重点确认上述信息，有些消费者本意打算 20 年缴，后来填写投保信息时却选了 30 年缴，如果是犹豫期内发现，即便麻烦一些，也可以无损失退保，但如果是犹豫期过后才发现填错，这些信息并不支持更改，此时退保需要承担较高的退保损失。

2. 起保日期要留意

有些产品的起保日期是可选的，通常指的是意外险。

首年投保时，通常没有什么问题，但在实际案例中，由于投保一年期意外险的消费者较多，他们出于对断保的担忧，续保都比较积极，甚至有些提前一个月就会询问续保的注意事项，互联网续保短期险通常会有续保链接，这时，因为原意外险还没到期，如果不注意填写起保日期，就会产生重复保障的情况。例如，张三的一年期意外险保障期至 10 月 1 日，张三于 9 月 15 日收到保险公司的续保信息和续保链接，想提前续保，此时续保意外险，需要注意把起保日期选在 10 月 1 日，避免重复保障的情况。

🎯 7.3.5 小结

在进行投保规划的过程中，很多人只会关注保险公司、产品组合、产品保障等，实际上，投保过程中还需要了解投保人、被保险人、受益人三者的关系，清楚保险效力的维持途径，知晓不同类型的保险有不同的职业风险限制。

另外，投保互联网保险时，如果没有专属的保险顾问协助，需要谨慎填写投保信息，并且再三确认，以防出错，因为某些信息在投保后不支持修改。

当下，互联网上最火的保险内容基本都属于营销文，包括不限于产品对比、产品分析、方案推荐等，都是功利目的非常强的文章，越来越少有人静下心来写一些不起眼但却很重要的内容。

本节虽然都是一些热度较低的内容，但能帮助诸位串联起以往很多的保险认知，把四散的珍珠串成一条项链。

7.4
选择线上投保还是线下投保？

目前，保险市场已出现"天下三分"的趋势，保险代理人、保险经纪人、互联网保险都有各自契合的客户群体，谁也不能完全替代谁。保险代理人因为人口基数大，保费贡献仍将长期占比最高，但从业者素质良莠不齐，人海战术后继乏力，靠人力推动保费增长的模式已疲态尽显；保险经纪人近几年发展迅猛，保费贡献占比不断上涨，目前也开始大力发展人力，做组织发展，未来很多可能成为线下投保的主要渠道；互联网保险因为投保便利，费率更有优势，而且背靠大财团与大数据，长期趋势向好，但需要投保人有较高的保险认知，在市场教育深化之下，才有可能充分普及。

综上所述，购买保险的渠道无非两个，线下渠道（代理人、经纪人）与线上渠道（互联网保险），那么，作为普通消费者，我们应该如何选择？

7.4.1　线上购买保险是否靠谱？

十年前，笔者的母亲认为网上购物不靠谱；今天，笔者的母亲已成长为"马总"背后的女人之一。

十年前，网上投保是不可能的；今天，互联网保险已经愈发壮大。

这就是进步。

新事物的产生，一定会有人质疑，互联网投保也一样，作为最近两年才兴起的投保方式，有质疑很正常，没质疑才可怕。十年前诸位如何看网上购物，今天可能就如何看线上投保，十年后线上投保很有可能会和线上购物一样平常。

"线上买保险靠谱吗？"这类问题表面上需要科普，实际需要解决三方面的担忧，包括理赔、产品、公司。

1. 理赔靠谱吗？

在发生合同约定风险事件时，消费者能获得理赔，这就是保单最核心的服务。所以，大部分人最担心的是互联网保险的理赔可靠性，毕竟保险不是普通商品。

（1）理赔会不会很麻烦？

如果一家保险公司开通了网络投保，自然有配套的网上服务流程，包括投保、核保、保全、理赔，否则保险公司只考虑销售，不考虑理赔，是不可能长期经营下去的。保险公司获得盈利需要依靠长期的续期保费，如果客户中途对服务不满意导致退保，除了客户本身有损失，保险公司也会有很大的损失。笔者经常对不同的委托人说："我们要相信保险公司，保险公司从产品设计、定价到服务都是有人专门设计的，你想到的问题别人也会想到，保险公司并不傻。"

（2）理赔会不会很慢？

无论是线上产品还是线下产品，理赔时效都有同样的限制，在30天内给出核赔答复，10天内给付保险金（《保险法》第二十三条）。影响理赔速度最关键的是理赔资料是否递交完整，因为理赔时效限制是从递交完整理赔资料之日开始计算的。另外，理赔速度跟个案关系很大，有些复杂的个案理赔时间长，有些简单的个案理赔时间短。所以，无论是线下保险还是互联网保险，都受到同样的理赔时效限制。

（3）能不能随意拒赔？

无论是线上产品还是线下产品，保险公司都不能随意拒赔，如果要拒赔必须有明确的理由和证据，做到拒赔并不容易。拒赔的原因通常是两个，没如实告知或属于责任免除情形。

2. 产品靠谱吗？

互联网产品普遍会比传统线下产品更便宜，有消费者会担心，产品价格这么便宜，是否存在猫腻？是的，有些消费者特别擅长发现别人的缺点。倘若产品价格贵，批评保险公司没良心，倘若产品价格低，又会怀疑产品有陷阱，无论产品设计得如何，都不会获得所有人的认可，都会存在流言蜚语，这是多元化社会的必然现象。因此，最好的方法是回归初心，了解自己的投保需求，如果是担心产品的真伪问题，笔者教大家一个简单又权威的查询方法，进入"中国保险行业协会"官网，点击"保险产品"栏目，输入产品名字即可查询到该产品条款，权威、简单、准确。

无论是线上产品还是线下产品，任何一款保险产品上市前都需要在银保监会进行报备，经过银保监审核后方可销售，所以，只要能在行业协会官网查到的保险产品，都是合法的、真实的、靠谱的。

3. 公司靠谱吗?

内地的保险公司有四大安全机制：一是《保险法》的保护，二是银保监的强监管（预定利率限制、投资渠道约束、"偿二代"监管体系），三是保险保障基金的兜底，四是再保险公司的分保。无论是传统线下渠道为主的保险公司，还是新兴互联网渠道为主的保险公司，在安全性上没有本质差异。具体内容在本书第一章已经详细写过，这里不再重复。

4. 线上服务

既然需要进行线上投保，必然需要有一系列配套的线上服务，这些服务包括在线预核保、线上核保、线上理赔、线上保全等。

（1）在线预核保

传统的线下人工核保效率较慢，大多不支持预核保，要想知道核保参考意见只能问比较专业的核保人员，或者直接进行人工核保。如今通过大数据统计，越来越多线上产品支持预核保或智能核保，核保过程快速、简单，且不会留下核保记录。

（2）线上核保

对于一些预核保或者智能核保无法确定的异常体况，很多产品也支持邮件核保或线上人工核保，并且在保险公司给出核保结论后，可以申请核保函，证明投保人有进行过健康告知，有正式的核保结果凭证。之前有些同行诋毁线上核保不靠谱，主要是因为没有核保函，这种谣言也可以不攻自破了。

（3）线上理赔

对于一些小额理赔，越来越多的保险公司支持线上理赔，包括邮件递交资料或者 APP 递交资料，笔者也曾经帮助不少委托人进行过线上理赔申请，理赔速度和体验跟线下理赔并无明显差异。

（4）线上保全

通常来讲，线上产品的保全服务电子化会比线下产品做得更好，因为保险公司从设计产品时就需要考虑互联网保单的服务问题，目前很多互联网保险都支持在官方微信公众号进行各项保全资料的变更，例如受益人变更、续期缴费账号变更、联系地址变更、线上领取年金、保单贷款等。相反一些线下产品，某些保全还必须到柜台办理，对于一些分支机构较少的保险公司，显然不够方便。

7.4.2 互联网产品与线下产品有何不同？

一开始，笔者对互联网保险也抱着不信任、举棋不定的态度，但随着对互联网保险接触增多、认识加深，对互联网保险的偏见也逐渐烟消云散。很多保险从业者因为身份关系，对互联网保险都持有一种反对甚至敌对的态度，他们害怕互联网保险的普及会危及自身的饭碗，其实我国的保险市场足够大，优秀的保险从业者应该兼容并包，有一定的肚量，互联网保险与线下保险的目标客户本身就不同，保险同业间更应该取长补短，而不是互相伤害。

对互联网保险感到担忧的朋友，很多是由于不清楚线上投保与线下投保的区别，这里笔者帮助诸位罗列出来。互联网产品与线下产品的不同如表7.1所示。

表 7.1　互联网产品与线下产品的不同

类　型	线　上　投　保	线　下　投　保
产品	专属产品、高性价比	传统产品、定价稍高
投保流程	较为便捷、自助投保	较为严谨、专人指引
合同递送	默订电子合同，可选纸质合同，E-mail 或邮寄递送	纸质合同，专人递送
保全服务	线上 + 线下	线上 + 线下
理赔	线上 + 线下	线上 + 线下

一句话总结，线上投保与线下投保主要差异在于，产品、投保流程、合同递送三个方面，至于保险服务、理赔服务，由于同一家保险公司用的都是同一套系统，没有明显区别。

1. 产品

线下产品，定价比较保守，经营偏于稳健，预定利率较低，各类业务成本较高，股东要求的回报利润更高，因此产品价格相比互联网产品偏高。

互联网产品，多数为中小型保险公司承保，公司知名度不足就需要较为激进的风格，深知要抢夺市场份额就需要有更好的产品，通过主打高性价比产品，指定专属的网销产品来赢得客户的青睐。而且，线上产品在产品形态创新上扮演着急先锋的角色，例如定期重疾险、不带身故的重疾险、三大高发重疾（恶性肿瘤、急性心梗、脑中风后遗症）的加强保障等功能，都是互联网产品首先创新的。

2. 投保流程

线下产品，一般在线下与保险业务员见面，面对面进行产品说明、异议处理，最后在保险业务员的指导下完成投保流程，包括健康告知、填写投保单、上传证件照片、签名等。线下投保流程较为严谨，有专人指引，理论上应该更能避免销售误导。但有趣的是，线下投保的销售误导更多，人情单往往是销售误导的重灾区。

互联网产品，全程在网上完成操作，由线上保险顾问提供指引，投保流程相比线下更简单、便捷，适合有一定理解能力、阅读能力，对保险常识有一定认知的人自助投保。线上投保流程除了比较便捷之外，目前在核保效率上也做得更好，面对非健康体投保，越来越多的互联网产品支持智能核保或者线上人工核保，而线下产品核保无论异常体况巨细，核保流程依然是提交资料、资料审核、核保结论，核保效率较慢。

3. 合同递送

线下产品，一般默认纸质合同，需要保险业务员亲自给客户递送纸质合同，再讲解保险责任、责任免除，之后签收保单回执，满满的仪式感。

互联网产品，一般默认电子合同，如果需要纸质合同，可拨打保险公司电话申请邮寄纸质保单，保单承保后会收到承保信息，几乎所有互联网产品都支持电子回访，回访过程便捷。至于保单真伪验证也十分方便，可通过客服电话、保险公司官方微信验证。

提示一点，无论是电子保单还是纸质保单，都具备同等的法律效力，都是安全的。电子保单也可以自行打印。无论是保险公司给客户打印的纸质保单，还是自己用打印机打印的电子保单，其实都是一沓纸，只不过保险公司打印的纸质合同封面更漂亮，所以，关键还是看产品提供的保障内容、产品条款。

4. 保全服务

什么是保全服务？保全服务是指保单生效后一系列后续服务，例如投保人信息变更、受益人变更、缴费银行卡变更、退保等。

线下产品，如今越来越多保全服务已经可以通过保险公司的微信公众号自助操作。但有些线下产品因为整体保守，部分保全权限不允许线上办理，只能麻烦一些，去到柜台办理。

互联网产品，当然也可以在线下网点办理保全业务。不过，互联网产品开通了更多的线上保全服务权限，打破地域、时间限制，大大提升保全服务效率，例如受益人变更、退保业务等，不少互联网产品都支持微信公众号操作，线上服务做得更好。

5. 理赔

线下产品与互联网产品的理赔流程没有区别。

理赔需要提供的资料包括"一般理赔资料"与"特定理赔资料"，无论是线上投保还是线下投保，如果是同一家保险公司，理赔流程、理赔需要的资料都是一样的，毕竟同家公司用的都是一套标准，而且《保险法》对理赔时效有硬性规定。

最大的不同可能在主观安全感上。例如，多数线下保单是亲戚、朋友销售的保单，很多消费者会主观认为理赔时有亲戚、朋友帮忙，能够更省心，而实际上，万一真的发生理赔，这些亲戚、朋友很有可能已经离开原先的保险公司甚至离开保险行业，况且理赔对事不对人，保险公司只关心案件本身是否符合理赔标准，跟保险业务员是谁没有关系。

无论是互联网产品还是线下产品，目前越来越多公司支持对 2 000 元以下或者 5 000 元以下的小额理赔，可在 APP 或者官方微信拍照上传理赔资料申请理赔。随着保险业互联网程度加深，这种无纸化趋势会愈发明显。

◉ 7.4.3　线下产品贵，为何依然是多数人的选择？

1. 保险公司的层次

由于保险公司规模不同，决定了它们需要结合自身特点，选择能够最大程度发挥自己优势的渠道进行销售，才会有后面一系列的差异出现。在回答线下产品是不是比线上产品贵之前，需要先跟大家科普哪些保险公司以互联网渠道为主，哪些保险公司以线下渠道为主。保险公司层次图如图 7.1 所示。

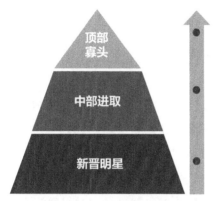

顶部寡头保险公司
拥有顶部流量、知名度、庞大的销售队伍、较稳定的市场占有份额，具备产品定价权，业务方向以线下产品为主。
中部进取保险公司
拥有较高的流量、知名度、销售队伍，但市场份额不足，需要用一定的产品优势来抢占市场份额，业务方向以线上、线下相结合。
新晋明星保险公司
公司成立时间较短，流量不足，知名度低，销售队伍规模小，必须以极致性价比的互联网产品快速抢占市场份额。

图 7.1 保险公司层次图

截至 2020 年，中国内地保险市场有超过 90 家人身保险公司，笔者把所有保险公司按所处层次分为三类，这应该是第一次有人如此分类。

（1）顶部寡头

主要业务来源：线下。

这些保险公司属于消费者日常最容易接触、最常听到的保险公司，拥有顶级的流量、知名度、市场份额，有最庞大的销售队伍，能直接决定产品价格，拥有产品定价权，主要以线下市场为主。

（2）中部进取

主要业务来源：线下 + 线上。

中部进取的保险公司在流量、知名度、市场份额、销售队伍等方面，普遍不如顶层寡头，因此需要提升产品性价比，兼容并包互联网渠道来争取更多的市场份额，不断壮大自己，它们有能力做好线下市场，也有需要拓展线上业务。

（3）新晋明星

主要业务来源：线上。

这类公司普遍成立时间较短，或者销售队伍较小，在流量、知名度、市场份额等方面都不如顶层和中部，只能依靠极致的产品性价比来抢夺市场份额，而且它们也明白不可能复制当年顶层的发展模式，因为每个时期都有特定的时代背景，处在互联网时代，必须拥抱互联网才有可能实现弯道超车。

至此可以理解，不同层次的保险公司，着重不同的业务渠道，导致不同的产品特点。

2. 线下产品一定比线上产品贵吗？

先说结论：并不是。

那为什么很多同业说互联网产品比线下产品便宜 30% 以上？

（1）大型保险公司产品偏贵

大部分消费者能说出来的保险公司不超过 10 家，更不要说知道内地有超过 90 家人身保险公司，在这种情况下，普通消费者的保险初体验基本是通过几家垄断型保险公司开始的。

2017 年保监会发布的保险行业运行报告显示，内地保险代理人数量已超过 800 万，其中几家大型保险公司代理人数量的占比就已经超过半壁江山。

换句话说，当一个人想购买保险，首先接触到的极有可能是那几家大型保险公司，这些公司代理人数量庞大，历史包袱重，业务方向必须依靠线下，如果转为互联网渠道销售为主，非但不能发挥已有优势，反而会触及既得利益者，引起强烈反抗。如果强行推进互联网渠道，可能会导致不少基层代理人失业，甚至会影响社会稳定。

有人说线下产品偏贵，指的是大型保险公司的产品偏贵，如果是中小型保险公司的线下产品，未必偏贵。

（2）线下产品也有亲民款

并非所有线下产品都比线上的贵，只是普通消费者没时间了解，不知道这些产品存在罢了。像一些中部进取的保险公司，虽然以线下销售为主，但因为代理人数量有限，品牌知名度相比垄断型公司较低，为了能从垄断型保险公司手中抢夺市场，他们会推出更具优势的产品，通俗来讲是保费更低、保障更多的高性价比产品，来扩大市场占有率，获得更多的保费收入，得到更多的客户。

所以，这些中部进取保险公司的产品性价比较高，与互联网产品的费率基本一致。至于哪些公司是中部进取的保险公司、哪些产品性价比较高，这里不公开说明，以免有推销嫌疑。

补充一点，为什么垄断型保险公司不在意这些中部进取公司，提升产品性价比？

我们尝试着换个角度，站在公司股东的立场思考一下，即便产品贵、保障有欠缺，产品销量依旧冠绝行业，利润丰厚，何必降低价格，增加保障？

（3）为什么互联网产品普遍更实惠？

其原因归根到底四个字：迫不得已。

新晋明星公司是互联网保险的主力军，换位思考一下，当你的公司知名度、流量、市场份额、销售队伍都远不如别人，若此时你的产品依然缺乏竞争优势，消费者凭什么要选择你，而不去选择那些顶部寡头公司？

不过，这些新晋明星保险公司也受益于销售队伍小、线下网点少等因素，运营成本较低，历史包袱小，加之投资人在初期往往舍得投入大量资金，它们可以大胆地推出地板价的强势产品。对于普通消费者而言，这是喜闻乐见的。

而当一家保司发展稳定，市场占有率提升后，产品性价比必然会降低。例如光大永明人寿，国企背景很稳健，但之前一直以银行渠道为主，瞧不起个人保险市场。2019 年初开始进入个人保险市场，为了快速增加市场份额，推出了一款十分优秀的重疾险产品，这款产品保障之强势、健康告知之宽松，霎时间风头无两。后来，可能因为完成了预定销售目标，该产品核保收紧、健康告知变严、最高保额变小，明显开始控制保险标的风险，从激进转变为稳健。有些便宜不抓住，便有可能过期不候。

3. 为什么大家更愿意选线下产品？

既然互联网产品这么香，为何线下产品依然是主流？主要有以下三个原因。

（1）互联网产品服务深度不足

虽然互联网产品保障优秀，但由于主攻互联网产品的保险公司通常规模较小，线下的分支机构较少，有些甚至连北上广深等一线城市都没有线下分支机构，导致服务深度不够。

反观顶部寡头，不仅在北上广深有浩如繁星的网点，甚至在三四线城市的乡镇地区都有分支机构，起码在处理后续的保全、理赔事务上会更便捷。

尤其是部分年龄稍大的消费者，对电子化的东西都不太感冒，也不容易接受，他们更愿意老老实实到网点排队，这时线下分支机构多的优点就显现出来了。

（2）主观认为线下产品更靠谱

因为主攻线下产品的保险公司分支机构较多，所以能给人更多的安全感。

不要小看安全感，很多人做决定并非依靠相对客观的理性，而是依靠相对主观的感性，但其实，主观上的安全感并没有安全多少，例如很多女性步入婚姻时，主要因为其配偶能给予一种安全感，但我们也知道当下的离婚率越来越高，这意味着主观安全感并不可靠，能够保障自身权益的武器依然是法律。

无论是线下产品还是互联网产品都同样靠谱，同样安全，且保险公司都有国家背书，关键还是看自己的需求，能满足自己需求的产品就是好产品。

请记住，人情是一阵子的，保单是一辈子的，保险销售员是一个流动性很强的岗位，大部分销售留存不到 1 年，超过 3 年的寥寥无几，如果亲戚、朋友以后离开保险行业，原保单也会成为"孤儿单"，所以买保险要看中产品本身是否适合自己的需求，而不是因为跟某位亲戚、朋友关系好而投保。

首先，保险销售员只是保险公司的业务员，一名"打工仔"，保单的主要利润归属保险公司。

其次，如果你认为亲戚、朋友跟自己的关系真的很好，但因为产品不适合，确实不想投保，可以请他出去吃顿饭，买点礼物作为补偿。但老实讲，如果你有这样做的冲动，真的很可笑，一个业务员做业务推广，客户拒绝后还得请业务员吃饭，让业务员消消气，到底谁才是客户？如果这些亲戚、朋友具备专业的素养，就不会介意客户的拒绝，拒绝是正常的商业行为，大家都是成年人，不是小孩子了。

综上所述，线下产品依然占主流更多是主观因素的影响，因为市场并非完全理性。

🎯 7.4.4　小结

根据艾瑞网 2019 年发布的《中国互联网保险行业研究报告》显示，中国保险市场的原保费收入超过 4 万亿元，而互联网保险保费收入才 1 889 亿元，互联网保险渗透率仅为 5%，互联网保险的体量与线下保险的体量没得比。

笔者认为造成这种局面一方面是由于大部分人对互联网保险持有观望态度，另一方面是因为互联网投保渠道较少且适合互联网投保的人需要有一定的保险认知，所以线下投保依然是目前主流的投保方式。

那么，体量小是否意味着没前途？其实不然。体量小意味着增长潜力大，行业的增长往往都是一个量变到质变的过程，当发生质变时便会出现指数级增长。

2012 年，王健林传统零售对赌马云的互联网电商，谁能料想今天之结局？传统零售与互联网电商并非替代关系，今日之结果反而说明双方都无可替代，由于互联网电商当初体量小，增长速度快，方有今日分庭抗礼之境况。

同理，虽今日互联网保险体量小，但未来可期。十年后，当我们蓦然回首，可能会发现互联网保险与线下保险早已两分江湖。或许，根本不需要十年。

第 8 章

核保、理赔、投诉

填完投保信息后，"健康体"便能顺利承保。如果是"非健康体"，还需要经过核保的过程，才能判断能否承保。

承保后，保险公司提供的主要服务便是理赔，应该没有人希望自己早日出险、早日理赔，但保险就是作最坏的打算，最好的准备。那么，如果发生理赔，需要准备哪些必要的理赔资料？著名的"不可抗辩"条款是否免死金牌？如果当地没有该保险公司的分支机构，是否会影响理赔服务？万一出现理赔纠纷，普通消费者有哪些维权手段？本章将围绕以上问题展开说明。

8.1
你需要了解的核保知识

核保是指保险公司根据掌握到的"保险标的"信息，判断、决定该"保险标的"是否承保或者以什么条件承保的过程。

经常在论坛上看到"如何买好保险"之类的提问，其实"能不能买"比"买什么产品好"更重要，因为保险不是想投就能投的。随着体检的普及，越来越多人每年都会进行体检，但现代生活习惯又导致亚健康流行。2018 年上海外服联合《大众医学》杂志社共同发布的《2018 上海白领健康指数报告》显示，2017 年上海白领体检异常比率高达 97.08%，换句话说，100 个人中只有 3 个人在投保时完全符合健康告知要求，需要通过核保才能判断能不能买保险。本节将帮诸位解决一些常见核保疑问，让诸位对核保有更深入的了解。

🌼 8.1.1 为什么要核保？

核保主要为了对客户公平，也为了维护保险公司的稳健经营。

首先，保险公司起源于互助组织，每个人进入组织前需要缴纳一定的会费，倘若有会员发生风险事故，则可以得到互助组织的经济补偿，这种带有"一人为众，众人为一"原则的契约，即目前被广泛认可的具有现代意义的保险的起源。我们每个人向保险公司缴纳的保费，都是基于一定的风险发生率来计算的，例如，正常情况下 A 重疾的发病率为 10%，大家可以缴纳 1 万元保费获得 10 万元保额，但如果张三在明知自己 A 重疾的发病率为 50% 的情况下，却依然可以以 1 万元保费获得 10 万元保额，这对其他标准体显然是不公平的，为了体现公平性，应该把张三的保费调整为 5 万元，或者除外 A 重疾。

其次，商业保险是以盈利为目的的，产品定价需要符合精算原则，核保能控制实际保险标的风险符合精算假设，维护保险公司的长期可持续经营，否则皮之不存，毛将焉附？

因此，无论是对客户，还是保险公司，核保都是非常必要的。

8.1.2 核保方式与核保结论

既然核保是必要的，那对于不符合健康告知的非标准体，可以通过哪些方式进行核保？核保的结论又有哪些？

1. 核保方式

核保方式无非两种，人工核保与智能核保，它们都是针对有健康异常的人群的核保方式。传统的核保方式为人工核保，后来随着互联网保险的兴起，才有了智能核保。它们的特点分别如下所述。

人工核保，线下核保主要方式，核保严谨，速度较慢。如果不清楚自己的异常体况或者在智能核保里没有的选项，一般通过人工核保进行，例如很多产品的健康告知里都有这类提问："在过去2年内您是否存在以下一项或几项检查结果异常，被建议随诊、复检或进一步检查：血常规异常、尿常规检查异常、X光、B超、彩超、CT、核磁共振、内窥镜、病理活检、眼底检查、血液检查。"像一些血液异常、尿液异常等，如果在智能核保里没有对应选项的，只能走人工核保。以前的人工核保只能递交纸质资料进行，现在的人工核保已经可以通过邮件核保或者通过线上拍照上传资料，人工核保便捷度已然大大提升。

智能核保，互联网产品通常支持智能核保，核保速度快，投保人按提示填写健康告知，勾选智能核保相对应的选项，可马上得到核保结果且无核保记录。随着保险电子化程度加深，各种AI技术的引入，未来的智能核保会更完善，提升核保效率。

人工核保与智能核保都是靠谱的核保方式，不存在哪个更好，投保时要结合自己的情况，选择适合自己的核保方式，适合自己的才是最好的，工具需要灵活运用，不必拘谨于一招一式，毕竟工具是为人服务的。

2. 核保结论

核保结论有2种：可以承保与不能承保，又分为5个小项，分别是标准体承保、加费承保、除外承保、延期、拒绝承保。核保结论如图 8.1 所示。

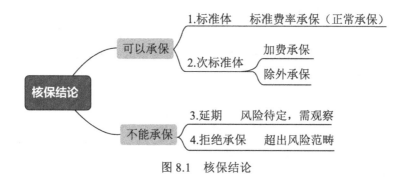

图 8.1　核保结论

（1）标准体承保：保险公司判定该项不会影响理赔率，按标准费率承保，即我们所说的"正常承保"。

（2）加费承保：保险公司判定该项异常会影响理赔率后，将在标准费率基础上增加部分保费予以承保。

（3）除外承保：保险公司判定该项异常会明显提升特定疾病的发病率，需要除外该特定疾病，其他责任正常承保，例如除外甲状腺癌、乳腺癌、肺癌等，加费承保与除外承保可能同时存在。

（4）延期承保：保险公司对健康告知中所描述的健康状况不能立马判定，需要一定时间观察，待诊断明确后才能决定是否承保。

（5）拒绝承保：保险公司判定告知的异常项目超过其风险承受范围，拒绝承保。

在实际核保案例中，绝大部分"非健康体"都可以标准承保，拒保的占比很低，所以对于有健康异常的朋友，更应该如实告知，避免理赔纠纷风险。

◉ 8.1.3　临床医学与保险医学

在实际案例中，不少消费者会因为一些"小问题"而被保险公司拒保，例如李四因体检发现乳腺结节，如实告知保险公司，最后被拒保，然后生气地跟业务员说："医生都说乳腺结节是小问题，很多女性都有，为什么保险公司就拒保呢？欺负人吗？"这种情形恰好体现了临床医学与保险医学在判断健康异常时的目的不同，从而导致结论不同。

1. 概念

临床医学与保险医学都属于应用医学的大类，临床医学是我们平时日常所认识的医学，一般人对临床医学的理解基本建立在与医院、医生的接触上，它与人民生活密切联系，直接服务于患者；保险医学鲜为人知，它是人寿保险运营中应用的一种特种医学。

2. 相同点

临床医学与保险医学的研究对象都是人的生、老、病、死，运用方法都是依据医学科学的理论。例如，血常规、尿常规、心电图、B超、CT、核磁共振等，都是临床医学与核保医学的常规检查手段。

3. 不同点

（1）研究目的不同

在我们日常的人身保险投保过程中，通常会遇到一些这样的问题：保险公司会因为客户健康状况不佳（例如高血压、高尿酸血症、甲状腺结节等）为理由提出加费承保、责任除外、拒绝承保等情况，但是很多客户觉得不合理，认为不可理解，因为医生告诉他这都是小问题，很多人都有。这恰好体现了保险医学与临床医学的差异。

临床医学的目的是要确诊病人疾病情况，找出有效的治疗方法，主要是确诊与治疗。因此，临床医学上重视存活率，假如某种疾病存活率超过90%（仅为了举例），医生就不认为是严重疾病，同时为了安慰病人肯定需要淡化病情，毕竟良好的心理状态有利于疾病控制，应该不会有医生会放大疾病后果，给予病人巨大的心理压力。

保险医学的目的是要判定被保险人投保时，有无存在或潜在影响其死亡率的健康风险因素，要预估已知疾病在未来可能造成的后遗症、并发症、对寿命和健康的影响程度。因此，临床医学重视发病率、死亡率，而不是确诊与治疗。

（2）应用目标不同

临床医学主要目的是救死扶伤，治病救人，降低死亡率，提高生存率，通常是非营利性事业。

保险医学主要目的是确保被保险人群体实际发病率、死亡率与精算假设相符，保证公司基本利润，确保不同风险的"保险标的"按照不同费率承保，体现客户的公平性。

（3）对健康定义不同

临床医学认为的"健康体""正常体"，往往在保险医学中会认定为"非健康体"从而需要加费承保、责任除外甚至拒保。例如，临床医学认为乙肝病毒携带者是正常的，如果没有不适症状，不需要特殊治疗，而保险医学则认为乙肝携带者是非健康体，若投保重疾险，通常会加费承保或者除外承保。

由于临床医学与保险医学在研究目的、应用目标、对健康定义三方面的不同，导致了核保中很多老百姓认为的"小病小痛"被保险公司加费承保、除外承保甚至拒绝承保的情况发生。这是规矩，所以要遵守，如果对这些规矩不认可，可以不投保商业保险，毕竟商业保险本身就是商业性质的。

8.1.4　未来可能不再需要健康告知

投保前，笔者都会跟委托人再三强调要注意健康告知的内容，如果没有履行健康告知的义务，以后理赔时可能会发生不可描述的事情。

这时，部分好奇心特强的委托人又有疑问了："投保时保险公司不好好调查我的健康信息、财务信息、历史投保信息等，理赔的时候才仔细调查，好像在找各种理由拒赔，这是套路吗？"

那么问题来了，保险公司为何在投保时不去调查，要等到理赔时才去调查？

仔细捋一捋，诸位的健康信息分布在各家医院、体检中心；财务信息分布在各家金融机构的系统中；历史投保信息分布在各家保险公司的档案中。如果针对每位投保的客户，保险公司都要专门派人查一查，估计调查人员的差旅费成本都可能超过客户所交保费了，最后还可能得出不予承保的结论。这保险公司还能开吗？除非是那些大额保单，保险公司需要在投保前对投保人或被保险人的健康/财务等状况进行调查，排除逆向选择的风险；但对于小额保单，就算不告知也能直接通过，如果理赔调查时发现确实属于带病投保的情况，一般最坏的结果是解除合同，退还保费。

总的来讲，投保前不去调查受限于两个字：成本。但在不久的将来，投保或许不再需要告知。

1. 大数据记录着真实的你

之前笔者的一位朋友投保重疾险（保额较大），填写投保资料时一切顺利，最后却不能投保，多次尝试也如此。后来经过与该保险公司专员沟通，才发现这位朋友被大数据风险系统检测到长期熬夜之类的，投不了高保额。曾经听过某些同业说有客户因为熬夜被保险公司拒保，当时以为是笑话，如今知道是事实。

怎么能检测到我们在熬夜？

别忘了，我们每天都在使用各种APP，例如凌晨3点你还在微信刷朋友圈，大数据风控正以润物细无声的速度影响着整个保险行业。甚至在人工核保环节，已经有部分公司开始尝试引入人工智能和大数据来进行辅助核保，例如在人身险领域，已经有公司通过智能穿戴系统收集消费者健康数据，以实现区分费率、防止欺诈的目的。

（1）智能穿戴系统

喜欢运动的朋友大多都会佩戴智能手环或运动手表，别小看这小小的智能穿戴设备，它在日积月累地记录着我们的数据并上传到云端，保险公司很可能在不久的将来通过这些大数据了解"真正的你"，此时此刻笔者看了看自己手机里"小米运动"APP里的数据，体重、体脂、睡眠时间等都有详细记录，细思极恐，但又不得不用。

（2）消费支付信息

自从我们习惯使用支付宝、微信这类APP电子支付后，虽然无意间消灭了大部分扒手，但也使得我们的每一笔开销都会被记录在大数据中，包括我们的饮食结构、购物习惯、理财偏好、财务状况、烟酒购买记录等，大数据会比我们自己更了解自己。举个例子，张三一日三餐全靠外卖吊命，每天步数不超过3 000步，淘宝购买衣服是加大码，每天买两包烟，投保时在健康告知上勾选说自己体重正常（BMI值为24）、不抽烟……如果你是保险公司，你相信吗？

健康告知存在的目的是，要求投保人或被保险人提供保险公司想了解的基本信息，防范逆选择。如果将来大数据量足够丰富，模型足够准确，投保将不再需要健康告知，因为大数据已经替你把最真实的情况告诉了保险公司。

2. 熬不过两年

很多人都知道《保险法》里存在"不可抗辩"条款，即保单成立超过两年的，保险公司不得解除合同（《保险法》第十六条），有些人会误以为，只要保单成立超过两年，就算属于带病投保的情况，保险公司都需要履行给付保险金义务。

首先，不可抗辩期是限制保险公司肆意解约并拒赔的行为，并不是让恶人钻空子骗保的神器；其次，大数据的降维打击来临后，这些带病投保的保单是熬不过两年的，保险公司可以通过大数据筛查过往信息，如果发现实际情况与告知情况不符合，可能会重新核保或解除合同退还保费。

3. 理赔更准确

保险理赔是保险服务价值链上非常重要的一环，也是与互联网结合最为密切的环节。目前越来越多保险企业都已推出基于 APP 或微信公众号的线上理赔系统，但有两个问题在理赔实践中长期困扰着保险公司，一是理赔时效，二是保险欺诈。

（1）理赔时效

传统的理赔手段以人工查勘、人工定损为主，主要的工作量和成本都集中在人力资源上，由于人工定损更多依赖于理赔人员的个人能力，而培养一名优秀的理赔人员所花费的时间成本和资金成本往往十分巨大，令人力资源成本越来越高。未来，人工智能理赔系统可以通过收集、分析整个行业的理赔案件，建立数据模型，在发生保险事故时由消费者将事故现场情况以及标的物的损害情况上传到保险公司，由智能理赔系统给出定损建议。

（2）保险欺诈

由于现有法律、合规制度和技术上的问题，保险公司依靠传统手段很难对每个保险理赔进行逐一识别再判断其是否为欺诈。智能理赔在识别保险欺诈上则可以发挥较大的作用。基于大数据的人工智能技术能够突破传统理赔调查的局限，通过对被保险人、保险标的物等各方面数据进行收集和分析，一方面可以为保险公司建议理赔调查的方向，另一方面可以为保险公司提供直接的事实依据。

8.1.5 小结

核保的内容很多，但由于笔者并非专门从事核保工作，只能基于自己从业以来接触到的信息进行提炼与归纳，说明一些基本原理与方向，分享个人对核保过程的观点。

其实，对于大部分只是想投保的老百姓来讲，并不需要十分深入地了解核保工作，只需要对核保工作有一个整体的了解，做到为我所用即可。

首先，核保是合理且必需的，既体现了对客户的公平性，也能维护保险公司的安全运营。

其次，核保方式无非分为人工核保与智能核保。人工核保传统、严谨，速度较慢；智能核保是互联网保险普及下的产物，灵活快速；核保结论分为标准体（正常）承保、加费承保、除外承保、延期、拒保。

再次，很多医生认为的"小问题"可能会在投保时被保险公司认为是"大问题"，虽然临床医学与保险医学用的医学科学理论一致，但研究目的、应用目标的不同导致对健康定义的不同。

最后，分享笔者对未来大数据加持保险的看法，仅代表个人观点，大数据极有可能会被应用于保险的各个业务流程中，包括产品定价，例如生活习惯好的人保费更便宜，生活习惯较差的人保费更贵。大数据能使保险更公平，我们今天抱怨保险公司的不足，保险公司明天可能就会活成我们害怕的样子。"严进宽出"应该会是将来核保的大方向，投保时审核更严谨，理论上理赔时速度更快，因为该查的在投保时已经查过。所以，投保最好趁早，趁个人身体尚且健康，符合健康告知要求，趁个人大数据模型尚未建立，否则以后想更改已经存档在云端的大数据，或许只能重新投胎。

8.2
不可抗辩条款

保险合同（契约）是投保人与保险人约定保险权利义务关系的协议，但投保人是个体，保险人是公司团体，万一发生理赔纠纷，个体力量对公司力量无疑是失衡的。

在 18 世纪末至 19 世纪上叶的英国，投保人或被保险人是否履行如实告知义务会直接影响保单效力，这意味着当发生理赔时，只要保险公司发现投保人或被保人有隐瞒或者没有如实告知的行为，即使这个行为对于保险标的风险没有实质性影响，保险公司都可以此为由拒绝赔付，解除合同。这导致一些即便生效几十年的保单，由于保险公司在理赔时发现投保人或被投保人在投保时未完全如实告知，最终拒赔，当时的保险公司也被称为"伟大的拒赔者"，俗称"伟大的老赖"。后来这种情况越来越多，直接导致保险公司的信任危机，甚至威胁保险公司的生存。在这个大背景下，必须要有限制保险公司肆意拒赔的手段，不可抗辩条款得以诞生。

因此从历史角度来看，不可抗辩条款是为了渡过"诚信危机"，重塑保险公司形象而出现的。不可抗辩条款即保险合同生效一定时期之后，保险公司就不得以投保人误告、漏告等为理由拒绝赔付。

不可抗辩条款设立的初衷是好的，但有些保险从业者会一厢情愿把它理解成"保单过了不可抗辩期都能赔"的免死金牌，这种想法既无知又危险。

⊙ 8.2.1 什么是不可抗辩条款?

我国的不可抗辩条款出自《保险法》第十六条：

订立保险合同，保险人就保险标的或者被保险人的有关情况提出询问的，投保人应当如实告知。

投保人故意或者因重大过失未履行前款规定的如实告知义务，足以影响保险人决定是否同意承保或者提高保险费率的，保险人有权解除合同。

前款规定的合同解除权，自保险人知道有解除事由之日起，超过三十日不行使而消灭。自合同成立之日起超过二年的，保险人不得解除合同；发生保险事故的，保险人应当承担赔偿或者给付保险金的责任。

投保人故意不履行如实告知义务的，保险人对于合同解除前发生的保险事故，不承担赔偿或者给付保险金的责任，并不退还保险费。

投保人因重大过失未履行如实告知义务，对保险事故的发生有严重影响的，保险人对于合同解除前发生的保险事故，不承担赔偿或者给付保险金的责任，但应当退还保险费。

保险人在合同订立时已经知道投保人未如实告知的情况的，保险人不得解除合同；发生保险事故的，保险人应当承担赔偿或者给付保险金的责任。

保险事故是指保险合同约定的保险责任范围内的事故。

为什么要把《保险法》的内容搬出来？因为这是官方权威，不可以自作主张地更改，当然权威表述比较生硬，不方便普通老百姓阅读，需要通俗解读。笔者对不可抗辩条款通俗解读为以下三点。

（1）"两年不可抗辩"是指保险公司在保险合同生效两年后不能因投保人未如实告知而解除保险合同。

（2）如实告知在前，不可抗辩在后。理论上投保人或被保险人需要先履行如实告知义务，保险公司才有不可抗辩的限制。

（3）"不可抗辩"指"不能解除合同"，换句话说，不能解除合同与能否理赔没关系，不能解除合同≠不能拒赔，不要一厢情愿地将不可抗辩当成免死金牌。

8.2.2　不可抗辩在"辩"什么？

不可抗辩的"辩"是保险公司的"解约权"，指合同成立两年后，保险公司不得解约，仅此而已。那什么情况下保险公司可以解除合同？根据《保险法》第十六条的总结与归纳，以下情况保险公司可以解除合同。

（1）投保人故意或因重大过失未如实告知。

（2）未告知内容足以影响是否同意承保或者提高保险费率的。

（3）投保时不知道解除事由的。

（4）知道解除事由 30 天内。

（5）合同成立之日起 2 年内。

其中第（1）至（4）项是由保险公司主导判断的，有很大的主观因素，所以这就解释了 19 世纪英国为什么有那么多肆意拒赔的案件发生，为什么保险公司会被称为"老赖"。

只有第（5）项是客观明确无争议的，所以"两年不可抗辩"条款的引入限制了保险公司肆意解约拒赔的行为，对重塑保险公司诚信形象有着重大作用。

说实话，肆意解约拒赔的行为对整个保险行业都有很大的压力，因为"一颗老鼠屎坏了一锅粥"的道理谁都懂，拒赔个案的负面影响是不可控的，负面印象一旦形成，要想扭转人民群众的看法必须付出极大的努力，花费相当长的时间，例如即使 2019 年保险行业的理赔率在 97% 以上，依然有很多人觉得商业保险就是"这也不赔，那也不赔"。

8.2.3 赔不赔在于"保险事故"

在实际展业的案例中，很多委托人曾经跟笔者反馈："投保时，保险公司的业务员什么也没问，我跟他说自己有健康异常，业务员说过了两年都能赔。"现在我们知道业务员这样说的原因来自于对不可抗辩条款的错误解读，那么消费者即便是带病投保，过了两年都能赔吗？

其实，赔不赔的关键在于"是否发生保险事故"，简而言之是"有没有出险"，这跟"两年不可抗辩"是两个概念，不能混为一谈。如果投保人没有履行如实告知业务，保险公司可以对合同解除前的保险事故不承担赔偿责任（《保险法》第十六条）。

不可抗辩条款的引入虽然限制了保险公司肆意解约的行为，但依然需要判断是否属于"保险事故"范围。问题来了，什么是"保险事故"？

"保险事故"是指保险合同约定的保险责任范围内的事故，也就是保险合同里的保险责任，重疾险、寿险、医疗险与意外险的保险责任如下。

1. 重疾险

重大疾病保险里的"保险事故"通常指"初次确诊"或"首次罹患"。举个例子，如果张三投保前已经罹患过癌症，但隐瞒了这一情况，等过了 2 年后才拿着当年的病理报告来申请理赔，由于癌症不是"初次确诊"，自然不属于保险事故范围，保险公司有充分的拒赔理由，但又因为过了 2 年不可抗辩期，合同并不能解除（也有可能被定义为无效合同）。再举个例子，如果李四投保后在等待期内确诊癌症，但为了得到 100% 保额的理赔，拖到等待期后才报案申请理赔，虽符合"初次确诊"的定义，但由于是在等待期确诊，只能退还累计保费，不能获得 100% 保额的赔偿。因为合同成立不足两年，此时保险公司可以解除合同。

2. 寿险

寿险里的"保险事故"指"身故"，通常情况下人的生命只有一次，理论上一个人只能"死"一次，所以不存在"首次死亡"的说法，如果带病投保寿险满两年的情况下，保险公司一般都会理赔，前提是这两年内保险公司没发现被保险人带病投保，否则保险公司可以解除合同。

3. 医疗险与意外险

医疗险与意外险主要是一年期为主的产品，达不到两年通常不受"不可抗辩条款"的保护，但由于目前百万元以上的医疗险都可以做到自动续保，甚至有些产品有一定的保证续保期，长期医疗险或许也能适用不可抗辩条款，笔者曾经听过一些法院的医疗险理赔纠纷案例，同样能用不可抗辩条款赢得诉讼，当然这是个案，不具有广泛性，这里抛砖引玉，欢迎诸位一起讨论和收集案例。

8.2.4　带病投保两年后能不能赔？

有些消费者会问："如果投保前不是曾经罹患癌症这种大问题，而是一些结节、增生、息肉类的异常体况没告知，两年后能理赔吗？"由于两年不可抗辩的争议主要发生在重疾险案例当中，所以这里以重疾险为例分析，能否理赔取决于两个关键因素。

（1）过往体况的严重性

如果过往的异常体况属于核保红线，拒赔概率大。什么是核保红线？例如，癌症、心脏病、脑梗等，这些会明显提升重疾的发病率且属于影响保险公司是否同意承保或者提高费率的异常体况，如果投保时没告知，即便过了2年，拒赔依然是大概率。

（2）罹患的重疾是否与过往体况有关

举个例子，张三投保时存在肺部结节，没有如实告知，两年后确诊肺癌，由于肺结节与肺癌有明显的关联性，就算过了2年不可抗辩期，拒赔概率也很大。但如果两年后确诊肝癌，由于肺结节与肝癌没有直接的因果关系，内地保险成功理赔的概率较高。这也解释了为什么以前的消费者不重视如实告知，投保过程随意，但大部分案件依然可以顺利理赔，在"可赔可不赔"的情况下，内地保险公司可能会通融赔付，而法院的判决一般是倾向于保护消费者的。

8.2.5　小结

契约双方本就有对应的义务与责任，不能只许消费者破坏规矩，却让保险公司遵守游戏规则。不可抗辩条款引入本意是为了保护投保人的权利，但这种保护并非纵容，更不能成为邪恶之人借正义之名行骗的工具。

很显然，避免理赔纠纷最好的方法还是如实告知：一方面健康告知没有那么可怕，大部分"非健康体"都能够正常承保，而且目前核保方式多样化，核保方便、快捷，没必要隐瞒体况；另一方面，保险本身是抵御风险的工具，不要让你的保单变成一种风险，这样不值得。最后再强调一次，不可抗辩条款不是免死金牌，不可抗辩条款跟赔不赔真的没有关系。

8.3
保险很好，但本地没有分支机构能买吗？

之前提到过，通常中小型保险公司的产品性价比更高，但中小型保险公司分支机构较少，有些甚至连北上广深这些一线城市都没有分支机构，如果产品真的很好，决定要投保，但消费者所在区域没有该家保险公司的线下分支机构，就属于"异地投保"的情形。那么"异地投保"是否可行？是否会对保单效力产生影响？万一出险是否会影响理赔？本节将帮诸位解答上述疑问。

8.3.1 为何会有"异地投保"这个梗？

谈"异地投保"需要从历史讲起。在保险与互联网结合之前，保险公司开展业务都需要先成立省级分支机构，然后从省分公司到各地中心支公司往下开展业务，这样做是因为当时申请理赔还需要在柜台面对面进行，如果出现保险纠纷，需要跨地区来回奔波，不但存在隐患还加大了监管难度，因此出于监管考虑干脆"一刀切"，在 2004 年的《保险公司管理规定》里就明确规定，保险公司的分支机构不得跨省、自治区、直辖市经营保险业务。

后来，随着互联网经济崛起，保险与互联网的结合日益加深，原先的监管规定已经不适应社会发展。在 2015 年下发的《互联网保险业务监管暂行办法》第七条中提到，意外险、定期寿险、普通型终身寿险的互联网保险业务可拓展至未设立分公司的省、自治区、直辖市。这是因为意外险、定期寿险、终身寿险的保障责任相比重疾险、年金险简单，所需要提供的保单服务相对较少，发生保险纠纷的概率较低，因此就算当地没有分支机构，也不会影响保单服务时效。这里体现了强监管的风格，用强监管保证保险公司的服务到位。

怎么没有看见医疗险？在 2015 年印发的《互联网保险业务监管暂行办法》中规定，能够独立、完整地通过互联网实现销售、承保和理赔全流程服务的财产保险业务，也可以跨区域网销。由于医疗险的承保公司分为人寿保险公司、健康保险公司、财产保险公司，按照规定，人寿保险公司与健康保险公司的医疗险不能跨区域销售，但财产保险公司的医疗险可以跨区域销售。从这方面解读，医疗险也是默许跨区域销售的。

那么，重疾险和年金险还是不能"异地销售"吗？当然不是。

2019 年 12 月，由银保监会中介监管部牵头起草的《互联网保险业务监管办法（征求意见稿）》第三十条显示，意外险、疾病保险、医疗险、普通寿险、养老年金保险都可以拓展至未设立分公司的省、自治区、直辖市进行销售。这说明可以跨区域网络销售的险种范围进一步扩大，这是因为目前各种线上保全、远程理赔等服务已经十分成熟，即使当地没有分支机构，对保单服务影响也不大。

当然，这是征求意见稿，截止到笔者落笔之时还没有正式下发，但可以明显看到监管对于"异地投保"的态度有松绑之势，因为监管也明白异地投保对保单服务的影响已经越来越少。

既然目前征求意见稿还没有正式下发，是否意味着从法律层面来讲，还不能进行"异地投保"？当然不是。

监管的要求是不允许保险公司的某些险种进行"异地销售"，这是对保险公司的限制，不是对消费者的限制。很多人会把"异地销售"等同于"异地投保"，这是错误的，因为监管是限制"异地销售"，而不是限制"异地投保"。在 2018 年 10 月 9 日，"银保监微课堂（银保监官方微信公众号）"里针对网友对"异地投保"的疑问给出了以下答复："投保地区是保监会对保险公司经营业务地区的限制，并非对消费者的限制。如果消费者认为某产品适合自己，且保险公司可提供完善的线上理赔服务，满足自己的要求，愿意异地购买，也可以到保险销售地进行购买。"所以，关于"异地投保行不行"这类问题的争论可以停止了，因为官方早已做出答复。

◉ 8.3.2 异地投保是否影响理赔？

有些消费者会打电话询问保险公司"不在投保区域是否可以在这里投保"，

客服的答案肯定是"不能"，因为监管规定是不能"异地销售"的，且客服电话都有录音，万一是监管部门随机抽查就麻烦了。但如果换个问法问客服："投保你们家的重疾险后，如果以后回老家发展，当地没有你们的分支机构，支持全国通赔吗？"客服的回答一定是"支持"。因此，异地投保并不影响保单效力和理赔结论，而且，由于我国外出务工人员多，人员流动性强，很多人在北上广深等一线城市打拼，但后面又会因为一些原因落叶归根，难道当初在北上广深投保的保单回到老家后就失效啦？这显然是不合理的。

因此，异地投保不影响理赔结论，但可能会影响理赔时效，理赔时间可能会长一些，毕竟如果发生相对复杂的案件，需要进行理赔调查，由于当地没有分支机构，调查时间会更长一些。

8.3.3 保全与理赔服务

部分消费者会担心没有线下网点，保单后续的服务得不到保证，其实保险公司提供的售后服务主要包括两类，分别是保全服务和理赔服务，但有些保险业务员在销售过程中会过分强调附加值服务，例如日常的关系维护或者保险公司有新产品邀请消费者过去听产品说明会等，这些附加值服务不应该作为投保时考虑的重点。

1. 保全服务

目前很多保险公司都支持丰富的线上保全服务，可以直接通过保险公司的微信公众号变更大部分保单信息，包括电话、地址、受益人、缴费银行卡等，线上保全比线下网点办理更方便，因为线下办理还要手写申请表，提供身份证等信息，而通过线上办理实时操作，不用排队，十分方便。

2. 理赔服务

有些消费者会担心异地理赔没有网点会很麻烦，其实无论是线上理赔还是线下理赔，理赔流程都不复杂。

首先，目前很多保险公司都支持小额理赔线上办理，出险后可通过保险公司的微信公众号直接拍照上传资料申请理赔，从已经体验过的线上小额理赔的朋友的反馈来看，整个流程比较方便，以后应该会越做越好。

其次，如果是大额理赔，需要邮寄纸质的理赔资料。异地大额理赔流程如

图 8.2 所示。

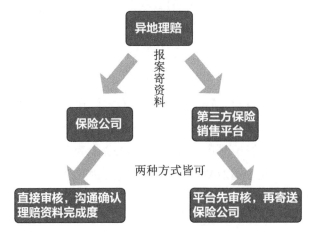

图 8.2　异地大额理赔流程

邮寄资料理赔分为两类，一类是直接通过保险公司投保的，可以把理赔资料直接邮寄给保险公司沟通确认理赔资料完成度；另一类是通过第三方保险销售平台投保的，可以先把理赔资料邮寄给平台，由平台先把关审核，再帮消费者邮寄给保险公司。

如果曾经尝试过邮寄资料理赔，就会知道这并不麻烦，因为理赔需要什么资料，理赔申请表怎么填写都会有相应的指引，按照指引准备好理赔资料进行邮寄，然后坐等理赔即可。

8.3.4　小结

笔者认为，真正的"异地投保"是投保境外保单，因为境外保单不是"分支机构少"的问题，而是在我国内地"没有分支机构"的问题，但即使面临服务不便和法律体系不同的风险，依然有不少高净值家庭"打飞的"去境外投保，难道说境外保险就不能理赔吗？显然不是。

我国内地所有省、自治区、直辖市都属于同样的法律体系，受到同样的监管机构监管，《保险法》里也没说"异地投保"就不能理赔，内地的"异地投保"，理论上是"异地"，实际上都是"本地"，从南到北、从东到西，在日行千里的高铁之下，跨省早已不是问题。

综上所述，"异地投保"合情、合理、合规、合法，是靠谱可行的，关键要看产品是否适合自己。

8.4
理赔需要准备哪些资料？

上一节讲了异地理赔需要邮寄理赔资料，其实不管投保互联网产品还是线下产品，异地理赔还是本地理赔，同类型保险理赔时需要的资料基本一致。不过，由于在保险销售过程中，大部分保险从业者把重点都放在了产品说明与分析上，而对于理赔环节的科普较少，一旦发生理赔，消费者难免有点慌乱。因此本节笔者将把理赔通常所需要的资料罗列出来，万一以后出险需要理赔（当然我不希望任何人出险），拿出这本书，便能让诸位少走弯路，从容处理。

◉ 8.4.1　基本资料

理赔一般需要准备两大类资料，一类是基本资料，另一类是特定资料。基本资料是不管哪类险种理赔都需要的通用资料，这里先罗列基本资料。

（1）理赔保险金申请书，一般可以在保险公司官网下载打印或者在柜台领取。

（2）保险合同，如果是纸质合同，理赔时也需要提供合同正本，万一理赔时合同正本丢失或者破损，需要先补办纸质合同后方可继续申请理赔；如果是电子合同，理赔时一般不需要提供合同正本，所以，电子合同实际上比纸质合同更便捷。

（3）被保险人身份证正反面、银行卡复印件，由于内地保单利益主要归属被保险人，因此生存保险金类的理赔需要以被保险人名义申请，提供被保险人的证件资料。

（4）出险人为未成年人时，提供监护人身份证正反面、银行卡复印件、监护人与被保险人的关系证明（出生证、户口本均可）。

（5）被保险人身故时，提供受益人身份证正反面、银行卡复印件、受益人与被保险人的关系证明（结婚证、户口本、公证书均可）。

8.4.2 特定资料

特定资料指根据不同险种的理赔，需要提供特定的理赔资料。

1. 意外身故

（1）被保险人死亡三证（死亡证明、丧葬证明、户籍注销证明）。

（2）警方或其他有关部门出具的书面意外事故证明材料。

（3）抢救的病历复印件、检查报告单、发票原件、费用清单原件。

2. 疾病身故

（1）被保险人死亡三证（死亡证明、丧葬证明、户籍注销证明）。

（2）抢救的病历复印件、检查报告单、发票原件、费用清单原件。

3. 全残/伤残

（1）伤残鉴定报告原件（按条款约定的鉴定标准鉴定）。

（2）警方或其他有关部门出具的书面意外事故证明材料。

（3）在医院治疗期间的病历复印件、检查报告单、发票原件、费用清单原件。

4. 意外及疾病医疗

（1）门诊发票（发票联/收据联）原件、费用清单、门诊病历复印件、检查报告单。

（2）住院发票（发票联/收据联）原件、费用清单、完整住院病历盖章复印件。

补充一下，完整住院病历包含住院病案首页、入院记录、诊断证明、出院小结、手术记录（如有）、检查化验报告单、医嘱单、体温单等，可在出院后一段时间，携带被保险人身份证明，前往医院病案室复印，复印后加盖病案复印章。

5. 重疾保险金

（1）疾病诊断证明书原件（盖有诊断专用章）。

（2）该疾病确诊相关的病理显微镜检查、血液检验等检验报告。

（3）与该疾病相关的门诊病历复印件、住院病历复印件。

◎ 8.4.3　其他注意事项

（1）出险人如驾驶机动车发生事故，则无论申请任何险种理赔均需提供驾驶执照和行车执照。

（2）理赔申请事项受益人本人不能办理需委托他人的，均需提供授权委托书及受托人身份证件。

（3）如申请住院医疗、意外医疗理赔时，存在出险人所发生医疗费用按照政府或法律法规有关规定取得补偿的，或从其他社会福利机构、任何医疗保险机构取得补偿的情况，需提供上述赔付情况的通知书、批单及医疗费用分割单。

（4）若为意外伤害事故，需提供意外事故证明。

（5）如出险人为"宣告死亡"的情况，受益人需要提供人民法院出具的宣告死亡证明文件。

◎ 8.4.4　小结

有些消费者看完上述理赔资料后，还是觉得很混乱、很复杂，其实如果理赔时身边有足够专业的保险顾问就能帮您把把关，通常都能一次性递交完整的理赔资料。如果保险公司认为理赔资料不完整、不齐全，必须及时一次性通知投保人、被保险人或者受益人补充提供（《保险法》第二十二条），不能一而再再而三地要求补充资料。

之前笔者讲过，影响理赔时效最关键的因素是理赔资料是否齐全，在理赔资料齐全的情况下，理赔时效就有保证。

8.5
万一遇到理赔纠纷，有哪些维权手段？

如果我们健康告知做足了，理赔资料交齐了，但最后保险公司拒赔，发生理赔纠纷，普通消费者应该如何应对？如果确实是保险公司侵犯了消费者的权

益，作为弱势群体的消费者可以用哪些手段维护自身的合法权益呢？本节帮大家逐一介绍。

8.5.1 协商

通常情况下，保险公司不会无理由拒赔的，保险公司做出拒赔决定一般是慎重且有明确证据的。万一发生拒赔，我们首先要了解保险公司拒赔的理由是什么，拒赔的理由通常包括没有如实告知、保险事故不属于保险责任范围、保险事故属于责任免除范围。

其中，最容易引起纠纷的是没有履行如实告知义务，因为以前的保险销售几乎不重视健康告知，如果是因为代理人错误而导致消费者没有履行如实告知义务的，需要有相关证据，这些证据包括但不限于文字、语音、视频等，如果证据确凿，确实是由于保险代理人过错而导致拒赔的，保险公司需要承担赔偿责任（《保险法》第一百二十七条），无论使用何种维权手段，有证据是维权成功的前提。

在有相应证据的情况下，最好先与保险公司协商解决，因为协商是求同存异，自行解决纠纷的有效方式，而且速度较快，在双方平等自愿的情况下，如果可以协商解决无疑是最好的。

倘若协商不成，消费者可以拨打保险公司客服电话投诉至总部，对于一些简单的理赔纠纷案件，向保险公司总部投诉后，由于保险公司对投诉量有相关的绩效考核，通常会在纠纷解决上取得一定的进展，但如果是复杂或者大额的理赔纠纷，处理结果可能会依然让人失望。

8.5.2 向有关部门投诉

在与保险公司协商、向总部电话投诉不成的情况下，需要寻找外部力量的帮助。

首先，消费者可以向银保监会或者各地保监局投诉。银保监会的消费者投诉热线是"12378"，这个方法最快速、便捷，消费者拨打电话后，陈述自己的需求，工作人员将会受理投诉，并尽快解决消费者的问题。银保监收到消费者投诉后，通常会责令保险公司进行反馈并处理，由于银保监作为保险监管机构，具有绝对的权威性，因此保险公司会更加重视，有时候为了监管指标要求和声誉口碑考虑，会做出通融赔付的处理。

另外，目前各地保险局每月都会举行一次银保监局局长接待日活动，消费者可以在各地保监局网站咨询预约流程，直接向保险局局长反映涉嫌侵害消费者合法权益的行为，这个相当于"领导热线"了。

其次，消费者还可以向新闻媒体曝光。很多理赔纠纷案件由于消费者不知道维权渠道，只能通过新闻媒体曝光，希望通过舆论给保险公司制造压力，帮助自己获得合理的赔偿。虽然有时候保险公司确实会迫于舆论压力而进行通融处理，但很多案件的结果并不太理想，原因在于保险条款具有相当的专业性和复杂性，无法像其他快消品一样简单追责处理。

最后，到"12315 消费者保护平台"进行投诉。目前，导致保险销售误导、理赔难等现象的原因主要是缺乏对消费者权益的保护，那么"12315 消费者保护平台"就属于一个有效的维权手段，接到消费者举报，相关部门会采取行动来解决问题。

⊛ 8.5.3　仲裁与诉讼

如果协商走不通，投诉搞不定，最后只能拿起法律武器维护自己的合法权益了。在保险合同内容中会明确提到"争议处理"的方式有两种，分别是仲裁与诉讼。当履行合同过程中，双方发生争议时，可以选择其中一种方式来处理。

1. 仲裁

仲裁需要通过双方协商选定仲裁委员会，也需要约定仲裁庭有关的人数如何构成，仲裁案件的审理一般是不公开的，意在保护当事人的商业秘密与商业信誉。但我国的仲裁委员会实行"一裁终局制"，仲裁裁决具有法律效力，当事人必须执行。因此，如果没有充分把握，一般不建议采取仲裁途径解决保险纠纷，否则仲裁结果不满意，消费者等于自动放弃其他维权途径，这不利于普通消费者。

2. 诉讼

在协商不成、投诉不成的情况下，大多数消费者会选择向人民法院提起诉讼来处理保险纠纷。目前我国的保险纠纷诉讼案件与其他诉讼案件一样，都是实行"两审终审制"，一审后如果当事人不服判决的，可以在法定上诉期内向更高一级人民法院提起诉讼。从法院的实际判决案例来看，判决结果大多有利于消费者。

⚘ 8.5.4　小结

如果遇到理赔纠纷，首先要知道拒赔的原因是什么，然后针对原因收集尽可能详细的资料，毕竟有证据才有底气。之后我们可以先跟保险公司协商沟通，如果不行就投诉至银保监会或者曝光给新闻媒体，再不行只能走司法（仲裁、诉讼）途径进行维权。如果走司法渠道最好找经验丰富的律师帮助自己，因为这些律师对于保险纠纷案件可谓轻车熟路，而且内地诉讼成本较低，在律师的专业指导下能提供更有针对性的资料，从而帮消费者准确分析案情，制订索赔计划。还是那句话，专业的事交给专业的人。

第 9 章

其他常见疑问

不知不觉来到最后一章，首先感谢能坚持读到这里的读者。

回顾前面八章的内容，笔者已经将普通消费者在投保过程中可能遇到的绝大部分问题，进行了系统、全面的讲解，并结合笔者多年来的从业经历与思考，毫无保留地分享给了大家。

最后一章主要是查漏补缺，因为前面章节的整体性较强，谈的都是大方向，有些细节性问题不适合穿插进去，但有些细节性的问题热度很高，经常会被普通消费者问及，而且很重要，因此笔者把这些相对零散的问题放在最后，想到什么就写什么。例如，重疾险20年缴还是30年缴更划算？有了百万医疗险是否还需要重疾险？买保险是否要考虑保险公司的偿付能力？有没有性价比最高的产品？

本章笔者将帮大家详细举例说明，协助您顺利走完保险知识学习之旅的最后一公里。

9.1
重疾险 20 年缴还是 30 年缴更划算？

如果是通过线下投保重疾险，大多数保险业务员在做投保计划书时会擅自帮消费者决定 20 年缴或 30 年缴，但后来随着互联网保险的兴起，自主投保时发现重疾险的缴费年限是可选的，绝大部分人会选择 20 年缴或者 30 年缴。人都是这样，没选择的时候自然没烦恼，一旦有选择，就需要时间考虑。

很多消费者带着疑问，怀揣求真务实的心态上网寻找答案，又发现大部分回答都很空洞，要不告诉您 20 年缴好，要不告诉您 30 年缴划算，有些吃相难看的营销号会直接推荐产品，纯文字叙述，没有数据分析，感觉在用文科思维解释理科问题，如此当然不能让人信服。所以，本节我将通过一些计算与数据汇总，帮大家分析买重疾险选 20 年缴还是 30 年缴更适合自己。

🌀 9.1.1 预期未来通胀率

普通消费者纠结选择 20 年缴还是 30 年缴的原因在于考虑货币的时间价值，所以本节的内容跟未来通胀率有十分密切的关联，因此在进入主题前，需要跟大家聊聊未来的通胀水平。

原本这里写了很多关于通胀原理的内容，想帮大家讲明白一些基本原理，但后来一想自己并不是经济领域的专业人士，冒昧写经济的内容有点"打肿脸充胖子"的味道，所以写完之后又删除了，还是踏踏实实写好自己的本专业内容。

至于未来的预期通胀，笔者的思路是查询近十年（2009—2019 年）中国与美国的通胀率。近十年中国的通胀率，意味着未来中短期内我国通胀的大概水平；而美国近十年的通胀率，意味着未来中长期我国通胀的大概水平。这是因为中国目前还是发展中国家，而美国是发达国家的标杆，所以美国的通胀率有很强的指导意义，这是笔者能想到最简单的，能让普通消费者有预期通胀率概念的方法。

然后笔者结合查阅了不少经济学家的观点，发现中国通胀率已经到了近 20 年（1999—2019 年）以来的低点，即使未来有所反弹，或许也很难达到 2008 年金融危机的水平。照此推理，如果不是大范围原材料价格上涨、经济危机、战争等不可控因素，未来很长一段时间内，我国通胀率应该在 2%～4% 之间波动。

记住这个关键信息后，我们正式进入主题。

9.1.2　何种方式花费更少？

在同一产品、同等保额的情况下，花费越少肯定越值得购买，相信这一点没人会反对。那么问题来了，如何判断 20 年缴与 30 年缴哪个花费更少？

有些消费者可能会先入为主地认为，20 年缴的总保费比 30 年缴的总保费低，是否意味着 20 年缴更划算？这显然是有失偏颇的，因为总保费低≠花费少。

这里需要引入一个概念："货币时间价值"，复杂的定义就不搬上来了，用最简单的例子解释。例如，今天的 100 元跟一年后的 100 元是不等值的，如果银行年化收益是 10%，今天存 100 元进银行，一年后能获得 110 元，那意味着 1 年后的 110 元等于今天的 100 元。

所以，在进行价值对比时，需要将不同时间的货币折算为同一时间后才能进行大小的比较。

20 年缴，需要将这 20 年的每一期保费折算为今天的价值；

30 年缴，需要将这 30 年的每一期保费折算为今天的价值。

然后才能计算出累计保费的"现值"。

了解基本原理后，下面可以帮大家计算了。假设，折现率＝通胀率（2%～5%），这里以 2019 年一款比较热门的重疾险——光大永明人寿的嘉多保重大疾病保险（为避免打广告嫌疑，以下简称为"某重疾险"）为例进行演算（见表 9.1）。假设被保险人为男性，30 周岁，投保 50 万元保额，计算累计保费现值。

表 9.1　某重疾险年缴保费的货币现值

元

年龄	期数	年缴保费 30年缴	现值（假设通胀率）				年缴保费 20年缴	现值（假设通胀率）			
			5%	4%	3%	2%		5%	4%	3%	2%
30	1	8 585	8 155.75	8 241.60	8 327.45	8 413.30	10 985	10 435.75	10 545.60	10 655.45	10 765.30
31	2	8 585	7 786.85	7 937.32	8 092.19	8 251.63	10 985	9 963.72	10 156.25	10 354.42	11 558.44
32	3	8 585	7 416.05	7 632.03	7 856.49	8 089.84	10 985	9 489.26	9 765.63	10 052.83	10 351.41
33	4	8 585	7 062.90	7 338.49	7 627.66	7 931.21	10 985	9 037.49	9 390.02	9 760.03	10 148.44
34	5	8 585	6 726.57	7 056.24	7 405.50	7 775.70	10 985	8 607.03	9 028.87	9 475.76	9 949.45
35	6	8 585	6 406.26	6 784.85	7 189.80	7 623.23	10 985	8 197.18	8 681.61	9 199.76	9 754.37
36	7	8 585	6 101.20	6 523.89	6 980.39	7 473.76	10 985	7 806.83	8 347.70	8 931.81	9 563.10
37	8	8 585	5 810.67	6 272.98	6 777.08	7 327.21	10 985	7 435.08	8 026.63	8 671.66	9 375.59
38	9	8 585	5 533.97	6 031.71	6 579.69	7 183.54	10 985	7 081.03	7 717.92	8 419.09	9 191.76
39	10	8 585	5 270.45	5 799.72	6 388.05	7 042.69	10 985	6 743.84	7 421.07	8 173.87	9 011.53
40	11	8 585	5 019.47	5 576.65	6 201.99	6 904.60	10 985	6 422.70	7 135.65	7 935.80	8 834.83
41	12	8 585	4 780.45	5 362.17	6 021.35	6 769.21	10 985	6 116.86	6 861.20	7 704.66	8 661.60
42	13	8 585	4 552.81	5 155.93	5 845.97	6 636.48	10 985	5 825.58	6 597.31	7 480.25	8 491.75
43	14	8 585	4 336.01	4 957.62	5 675.70	6 506.36	10 985	5 548.71	6 343.56	7 262.38	8 325.25
44	15	8 585	4 129.53	4 766.95	5 510.38	6 378.78	10 985	5 283.97	6 099.58	7 050.85	8 162.02
45	16	8 585	3 932.89	4 583.60	5 349.89	6 253.71	10 985	5 032.36	5 864.98	6 845.49	8 001.98
46	17	8 585	3 745.61	4 407.31	5 194.07	6 131.09	10 985	4 792.72	5 639.41	6 646.11	7 845.08

续表

年龄	期数	年缴保费 30 年缴	现值（假设通胀率）				年缴保费 20 年缴	现值（假设通胀率）			
			5%	4%	3%	2%		5%	4%	3%	2%
47	18	8 585	3 567.24	4 237.80	5 042.78	6 010.87	10 985	4 564.49	5 422.50	6 452.53	7 691.25
48	19	8 585	3 397.38	4 074.81	4 895.91	5 893.01	10 985	4 347.14	5 213.95	6 264.59	7 540.44
49	20	8 585	3 235.60	3 918.08	4 753.31	5 777.46	10 985	4 140.13	5 013.41	6 082.13	7 392.59
50	21	8 585	3 081.52	3 767.39	4 614.86	5 664.18					
51	22	8 585	2 934.78	3 622.49	4 480.45	5 553.11					
52	23	8 585	2 795.03	3 483.16	4 349.95	5 444.23					
53	24	8 585	2 661.93	3 349.19	4 223.25	5 337.48					
54	25	8 585	2 535.17	3 220.38	4 100.24	5 232.82					
55	26	8 585	2 414.45	3 096.52	3 980.82	5 130.22					
56	27	8 585	2 279.48	2 997.42	3 864.87	5 029.63					
57	28	8 585	2 189.98	2 862.90	3 752.30	4 931.01					
58	29	8 585	2 085.69	2 752.79	3 643.01	4 834.32					
59	30	8 585	1 986.38	2 646.92	3 536.91	4 739.53					
累计保费与累计保费现值		257 550	131 952.07	148 438.91	168 262.31	192 270.21	219 700	136 871.87	149 272.85	163 419.47	180 616.20

注：黑体字为该通胀率水平下，花钱更多的缴费方式。

从表 9.1 中的计算可以知道，如果通胀率均为 2% 或 3%，20 年缴花钱更少；如果通胀率均为 4% 或 5%，则 30 年缴花钱更少。当然我知道很多朋友一看数据就有点晕，大家只需要知道上面有个比较复杂的计算过程，具体的结论我已经帮大家汇总。某重疾险 20 年缴还是 30 年缴更划算，如表 9.2 所示。

表 9.2　某重疾险 20 年缴还是 30 年缴更划算

假设通胀率（%）	30 年缴现值（元）	20 年缴现值（元）
5	131 952.07	136 871.87
4	148 438.91	149 272.85
3	168 262.31	163 419.47
2	192 270.21	180 616.20
结论		
1. 假设年通胀率均为 5%，**20 年缴**比 **30 年缴多交 3.73%** 的保费		
2. 假设年通胀率均为 4%，**20 年缴**比 **30 年缴多交 0.56%** 的保费		
3. 假设年通胀率均为 3%，**30 年缴**比 **20 年缴多交 2.96%** 的保费		
4. 假设年通胀率均为 2%，**30 年缴**比 **20 年缴多交 6.45%** 的保费		

直接说结论：

（1）如果未来通胀率≥ 4%，选择 30 年缴花钱更少；

（2）如果未来通胀率< 4%，选择 20 年缴花钱更少。

所以，结合预期未来通胀率（2% ～ 4%），选择 20 年缴大概率会比 30 年缴更省钱。

9.1.3　何种方式杠杆更高？

因为"花费少"不等于"杠杆高"，所以重疾险选择 20 年缴还是 30 年缴，还需要考虑杠杆高低，杠杆越高越好。当然，我们要考虑保额的杠杆，不能用总保费或者年交保费来简单计算得出结论，这是十分不严谨的，因为保额、保费的货币时间价值会发生变化。举个例子，今天的 50 万元保额在 30 年后肯定不值 50 万元，今天的 100 元保费在 30 年后同样不值 100 元。

要计算保额与保费的杠杆谁更高，需要先把保额、累计保费转化为现值，然后才能进行同维度的比较。由于时间的关系，笔者已经把计算结果准备好了，

假设通胀率为 5%，保额与累计保费的杠杆比是多少呢？某重疾险保额杠杆（假设通胀率为 5%）如表 9.3 所示。

表 9.3　某重疾险保额杠杆（假设通胀率为 5%）

年龄	期数	保额现值（元）	年缴保费（30年缴）	累计保费现值(元)	杠杆（%）	年缴保费（20年缴）	累计保费现值(元)	杠杆（%）
30	1	476 190.48	8 585	8 155.75	58.39	10 985	10 435.75	45.63
31	2	453 514.74	8 585	15 942.60	28.45	10 985	20 399.47	22.23
32	3	431 918.80	8 585	23 358.65	18.49	10 985	29 888.73	14.45
33	4	411 351.24	8 585	30 421.55	13.52	10 985	38 926.22	10.57
34	5	391 763.08	8 585	37 148.12	10.55	10 985	47 533.25	8.24
35	6	373 107.70	8 585	43 554.38	8.57	10 985	55 730.43	6.69
36	7	355 340.67	8 585	49 655.58	7.16	10 985	63 537.26	5.59
37	8	338 419.68	8 585	55 466.25	6.10	10 985	70 972.34	4.77
38	9	322 304.46	8 585	61 000.22	5.28	10 985	78 053.37	4.13
39	10	306 956.63	8 585	66 270.67	4.63	10 985	84 797.21	3.62
40	11	292 339.64	8 585	71 290.14	4.10	10 985	91 219.91	3.20
41	12	278 418.71	8 585	76 070.59	3.66	10 985	97 336.77	2.86
42	13	265 160.68	8 585	80 623.40	3.29	10 985	103 162.35	2.57
43	14	252 533.98	8 585	84 959.41	2.97	10 985	108 711.06	2.32
44	15	240 508.55	8 585	89 088.94	2.70	10 985	113 995.03	2.11
45	16	229 055.76	8 585	93 021.83	2.46	10 985	119 027.39	1.92
46	17	218 148.34	8 585	96 767.44	2.25	10 985	123 820.11	1.76
47	18	207 760.33	8 585	100 334.68	2.07	10 985	128 384.60	1.62
48	19	197 866.98	8 585	103 732.06	1.91	10 985	132 731.74	1.49
49	20	188 444.74	8 585	106 967.66	1.76	10 985	136 871.87	**1.38**
50	21	179 471.18	8 585	110 049.18	1.63			
51	22	170 924.94	8 585	112 983.96	1.51			
52	23	162 785.65	8 585	115 778.99	1.41			
53	24	155 033.96	8 585	118 440.92	**1.31**			
54	25	147 651.39	8 585	120 976.09	1.22			
55	26	140 620.37	8 585	123 390.54	1.14			

续表

年龄	期数	保额现值（元）	年缴保费（30年缴）	累计保费现值（元）	杠杆（%）	年缴保费（20年缴）	累计保费现值（元）	杠杆（%）
56	27	133 924.16	8 585	125 690.02	1.07			
57	28	127 546.82	8 585	127 880.00	1.00			
58	29	121 473.16	8 585	129 965.69	0.93			
59	30	115 688.72	8 585	131 952.07	0.88			

细心的读者可能已经发现，判断哪种缴费方式杠杆更高的关键变量在于"什么时候出险理赔"。

如果在保单中前期出险，30年缴杠杆更高；

如果在保单中后期出险，20年缴杠杆更高。

通常来讲，重大疾病发病率随着年龄的增长而增加，70岁以后的发病率会大幅上升，这意味着大部分被保险人是在保单中后期或者缴费完成后罹患重疾的，如果仅从杠杆角度分析，理论上选择20年缴会更合适。

这里可能有朋友会质疑笔者只给出了假设通胀率为5%的情况，如果假设通胀为3%的结果是否不同？某重疾险的保额杠杆（假设通胀率为3%）如表9.4所示。

表9.4　某重疾险的保额杠杆（假设通胀率为3%）

年龄	期数	保额现值（元）	年缴保费（30年缴）	累计保费现值（元）	杠杆（%）	年缴保费（20年缴）	累计保费现值（元）	杠杆（%）
30	1	485 436.89	8 585	8 327.45	58.29	10 985	10 655.45	45.56
31	2	471 297.95	8 585	16 419.64	28.70	10 985	21 009.87	22.43
32	3	457 570.83	8 585	24 276.13	18.85	10 985	31 062.70	14.73
33	4	444 243.52	8 585	31 903.79	13.92	10 985	40 822.73	10.88
34	5	431 304.39	8 585	39 309.29	10.97	10 985	50 298.49	8.57
35	6	418 742.13	8 585	46 499.09	9.01	10 985	59 498.25	7.04
36	7	406 545.76	8 585	53 479.48	7.60	10 985	68 430.06	5.94
37	8	394 704.62	8 585	60 256.56	6.55	10 985	77 101.72	5.12
38	9	383 208.37	8 585	66 836.25	5.73	10 985	85 520.81	4.48
39	10	372 046.96	8 585	73 224.30	5.08	10 985	93 694.68	3.97

续表

年龄	期数	保额现值（元）	年缴保费（30年缴）	累计保费现值(元)	杠杆（%）	年缴保费（20年缴）	累计保费现值(元)	杠杆（%）
40	11	361 210.64	8 585	79 426.29	4.55	10 985	101 630.48	3.55
41	12	350 689.94	8 585	85 447.64	4.10	10 985	109 335.14	3.21
42	13	340 475.67	8 585	91 293.61	3.73	10 985	116 815.39	2.91
43	14	330 558.90	8 585	96 969.31	3.41	10 985	124 077.77	2.66
44	15	320 930.97	8 585	102 479.69	3.13	10 985	131 128.62	2.45
45	16	311 583.47	8 585	107 829.58	2.89	10 985	137 974.11	2.26
46	17	302 508.22	8 585	113 023.65	2.68	10 985	144 620.22	2.09
47	18	293 697.30	8 585	118 066.43	2.49	10 985	151 072.75	1.94
48	19	285 143.01	8 585	122 962.34	2.32	10 985	157 337.34	1.81
49	20	276 837.88	8 585	127 715.65	2.17	10 985	163 419.47	1.69
50	21	268 774.64	8 585	132 330.51	2.03			
51	22	260 946.25	8 585	136 810.96	1.91			
52	23	253 345.87	8 585	141 160.91	1.79			
53	24	245 966.87	8 585	145 384.16	1.69			
54	25	238 802.78	8 585	149 484.40	1.60			
55	26	231 847.36	8 585	153 465.22	1.51			
56	27	225 094.53	8 585	157 330.09	1.43			
57	28	218 538.38	8 585	161 082.39	1.36			
58	29	212 173.18	8 585	164 725.40	1.29			
59	30	205 993.38	8 585	168 262.31	1.22			

由于通胀率直接决定保额与保费的"现值"，因此在假设通胀率一致的条件下，无论是 5% 的通胀率还是 3% 的通胀率，30 年缴与 20 年缴的杠杆结果并不会改变。

通过以上计算，可把结论归纳总结为：

（1）30 年缴杠杆在中前期更高；

（2）20 年缴杠杆在中后期更高；

（3）当通胀率为 5% 时，30 年缴的最终杠杆低于 1；

（4）通胀率越高，30 年缴最终杠杆越低，越不划算。

但总的来讲，20 年缴与 30 年缴都有优劣，因为人无法预先知道自己什么时候患重疾，这里我觉得可以给个平手。

9.1.4 何种方式价值更高?

问题又来了，"花费少、杠杆高"不等于"价值高"，虽然"现金价值"不是重疾险的核心功能，因为即便是多次赔付的重疾险，理赔一次重疾后，保单现金价值归零，但高现金价值意味着保单灵活，操作性更强，这也是衡量选择 20 年缴还是 30 年缴的重要因素。接着上面的例子某重疾险 20 年缴与 30 年缴的保单现金价值如表 9.5 所示。

表 9.5　某重疾险 20 年缴与 30 年缴的现金价值

年龄	保单年度	20 年缴			30 年缴		
		累计保费（元）	现金价值（元）	现价 / 累计保费（%）	累计保费（元）	现金价值（元）	现价 / 累计保费（%）
30	1	10 985	2 755	25.1	8 585	2 000	23.3
35	5	54 925	22 255	40.5	42 925	17 680	41.2
40	10	109 850	59 190	53.9	85 850	47 110	54.9
45	15	164 775	109 695	66.5	128 775	86 625	67.3
50	20	219 700	176 800	80.4	171 600	137 365	80.0
55	25	219 700	213 935	97.4	214 625	191 110	89.0
60	30	219 700	254 805	116.0	257 550	254 805	98.9
65	35	219 700	299 420	136.3	257 550	299 420	116.3
70	40	219 700	346 100	157.5	257 550	346 100	134.4
75	45	219 700	390 360	177.7	257 550	390 360	151.6
80	50	219 700	426 530	194.1	257 550	426 530	165.6
85	55	219 700	450 770	205.2	257 550	450 770	175.0
90	60	219 700	463 350	210.9	257 550	463 350	179.9

假设投保人是 30 岁男性，50 万元的保额。

根据表格数据，可以把结论总结为：

（1）20 年缴前期现金价值高于 30 年缴，然后逐渐趋同。

（2）现金价值 / 累计保费，前期两者相差不大，后期 20 年缴略优于 30 年缴。

这意味着从现金价值角度考虑，20 年缴更好一些。

🎯 9.1.5　其他因素

选择 20 年缴还是 30 年缴，除了考虑保单哪个花费更少、哪个杠杆更高、哪个价值更高的主要因素外，还有三个因素可能会影响最终决定。

1. 豁免功能

什么是豁免？阅读过前面内容的读者相信都已经知道，豁免指的是缴费期内被保险人罹患轻症或中症或重疾，免交剩余保费。

由于如今大部分重疾险都自带被保险人豁免功能，所以选择 20 年缴还是 30 年缴要考虑谁更容易触发豁免功能。显然，缴费期越长，获得豁免的概率越高，因此 30 年缴比 20 年缴更容易触发豁免功能。

2. 安全感

缴纳保费也能缴出安全感？当然能。

举个例子，假如按揭供房，你选择供 20 年还是 30 年？哪种更有安全感？在经济条件比较宽裕的情况下，大部分人会选择 20 年供，虽然 20 年供每期房贷会更高，但早点供完早点解脱。

尽管保费支出不可能像房贷支出那么高，但家庭健康险的保费支出通常占家庭年收入的 10% ～ 15%，如果加上各类储蓄险，保费占收入比例可能超过 20%，这就不是一个小数字了。

记得有一次笔者跟夫人聊天，问夫人："女人最希望男人给予什么帮助？"

夫人回答："安全感……"

诸位懂了吗？

早点交完保费，会不会让你更有安全感？如果有，选择 20 年缴；如果没有，选择 30 年缴。

3. 年缴保费

如果家庭经济有足够余力，选择 20 年缴更划算。

如果家庭经济负担较重，选择 30 年缴摊薄每年的年缴保费，无疑更实际。

9.1.6　小结

综上所述，如果从对比结果来看，重疾险 20 年缴比 30 年缴更有优势，但无论是 20 年缴还是 30 年缴，两者差距真的不大，甚至有点"鸡蛋里挑骨头"的味道，最后选择哪个，还是要回归自己的诉求。

如果你追求花钱更少、现金价值更高、安全感更足，20 年缴更合适。

如果你比较看重豁免功能，想摊薄每年保费支出，30 年缴更实际。

9.2
有了便宜的百万医疗险，还需要更贵的重疾险吗？

在百万医疗险诞生以前，市场上缺少足够亲民而又保额足够高的险种，几百元只能买到 1 万元至 2 万元保额的普通医疗，几千元只能买到 30 万元保额左右的重疾险。直到 2014 年百万医疗险的出现，打破了这个僵局，让百万医疗险成了几乎人人都能买得起的保险。但有些消费者会觉得，一份百万医疗几百元一年，就可以有几百万元的保额，而重疾险几千上万元的保费，才能获得 50 万元的保额，相比之下觉得重疾险不划算，能否只购买百万医疗险，不购买重疾险？甚至有些消费者觉得百万医疗险可以直接替代重疾险。其实，产生这种误解的原因在于没有了解重疾险和百万医疗险的关系与区别。

9.2.1　百万医疗险与重疾险的关系

1. 替代关系

既然有些朋友觉得百万医疗险与重疾险是替代关系，那么，什么是替代关系？

替代关系的概念来源于微观经济学，是指如果两种商品之间能够互相替代以满足消费者某种需求，那这两种商品存在替代关系，也称为替代品。例如，猪肉、牛肉、鸡肉之间就是替代关系，如果猪肉太贵，我们可以买牛肉替代，如果牛肉太贵，我们可以买鸡肉替代。

但是，百万医疗险主要解决医疗费用的问题，而重疾险主要解决收入补偿、康复费用兼顾医疗费用的领域，两者解决的问题显然不一致，所以百万医疗险与重疾险并不是替代关系，用百万医疗险替代重疾险的想法本身就是错误的。

2. 互补关系

那百万医疗险与重疾险是什么关系？准确来说是互补关系。

互补关系的概念也是来源于微观经济学，是指如果两种商品存在着某种消费依存习惯，即一种商品的消费通常与另一种商品的消费相配套，那这两种商品就存在互补关系，也称为互补品。例如，茶叶与茶壶，我们买茶叶不可能不买茶壶吧。再例如，订书机与订书钉，我们不可能只买订书机不买订书钉吧。

而医疗险与重疾险都属于健康险大类，是解决健康保障的基础工具，医疗险解决不了的问题可以用重疾险解决，重疾险覆盖不了的范围可以用医疗险覆盖，因此它们之间是互补关系。

9.2.2　为什么重疾险比百万医疗险贵？

很多消费者会觉得医疗险便宜，重疾险偏贵，这是错误的认知。大部分消费者接触到的医疗险仅限于百万医疗险，所以会误以为百万医疗险等同于所有医疗险。其实，医疗险不便宜，有些甚至比重疾险贵得多，例如第六章里提到的中端医疗、高端医疗，年缴保费从几千元到几万元，而且医疗险属于消费型险种，这样看医疗险比重疾险贵得多。

为什么重疾险通常比百万医疗险贵？这是因为两者之间存在比较大的区别。

1. 理赔性质不同

重疾险是给付性质，只要达到合同约定的重疾状态、手术，保险公司必须按照合同约定的保额赔付保险金。

百万医疗险是报销性质，虽然报销限额达到 100 万元以上，但需要实报实销，如果扣除免赔额后医疗费支出为 5 万元，保险公司最多只能赔付 5 万元，具有不可获利性，因此百万医疗险的保额基本上都是虚高的，因为普通人几乎不可能每年在医院花费 100 万元的医疗费。很多地方的医保规定，连续住院治疗时间每超过 90 天，需要重新支付一次起付标准费用，这意味着绝大部分疾病（包括重疾）住院三个月内出院是常态，否则如果每位病人都长期住院，不但医疗系统不堪重负，医保基金也负担不起，加上百万医疗险只能在公立医院就医，想要在三个月内剔除医保报销外，还能额外花费 100 万元医疗费，几乎不可能。

很多保险从业者都喜欢用一个比较形象的比喻来形容重疾险与医疗险，他们把重疾险比喻为"土豪"，约定保额，出事就给钱；把医疗险比喻为"会计"，约定报销额度，实报实销，笔者认为这个比喻十分恰当且通俗易懂。

2. 钱如何花费不同

重疾险的理赔款，如何花费都行，出国就医、给家人补贴生活费、给孩子补贴教育费、还房贷、支付康复营养费等。

百万医疗险必须要实施治疗才能申请理赔，理赔款只能作为医疗费用报销，不能给予家人额外的经济补偿，也不涵括后续的康复营养费。

重疾险能替代自己患病时的工作收入，作为收入补偿；百万医疗险则是专款专用，仅用于报销医疗费。

3. 产品稳定性不同

投保重疾险一般是保终身的，一旦合同成立，正常缴费，除非完成赔付责任，否则保障不会终止。

百万医疗险则是"不保证续保"的，截至 2019 年，几乎所有百万医疗险理论上都存在停售风险，一旦百万医疗险停售，被保险人需要重新投保，而重新投保通常需要重新健康告知。

举个例子，张三今年体检没问题，正常体投保了某款医疗险。5 年后，产品停售，同年体检张三发现自己有较大的甲状腺结节，重新告知投保基本都会被拒保，这时张三发现，重疾险没买，医疗险买不了，余生只能裸奔了。

百万医疗险由于保费低廉，在续保稳定性上肯定不如中高端医疗，而且百万医疗险不仅在中国是新生事物，在全球范围也是新生事物，在理赔高峰期远没有到来的情况下，加上身在逆选择比较严重的内地保险市场，这种产品可以走多远，现在不好判断。

4. 储蓄性不同

终身重疾险有现金价值，随着时间推移，现金价值会超过累计保费甚至保额，甚至年老之后可以通过"减保取现"作为养老补充。

百万医疗险没有现金价值，一年一买属于纯消费型。

其实，现金价值的用处很多，除了保单贷款之外，还能看作一种强制储蓄作为养老补充，由于重疾险通常具备一定的储蓄性，所以相比无储蓄性的百万医疗险，重疾险的保费自然要贵一些。

5. 年交保费不同

重疾险一旦确定保额、缴费期，以后每年的保费恒定，不会变化。

百万医疗险通常是每 5 年为一档费率，随着年龄的增长，50 岁以后会大幅上涨，很多产品甚至没有显示 65 岁后的续保费率。而且，医疗险的费率一定是会随着医疗通胀上涨而上调的，如果中途保险公司觉得产品保费不足以盈利，会统一提升所有年龄段的费率。

6. 免责范围不同

重疾险的责任免除较少、较宽松；百万医疗险的责任免除较多，较严格，而且不保"既往症"。重疾险可以通过健康告知核保后承保既往症，但百万医疗险即便符合健康告知要求，如果因为既往症引起的医疗费用也有可能拒赔。

7. 保障范围不同

重疾险通常只需要符合合同约定的重大疾病，就可以理赔；而百万医疗险更多是住院险，一般需要住院才能理赔，而且百万医疗险有较高的免赔额。

9.2.3　小结

有些保费是不能节省的，百万医疗险虽然看起来比重疾险便宜，但很多重疾险能解决的问题，百万医疗险并不能解决。归纳一下本节主要内容。

首先，百万医疗险与重疾险并不是替代关系，而是互补关系，二者都是构建健康保障体系里不可或缺的一环。

其次，重疾险比百万医疗险贵，二者在保障性与功能性上有较大的差异，最主要的是赔付性质不同、产品稳定性不同、储蓄性能不同。

重疾险与医疗险应该是命中注定在一起的黄金搭档，它们有着共同的愿景，也有不同的性格。重疾险犹如一个富豪，确定发生重疾后，往银行账号直接打款；医疗险犹如公司会计，只认发票报销。恰好，这两位朋友我们都需要。

9.3
买保险是否需要考虑偿付能力？

在投保时除了关注产品本身的保障内容之外，很多消费者也会关注该保险公司的一些硬性指标，例如股东背景、保费收入、注册资金、偿付能力等，但这些指标都是变动值，且并非越高越好。

有些消费者看中某一款产品，可是发现该家保险公司的偿付能力不高，甚至较低，由于大部分小伙伴对保险常识的认知不足，有时候会一厢情愿地认为数据越高越好，数据越低越差，加上大型保险公司的偿付能力相对优秀，他们家的业务员有时候会利用偿付能力作为攻击别家公司的话术，引起客户焦虑，从而达成销售目的，这无疑放大了老百姓对偿付能力的焦虑。

如果在投保规划的过程中，我们看中了某家保险公司的产品，但后面发现这家公司的偿付能力较低，是否需要更换产品？保险公司偿付能力差是否意味着它们的产品不靠谱、不能买？本节将跟大家深入分析偿付能力的问题。

9.3.1 什么是偿付能力？

偿付能力是保险公司可以偿还债务的能力，保险公司应当具有与其风险和业务规模相适应的资本，确保偿付能力充足率不低于100%。

目前我国实行的是第二代偿付能力监管体系（以下简称"偿二代"），"偿二代"涉及三个监管指标。

（1）核心偿付能力充足率，即核心资本与最低资本的比值，衡量保险公司高质量资本的充足状况。

（2）综合偿付能力充足率，即实际资本与最低资本的比值，衡量保险公司资本的总体充足状况。

（3）风险综合评级，衡量公司总体偿付能力风险的大小，据此把保险公司分为A、B、C、D四个级别，A级最好，D级最差。

由于官方定义比较晦涩难懂，所以笔者尝试用通俗易懂的语言帮大家解释一遍。

偿付能力通俗解释是，如果保险公司所有保单同时发生理赔时，该公司能够赔付的次数，例如偿付率200%，表明该保险公司能同时应对所有保单理赔2次。

其中，三个监管指标可以理解为：

（1）核心偿付能力充足率，指公司的高流动性资本，例如金融市场中的现金与活期存款；

（2）综合偿付能力充足率，指公司的全部资本，例如金融市场中的现金、活期存款、定期存款、股票、基金、债券等；

（3）风险综合评级，能更全面反映公司风险的指标。

通俗解释是为了方便大家理解而类比说明，不能完全等同。

总而言之，偿付能力越强，说明保险公司破产的概率越低，如果一家保险公司偿付能力为100%，说明这家公司未来一年内破产的概率低于0.05%。

9.3.2 偿付能力是否越高越好？

既然偿付能力反映保险公司偿还债务的能力，对消费者来讲不是越高越好吗？当然不是。

这里笔者以2019年第一季度保险公司的偿付能力排名为例，因为当时的排名具有明显代表性，更能说明偿付能力的局限性。2019年一季度寿险公司偿付能力与风险评级如表9.6所示。

表 9.6 2019 年一季度寿险公司偿付能力与风险评级

排名	公司名称	核心偿付能力（%）	综合偿付能力（%）	风险评级	2018 年原保费收入（亿元）
1	三峡人寿	2 515.99	2 515.99	A	0.11
2	海保人寿	2 017.54	2 017.54	A	0.82
3	国富人寿	1 709.79	1 709.79	A	1.51
4	北京人寿	1 593.00	1 593.00	A	1.91
5	瑞华健康	1 333.08	1 333.08	A	0.01
11	友邦	452.87	452.87	A	261.34
19	新华人寿	274.31	278.98	A	1 222.86
21	中信保诚人寿	266.66	272.25	A	153.85

续表

排名	公司名称	核心偿付能力（%）	综合偿付能力（%）	风险评级	2018年原保费收入（亿元）
22	人保健康	179.00	270.00	A	147.98
23	平安健康	264.46	264.46	A	37.03
24	太平洋人寿	263.00	263.00	A	2 013.43
25	国寿股份	252.03	262.58	A	5 362.06
32	泰康人寿	236.25	236.89	A	1 173.58
36	太平人寿	225.00	229.00	A	1 236.18
39	平安人寿	219.86	223.93	A	4 468.85
52	工银安盛人寿	196.00	196.00	A	336.81
76	华夏保险	108.30	128.68	—	1 582.75
80	百年人寿	93.29	121.82	C	385.65

数据来源：各保险公司官网信息披露。

第一，偿付能力与保险公司的成立时间有关。从偿付能力的排名可以看到，前五名分别是三峡人寿、海保人寿、国富人寿、北京人寿、瑞华健康，都是一些名不见经传的保险公司，很多行外人甚至听都没听过，而偿付能力却达到惊人的 1 000% 以上，但这些公司的保费收入少得可怜，原因在于这些保险公司成立时间不长，刚完成注资，新单量极少，所以偿付率高到离谱。

第二，偿付能力与产品性价比有关。通常来讲，锐意新晋的保险公司，为了能从老牌劲旅（国寿、平安、太保、太平、新华、泰康）手中抢夺市场，会推出更具优势的产品，通俗来讲就是保费更低、保障更多的高性价比产品，以此来扩大市场占有率，获得更多的保费收入，得到更多的客户。而每一张保单对于保险公司来讲都属于负债，产品性价比越高负债越多，所以高性价比的产品结构会直接降低保险公司的偿付能力，例如表格中的华夏保险、百年人寿就属于产品性价比较高的公司，因此它们的偿付能力一直不好看，也沦为很多垄断型保险公司代理人的攻击对象。

第三，偿付能力与公司发展阶段有关。初创的保险公司因为市场占有率低，偿付能力高，为了扩大市场份额，需要以高性价比产品来打天下，导致偿付能力降低，有时会逼近监管红线。随着保险公司发展走向正轨，市场份额越来越大，客户越来越多，经营策略也由激进转为稳健，这时高性价比产品的比例会越来越小，以维持保险公司的合理利润以及持续健康发展，最终偿付能力走向稳定。

综上所述，偿付能力是一个变动值，也并非越高越好：一方面，高偿付能力某种层面上意味着该家公司的产品性价比较低；另一方面，市场占有率稳定的公司偿付能力也较为稳定，而那些具有野心、魄力、进取的公司会牺牲一段时期的偿付能力来换取市场。

◉ 9.3.3　强而有力的监管体系

有些保险销售会在销售过程中把偿付能力的问题过分放大，给消费者灌输一种认知：偿付能力高意味着保单安全，可以赔付；偿付能力差意味着不能购买，会破产，或许不能赔付。其实，偿付能力低不代表公司不能履行赔付责任，只能说明在发生大规模挤兑赔付的情况下，履行保险责任存在风险。

然而我国的监管不允许保险公司的偿付能力变得非常低，因为我们有一套十分严谨而强势的监管体系。

1. 过往的分类

2008 年至 2017 年，根据《保险公司偿付能力管理规定》，原中国保监会根据偿付能力状况将保险公司分为三类，实施分类监管。

（1）不足类公司，即偿付能力充足率低于 100% 的保险公司。

（2）充足 I 类公司，即偿付能力充足率在 100% ～ 150% 之间的保险公司。

（3）充足 II 类公司，即偿付能力充足率高于 150% 的保险公司。

虽然监管上要求不能低于 100%，但如果保险公司综合偿付能力低于 120%，就会被银保监会重点关注了。

2. 第二代偿付能力监管体系

2016 年以来，我国内地正式实施"偿二代"监管体系，但我国的香港地区，还有一些国家（比如新加坡、日本）目前还在使用"偿一代"的标准。目前国际上有三个比较有代表性的第二代偿付能力监管体系，一个是欧盟的 Solvency II（第二代偿付能力监管体系），一个是美国的 RBC（美国的风险资本制度），一个是中国的 C-ROSS（中国风险导向的偿付能力体系），由于"偿二代"计算极为复杂，普通消费者只需要知道"偿二代"很厉害，是目前最先进的监管标准就够了。

针对"偿二代"的实施，2016 年原保监会启动对《保险公司偿付能力管理规定》的修改工作，并于 2017 年形成了《保险公司偿付能力管理规定（征求意见稿）》，虽然截至 2020 年还是征求意见稿，但行业内基本按照这个规则来执行。征求意见稿里规定，需要成为偿付能力达标的公司，需要满足三个条件：

（1）核心偿付能力充足率不低于 50%。

（2）综合偿付能力充足率不低于 100%。

（3）风险综合评级在 B 级以上。

三个指标同时达标的为偿付能力达标公司，任意一项指标不达标的，为偿付能力不达标公司。

3. 强而有力的管控手段

如果保险公司偿付能力不达标，将会有一系列强而有力的手段防止保险公司偿付能力和风险综合评级继续变差。如何"强而有力"？在《保险公司偿付能力管理规定（征求意见稿）》第三十三条、三十四条、三十五条有以下规定：

第三十三条，如果核心偿付能力充足率低于 50% 但不低于 35%，或综合偿付能力充足率低于 100% 的保险公司，中国保监会应根据其风险成因采取以下一项或多项监管措施。

（1）责令调整业务结构，限制业务和资产增长速度，限制增设分支机构，限制商业性广告。

（2）限制业务范围、责令转让保险业务或者责令办理分出业务。

（3）责令调整资产结构或交易对手，限制投资形式或比例。

（4）责令增加资本金、限制向股东分红。

（5）限制董事和高级管理人员的薪酬水平；对风险和损失负有责任的董事和高级管理人员，责令公司追回其薪酬。

（6）责令调整公司负责人及有关管理人员。

第三十四条，如果核心偿付能力充足率低于 35% 但不低于 0，或实际资本连续两个季度低于 1 亿元的保险公司，除第三十三条的监管措施外，中国保监会还可以采取停止部分或全部新业务的监管措施。

第三十五条，如果核心偿付能力充足率低于 0 或实际资本连续两个季度低于 5 000 万元的保险公司，除本规定第三十三、三十四条的监管措施外，中国保监会还可以采取接管、申请破产以及中国保监会认为必要的其他措施。

这里简单解读一下。

第一，如果核心偿付能力在 35% ～ 50% 区间，银保监会会采取多项措施限制保险公司，包括调整业务结构、限制业务范围、限制高管薪资、限制股东分红、责令增加注册资金等，保险公司背后投资者最不想看见的情况，倒逼保险公司尽快提升偿付能力。

第二，如果核心偿付能力在 0% ～ 35% 区间，银保监会甚至会强制停止保险公司的新业务，掐断保险公司的业务收入，逼迫保险公司的股东尽快注资提升偿付能力。

第三，如果核心偿付能力低于 0，银保监会还可以采取接管方式强行介入，调整股东结构，让保险公司重回正道。

这意味着保险公司的偿付能力每下降一个台阶，就会有更强势的介入和监管防止其继续下降，必要时不排除直接接管保险公司，切实维护消费者权益。所以，偿付能力不需要我们普通消费者担心，要相信监管部门的工作，普通消费者更应该把注意力放在保险产品本身。

9.3.4 小结

偿付能力是判断保险公司当前经营状况的指标之一，确实能够反映保险公司偿还债务的能力，体现保险公司的安全性，但也存在很大的局限性，因此衡量保险公司安全性不能只看偿付能力。

首先，偿付能力并非越高越好：一方面偿付能力与公司发展阶段有关系，随着规模增大公司偿付能力会趋于稳定；另一方面与该公司的产品性价比有关系，产品性价比高的保险公司，偿付能力通常较低。偿付能力是一个变动值，在"偿二代"这么严格的监管体系加持下，偿付能力只需满足监管标准即可。

其次，就算保险公司的偿付能力暂时低于监管标准，银保监会也有相应的措施督促保险公司尽快提高偿付率。

最后，作为普通消费者，我们应该把注意力集中在产品本身，没必要为了偿付能力而投保一些不适合自己的产品，莫要"捡了芝麻，丢了西瓜"，更不需要替监管部门的工作担心。

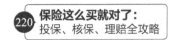

9.4
有没有性价比最高的产品？

经常有消费者向笔者抱怨，说自己看了保险顾问给出的方案后，觉得保障挺好，唯独觉得产品性价比不够高。例如，消费型产品保费是便宜，但如果以后没有发生理赔，保费岂不是白交？又例如，这个产品保障是很好，价格也足够有优势，但免赔额这么高，感觉限制条件太多了。还有问，这个产品好像别家有更便宜，而且保障更好一些……

是啊，现在保险的信息越来越透明，大家可以随便在网上找到产品相关的信息、分析、对比，也有越来越多一上来就问产品对比的人，就像求道一样踏上追求极致性价比的道路，但性价比最高的产品真的存在吗？本节将跟大家聊聊"保险性价比"。

◉ 9.4.1　极致性价比是伪命题

性价比全称"性能价格比"，是一个性能与价格之间的比例关系，能反映物体的可买程度，具体公式：性价比 = 性能 / 价格。但很多人不知道性价比需要先满足性能要求，然后再看价格是否合适，就算设定价格一定，对性能的要求也会因人而异，每个人心中对性能要求的轻重多少有些区别，如此一来，性能的对比标准又该如何划分？

因此，性价比不能一概而论，所谓一千个人心中有一千个哈姆雷特，高性价比本来就是一个未知数，只有相对性价比较高的产品，没有性价比最高的产品。所以，如果你问性价比最高的产品是什么？抱歉，笔者不知道。但哪个产品性价比极低，笔者是可以明确告诉你的。

◉ 9.4.2　保险性价比

以往互联网没有普及，保险信息都垄断在保险公司手中，而保险公司常见的做法是利用信息垄断来误导保险代理人，让他们的立场与认知天生有缺陷，因此很多保险代理人既是垄断信息的受害者也是传播者。如今各种商品打着极致性价比的广告影响着我们的购买行为，例如"为发烧而生"的某品牌手机。做市场的都会在产品性价比的宣传上下功夫，大家都以为"性价比"三个字就足够判断产品的好与坏，也导致消费者很容易不假思索地提出"求性价比最高的保险产品"这样的问题。

但是，"保险性价比"比我们想象中更难对比。举个例子，大学的考试标准是 60 分及格，很多同学都说："多一分浪费，少一分流泪"。的确，考试的评分有一套标准，多一分有多一分的重量，但也不能准确衡量学生平时所掌握的知识，不能避免有些学生刚好复习到的内容出现在考卷上，而有些学生复习了很多内容却没有出现在考卷上。有标准答案的最公平的考试尚且如此，何况保险产品。

🗘 9.4.3 保险产品的对比误区

"保险性价比"不仅较难对比，而且容易出现一些对比误区，常见的对比误区有三点。

1. 产品对比表格大法

目前很多论坛以及网络平台上最流行的就是横向对比表格大法，用表格来对比确实能够直观看到保险产品的保障内容和费率，但需要注意三个不足。

首先，对比表是人制作出来的，表格制作需要把对比的项目添加上去进行横向比较，以经常被对比的重疾险为例，疾病种类多少、赔付比例多少、投保年龄多少、特色功能是什么等，既然表格是人做出来的，就有可能会出错。

其次，每个表格制作者对于每项保障项目的权重分配可能不一样，就像数学的加权计算问题，各个项目的权重是多少，每个表格制作者可能对具体保障项目的偏重不同，因此，对比表不是绝对客观的，而是带有主观性的。

最后，对比表格的项目中不能实际反映条款细节，例如很多特色责任、责任免除、健康告知、智能核保等都很难放在对比表中，如此一来，对比表并不能精准判断产品真正的性价比。

综上所述，对比表虽然能作为产品性价比的一个参考，但对比表本身也存在很大的不足。

2. 不同类型的产品，缺乏可比标准

由于性价比需要先满足性能要求，然后再看价格。如果要对比保险，需要

同险种同类型作比较才符合逻辑，因为每个人对功能的要求可能会存在差异，不需要的功能就没有价值。这里再以重疾险为例，例如"单次重疾险"与"多次重疾险""带身故的重疾险"和"不带身故的重疾险"并不能直接对比，因为不同类型的重疾险没有可比性。

3. 公司软实力也是衡量性价比的因素

在网上各种论坛上，有各类产品对比、产品分析的文章大行其道，都在告诉消费者保险公司很安全，受到《保险法》保护和银保监的强力监督，理赔时效也有硬性规定。

这当然没错，但保险公司的"软实力"不仅包括安全性，还包括其他因素，例如笔者很少看见涉及公司软实力的对比，这些软实力涉及公司规模、公司背景、投保方式、核保方式、核保效率、回执回访便利性、线上保全变更便捷度、理赔申请方式甚至保险公司的电脑系统等。当然这些因素很难用对比表的方式呈现出来，需要长期与相关保险公司接触才会了解各家保险公司不同的办事风格。

购买保险看重当前的保障条款当然没问题，但保单保障期通常为几十年，因此还需要考虑未来的预期，公司运营虽然不能量化评判，但不能忽略不计。热衷于看对比表的人，就像择偶只看物质不看内涵，很多消费者在连性价比都不明白的情况下，直接去看对比表其实没有太大意义，因为就算看了，也不知道自己要比什么。很多一上来就看保险对比表的消费者，反而更容易陷进越看越乱的窘境当中。

另外，一说到产品推荐，就容易出现"最好"与"最差"两个极端，就像笔者跟母亲一起看电视，她总问我这个是"好人"还是"坏人"，在笔者母亲眼里，只有"好人"与"坏人"。保险本身就不存在 100 分的产品，也不存在 0 分产品，举个例子：

A 产品保障有 60 分，公司软实力 95 分；

B 产品保障有 95 分，公司软实力 60 分；

C 产品保障有 90 分，公司软实力 90 分。

如果投保时，以上三款产品选其一，诸位会选择哪款？通常会选择 C。为什么？

首先，买保险的原则之一是先看条款，后看公司，如果产品保障相差很大，就算公司再好也不推荐。

其次，产品本身没有 100 分，95 分的产品跟 90 分的产品差距不大，但 90

分的产品跟 60 分的产品差距非常大，在产品相差不大的情况下，如果公司软实力更强可以优先考虑，公司软实力也是衡量性价比的因素。

如果你问笔者，最好的产品或者最差的产品是什么？笔者不知道。但专业的保险顾问都能帮你避开低分产品，选择足够优秀的高分产品，这是能做到的。

◉ 9.4.4 走出误区，回归需求

一些专业的保险顾问之所以能赢得客户的认可与信任，绝对不仅是因为他们推荐的产品足够优秀，而是因为他们能站在客户立场上用专业的知识分析客户的需求，做出能切实满足客户投保需求的保险方案。这让笔者又想起网络上各种产品对比、产品分析、投保方案的文章，基本上都是一个轻描淡写的提问，下面就出现一大堆大同小异的投保方案，紧接着产品对比、产品分析，不断抛产品，你抛个性价比高的，我抛个更高的，他抛个再高的……

性价比最大的陷阱是，让您忘记做需求分析与厘清投保思路。产品越强势，越容易让您觉得保险不过如此，让您陷入产品对比与产品分析的误区，而忽略了最简单而根本的问题。

这让笔者想起金庸武侠小说《天龙八部》中，萧峰与慕容复各自的父亲，萧远山与慕容博，隐姓埋名少林寺偷学各种武学典籍，执着于一招一式，不料最后被一个平平无奇却内功深厚的少林扫地僧打败，并被其所救。笔者想说明的是，产品选择是战术分析，投保逻辑是战略分析。

其实，市场上公认好的产品，大家都是知道的，好产品之间的差距比我们想象中要小，因此不如回归原点做好需求分析，之后选择什么产品就是水到渠成的事情了。

◉ 9.4.5 小结

科学的投保规划不是一件简单的事情，没有一款能满足所有人需求的保险，不同的需求有不同的投保策略，保险方案应该是个性化而不是同质化。

第一，不存在性价比最高的产品，只存在性价比较高的产品。

第二，保险性价比没有我们想象中那么简单，更不是用一个对比表就能完

全反映出来的。

第三，保险性价比说着容易做着难，而且容易陷入误区，不同类的产品没有可比性，而且很多人会忽略公司软实力，这也是分析产品性价比的因素之一。购买保险是先看条款，后看公司，不是不看公司，在产品性能相差不大的情况下选择更好的公司意味着更高的性价比。

第四，性价比最大的陷阱是容易让人忘记做需求分析，让人误以为买保险不需要什么专业性，与其纠结产品，不如回归需求，需求分析做好了，产品选择自然水到渠成。

9.5
离婚后，保险的账怎么算？

离婚后原先的保单怎么分，这是一件大事。离婚算账这件事本身属于法律范畴，涉及法院判决，而不同的个案有不同的具体情况，判决结果可能有很大差异，例如各地法院的判决都会有省级法院的指导意见，上面怎么说，下面就大概怎么判，一是省事，二是无须承担责任，像一些常见的保险"法商"理论，当遇上某省法院的判断，理论便有可能被实际推翻。

但是，离婚率上升是不争的现实。2019 年全国婚姻登记机关共办理结婚登记 947.1 万对，离婚登记 415.4 万对，有些婚姻表面看起来都挺好，实际上是千疮百孔。

既然离婚算账的话题是大家关心的，笔者只能硬着头皮，向一些专业律师与保险业权威人士咨询后，在结合本人从业以来收集到的案例与信息，帮大家总结行业内的一般共识意见。

再次强调，如果真的发生离婚需要划分财产的事件，还是要请专业律师帮助，具体案件以各地法院判决结果为准。

◉ 9.5.1 划分原则

先说重点，离婚后保险划分原则主要由两个因素决定：其一是保单属于个人财产还是共同财产，如果属于个人财产，归夫妻一方所有，如果属于共同财产需要进行平均分割；其二是分割对象是保单的现金价值还是理赔金。离婚后保单划分原则如图 9.1 所示。

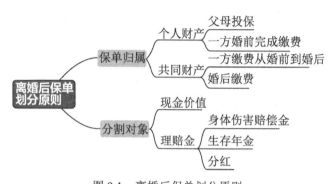

图 9.1　离婚后保单划分原则

1. 保单归属

A. 如果是父母作为投保人为夫妻一方投保，则不管是婚前投保还是婚后投保，都属于夫妻一方的个人财产。

B. 如果结婚前给自己投保，并且结婚前完成缴费的，保单属于个人财产。

C. 如果结婚前给自己投保，但缴费期一直延续到婚后，婚后才完成缴费的，婚后缴纳的保费属于共同财产。

D. 如果是婚后投保，无论是帮自己投保还是帮配偶投保，无论用谁的银行卡缴费，保单都属于夫妻共同财产。

另外，如果在婚姻关系存续期间，以夫妻共同财产购买商业保险，在保险合同中指定受益人为第三人，如父母、子女的，依据《保险法》该保险利益属于第三人，这种情况下保单不能作为共同财产分割，属于受益人自身享有的财产权益。

2. 分割对象

保单分割有两层意思，一个是如果保单没有发生理赔，保单的现金价值如何划分；另一个是如果保单发生过理赔，理赔金如何划分。

（1）现金价值如何划分？

现金价值划分与保单归属有直接关系，如果保单属于个人财产，现金价值无须划分；如果保单属于夫妻共同财产，现金价值则需要划分。保单现金价值的划分如表 9.7 所示。

表 9.7　保单现金价值的划分

保单归属	投保时间	投保人	被保险人	保单现金价值分割
个人财产	婚前/婚后	父母	夫妻一方	无须分割
	婚前（缴费完毕）	夫妻一方	夫妻一方	无须分割
共同财产	婚后	夫妻一方	夫妻一方	需要分割
	婚后	夫妻一方	子女	通常不分割

注：具体案件以各地法院判决结果为准，以上归纳仅代表大概率情况。

这里需要注意的是，如果投保人为夫妻一方，被保险人为子女，理论上虽然属于夫妻共同财产，夫妻有权申请分割保险现金价值，但实际上会视为夫妻双方对子女的赠予，而且退保会损害第三人的利益，所以在实际中倾向于判定不分割保单。

（2）理赔金如何划分？

保单除了有现金价值，还有理赔金，这里的理赔金包括身故理赔金和生存理赔金，身故理赔金是保单身故受益人领取的，生存理赔金是保单被保险人领取的，其中生存理赔金包括重疾险的理赔金、医疗险的理赔金、意外伤害的理赔金、年金险的生存金。如果保单中途发生过理赔，理赔金又该如何划分？理赔金的划分如表 9.8 所示。

表 9.8　理赔金的划分

理赔金类型	险种	投保时间	保险金名称	保险金受益人	理赔金划分
生存保险金	重疾险/医疗险/意外险	婚前/婚后	重疾/医疗/伤残赔偿金	夫妻一方	个人财产/无须分割
	年金险	婚前（缴费完毕）	生存年金	夫妻一方	个人财产/无须分割
		婚后	生存年金	夫妻一方	共同财产/须要分割
	分红险	婚前/婚后	分红	夫妻一方	共同财产/须要分割
身故保险金	寿险、意外险	婚前/婚后	身故保险金	夫妻一方	个人财产/无须分割

注：具体案件以各地法院判决结果为准，以上归纳仅代表大概率情况。

第一，像重疾险、医疗险、意外险这类以身体受到伤害而获得的保险金，明确属于个人财产，无须分割，这是没有争议的，具体在《婚姻法》第十八条有明确规定。

第二，年金险的争议较大，涉及《婚姻法》《物权法》《保险法》《第八次全国法院民事商事审判工作会议（民事部分）纪要》等，因此至今没人能给出明确的判断，最终还是要看法院如何判决。

目前，对于生存年金的划分，行业内的共识是：

A. 如果夫妻一方婚前投保且完成缴费的，婚后生存年金领取总额没有超过累计保费，属于个人财产；如果婚后生存年金领取超出累计保费，则属于共同财产。

B. 如果夫妻一方婚后投保，生存年金属于夫妻共同财产，这点没有争议。

因此，如果投保有资产隔离需求的，通常不会选择年金险，而会选择终身寿险。

第三，如果是分红险或者带有分红功能的保险，由于分红不属于自然孳息的范畴，因此在法律上视为投资收益，所以婚后获得的分红属于共同财产，这点没有争议。

什么是孳息？孳息是指原物派生，自然而然获得的，例如母鸡下的蛋、果树长出的果实。而分红是有风险的，不是自然而然获得，所以分红属于投资收益，根据《婚姻法》若干问题的解释（二）规定，属于夫妻共同财产。

第四，终身寿险、意外险的身故保险金，因为身故保险金也是以身体受到伤害而获得的保险金，因此属于个人财产，无须划分。例如，张三的父亲投保了一份 100 万元的终身寿险，受益人是张三，后来张三与李四结婚，婚后张三的父亲身故，张三作为身故受益人获得 100 万元身故金，再后来张三与李四因感情不和离婚，这 100 万元属于张三的个人财产，无须划分。身故保险金的划分也没有争议。

9.5.2 保单分割方式

对属于共同财产的保单，根据 2016 年最高人民法院公布的《第八次全国法院民事商事审判工作会议（民事部分）纪要》第四条规定，婚姻关系存续期间以夫妻共同财产投保，投保人和被保险人同为夫妻一方，离婚时处于保险期内，投保人不愿意继续投保的，保险人退还的保险单现金价值部分应按照夫妻共同财产处理；离婚时投保人选择继续投保的，投保人应当支付保险单现金价值的一半给另一方。分割方式有三种。

（1）协商分割方式。

（2）退保后分割现金协商不成，退保的时候保险公司会扣除一部分费用，特别是对于投保时间比较短的保险，退保得到的现金未必有缴纳的保费多，对于夫妻双方都是损失，如果夫妻一方愿意继续保留自己的人寿保险的，采用下面第（3）种方法。

（3）不退保，补偿另一半50%现金价值，把保险单转让给被保险的夫妻一方，保单继续有效。转让后，被保险人将人寿保险现金价值的50%支付给另外一方。

9.5.3 低现金价值的妙用

如果是婚后共同财产，有没有一些保单可以降低离婚损失，让对方占不了便宜的？这里教大家一个比较取巧的方法。

情况1，假如张三李四婚后有共同财产100万元存款，如果没买保险直接离婚，需要一人一半分，即每人50万元。

情况2，同样是张三李四婚后有共同财产100万，在婚姻续存期间，李四将这100万元的共同财产用来给自己趸交了300万元保额的人身保险，离婚时假设现金价值为50万元，那么在离婚时夫妻共同财产的现值只有50万元。此时李四可以请求保险不退保而将该保单的25万元现金价值补偿给张三，最后张三只能拿走25万元保单现金价值，但李四依然享有300万元的人身保险保障。

情况2相比于情况1，张三拿到的钱少了，李四获得了更充足的保障，这是一个保险现金价值的妙用，但如果在婚姻续存期间就已算计至此，也意味着缘分已尽，笔者告诉大家此计不是让大家去算计，而是提示大家有些方法能更好地保护自己。

9.5.4　小结

本节内容主要告诉大家，在发生婚姻风险时，保单利益会如何划分，在知道保单划分原则的情况下，投保时就可以用相应的保险工具进行风险转移，规避婚姻风险，例如利用终身寿险的特点帮自己做好资产保全。

另外谈谈我对婚姻的看法。在《生活大爆炸》中，谢尔顿在霍华德结婚的时候说过这样一段话："人穷尽一生追寻另一个人类共度一生的事，我一直无法理解，或许我自己太有意思，无须他人陪伴，所以我祝你们在对方身上得到快乐，与我给自己的一样多。"

什么是幸福的婚姻？笔者想，安静待在一个空间，你在刷手机，她在看电视，你在洗菜，他在烧菜，认真生活，一起变老，这是笔者当下对婚姻幸福的定义。

有些婚姻确实让人失望，但不至于对以后的婚姻绝望。

9.6
写病历要告诉医生的注意事项

有些消费者如实填写健康告知，完整递交理赔资料，最后还是发生理赔纠纷，为什么？因为有些理赔纠纷是人为造成的，最常见的是，"就医乱说，病历乱写"。要知道，保险公司的核赔人员只看病历，不看人情，如果医生病历上出现了一些不该出现的描述，就可能会导致理赔纠纷或者拒赔，这样的例子并不少。

因此，本节想提示大家，购买商业保险后，如果发生就医或者住院等情况，需要提醒医生以下注意事项，避免不必要的理赔纠纷。

（1）告诉医生自己有商业保险。例如普通住院的时候，如果告诉医生自己有商业医疗险，医生能够更加放开手脚，不会因为担心患者经济负担过重而只开社保用药，通常会有更好的治疗效果。

（2）如果是意外造成的门诊或者住院，一定要提示医生将意外事由写进病历，这样理赔过程会更顺利。

（3）提示医生尽量注意病历用词，与实际病情不相关的情况，尽量不要出现在病历上，例如先天性、原生性、N年前、旧病复发等，很多理赔纠纷案件就是因为这些莫须有的描述，被保险公司判断为"既往症"，或者认为投保人或被保险人没履行如实告知义务，导致理赔纠纷甚至拒赔，这些情况是可以完全避免的。

（4）如果不是第三方直接导致的伤害，提示医生不要写在病历上，因为如果是第三方导致的门诊医疗或者住院医疗，需要由第三方赔偿。这是由医疗险的补偿原则决定的。

（5）尽量去二级以上的公立医院就医，因为很多保险就医范围限定在公立医院。

（6）谨慎保存医院的所有病历、检查、费用资料，这些是保险公司理赔判定的主要依据。

（7）一旦发生就医情况，请及时联系你的保险顾问，以便顾问可以及时提醒你报案和治疗注意要点，让你理赔更顺利。

9.7
自制简单有效的保单整理表

随着保险意识的提高，很多朋友不仅拥有一份保单，而且多份保单可能投保多家保险公司，再加上家庭成员每人都有几份保单，如果不对保单信息进行汇总整理，一段时间过后便会对家庭保障内容模模糊糊，例如保额、保障期、缴费期等，有没有一些简单有效的保单整理方法，让自己可以随时回顾家庭保单信息，做到一目了然？当然有，笔者跟诸位分享一个简单有效的保单整理表，如表9.9所示。

我们做保单整理表并不需要"事无巨细，事必躬亲"，因为保单整理是方便我们后期可以随时回顾保单信息的，所以整理保单只需要把一些最重要的信息汇总一下，达到一目了然即可。从长时间的实践中，笔者觉得最重要的保单信息包括以下13项。

（1）家庭成员和投保险种

这个信息能让我们准确看到每个家庭成员投保了哪类保险。

表 9.9　简单有效的保单整理表

家庭成员及投保险种		保险公司	产品名称	保额	保单生效日	保障期	缴费期	年缴保费（元）	投保人	受益人	缴费账号	核保结果	客服电话	总保费（元）
丈夫	重疾险													
	医疗险													
	定期寿险													
	意外险													
妻子	重疾险													
	医疗险													
	定期寿险													
	意外险													
孩子														

（2）保险公司

记录保单由哪家保险公司承保并提供服务。

（3）产品名称

方便后期搜索产品条款，回顾具体保障内容。

（4）保额

购买保险实际上是购买保额，保额是最重要的，同类产品在细节的保障内容上相差不大，因此保单整理只需要记录保额。

（5）保单生效日

用于提示自己保单的续期缴费时间。现在很多人都拥有几份保单，如果保单都不是同一时间缴费的，就很容易忘记续保时间，以至于影响保单效力。

（6）保障期

现在很多产品都不是保障终身的，很多人都有一些定期类保险和一年期保险，这些保险在满期前最好提前规划，否则保单满期后可能会处于无保障状态。

（7）年缴保费

记录各个险种具体的年缴保费，直观看到每张保单的保费占比。

（8）投保人

直观看到保单所有人是谁。

（9）受益人

直观看到保单身故受益人是谁。

（10）缴费账号

续期缴费时，有些人会因为银行卡的升级、遗失、变更而不再使用原先缴费的银行卡账号。如果缴费不成功，可以对照投保时使用的银行卡及账号，然后及时通过保全变更续期缴费账号。

（11）核保结果

直观看到投保时的核保结果，保证理赔的时候更有理。

（12）客服电话

万一发生风险事件，能够直接查看到保险公司的客服电话，拨打询问。

（13）总保费

直观看到每位家庭成员的保费占比和整个家庭每年需要缴纳的保险费，让自己心里有数。

保单的重点信息整理完后，后期回顾家庭保险信息时就不会模模糊糊，基本上能够做到心中有数了。

后　记

大家好，我是谢誉豪。

很高兴，你读完了这本书。

这是我的第一本书，高度提炼了我从业以来对保险规划的思考与总结，写完这本书后，我的心里充满感慨。

学习分三个阶段，第一个阶段是听别人讲；第二个阶段是学以致用；第三个阶段是继承与创新，形成自己的知识框架。很庆幸自己长期以来日拱一卒，那些零乱的知识、繁杂的问题，让笔者看到并且汇总整理，形成自己的知识框架。

曾经认为日拱一卒很蠢，速度太慢，后来发现日拱一卒很睿智，是大智慧；如果没有日拱一卒，就不会有日积月累，也不会有厚积薄发。

我觉得，作为一名保险从业者，除了为生活奔波劳碌，还需要做一些有意义的事情；如果说工作是为了生活，那写这本书，则是为了情怀。

谢谢你，能选择这本书，并且读到最后。

保险的确是一个很复杂的行业，有人只关心自己的钱包而不关心客户的利益，对销售技巧趋之若鹜，而对专业技能却嗤之以鼻，甚至有人说"劣币驱逐良币，做保险不需要专业"。

一面天使一面魔鬼，选择良币还是劣币往往就在一念之间，纵然低俗的手段能够赢得用户短暂的芳心，但绝非长久生存之策。

我会在良币这条路上走下去，不管有多难，唯有坚持，不负韶华不负春秋。

若有缘分，我们定能彼此相见，甚至成为你的保险顾问。

2021 年 6 月 24 日

于广州